电子商务类专业
创新型人才培养系列教材

全媒体运营

AI+微课版

郭凯明 彭红丽◎主编
高新正 刘阳◎副主编

人民邮电出版社
北京

图书在版编目（CIP）数据

全媒体运营 : AI+微课版 / 郭凯明，彭红丽主编. 北京 : 人民邮电出版社，2025. --（电子商务类专业创新型人才培养系列教材）. -- ISBN 978-7-115-66523-2

Ⅰ. G206.2

中国国家版本馆 CIP 数据核字第 2025TX9482 号

内 容 提 要

本书从全媒体运营师需要具备的职业技能与素养入手，介绍了通过融合各种媒体资源和技术开展营销活动的方法。本书共设置了 8 个项目，主要内容包括全媒体运营概述、市场分析、流量运营、内容运营、用户运营和活动运营、短视频运营、直播运营、数据分析和优化。

本书采用项目任务式结构讲解知识点，以某新中式女装品牌的全媒体运营为例，以任务带动工作的实施，化理论为实践、化抽象为具体，并配以任务演练、综合实训等，旨在培养学生的动手能力，使学生能尽快掌握全媒体运营的操作技能。

本书既可以作为高等职业院校和应用型本科院校电子商务、网络营销与直播电商等专业相关课程的教材，也可供媒体行业的从业人员，以及有志于成为全媒体运营师的人员参考。

◆ 主　　编　郭凯明　彭红丽
副 主 编　高新正　刘　阳
责任编辑　王　振
责任印制　王　郁　彭志环

◆ 人民邮电出版社出版发行　　北京市丰台区成寿寺路 11 号
邮编　100164　　电子邮件　315@ptpress.com.cn
网址　https://www.ptpress.com.cn
三河市祥达印刷包装有限公司印刷

◆ 开本：787×1092　1/16
印张：13　　2025 年 2 月第 1 版
字数：314 千字　　2025 年11月河北第 2 次印刷

定价：54.00 元

读者服务热线：(010)81055256　印装质量热线：(010)81055316
反盗版热线：(010)81055315

前　言

科技创新驱动着行业发展，人工智能、大数据等新技术的出现不断拓宽着企业运营的边界，促使媒体间融合日益加深，媒体全面融合、多元共生的全媒体时代已经到来。所谓全媒体时代，是指充分运用视觉、听觉、触觉等多重感官，针对用户需求选择合适的媒体形式和渠道，全方位、全链路覆盖用户，以实现高效传播效果的时代。

在全媒体时代，单一渠道的传播已经难以满足日益多样化的用户需求和市场变化，这对运营人员提出了更高的要求，如掌握企业所有的运营渠道，能独立完成文案创作、图片设计、视频编辑、运营推广，并能使用新技术赋能全媒体运营，等等，并由此催生出全媒体运营师这一新职业。2020 年 2 月，人力资源和社会保障部、国家市场监督管理总局、国家统计局 3 个部门联合发布的 16 个新职业中，就有全媒体运营师。这一新职业的发布，充分说明了社会需要全媒体运营师。为此，运营人员要不断加深对专业理论知识的理解，提升专业实践能力，并具有一定的前瞻性和创新性，努力与时代接轨，向着全媒体运营师的方向发展。在此背景下，我们响应党的二十大精神，着眼于当前市场对人才的需求，着力于培养创新型、技能型人才，特地编写了本书。

本书具有以下几个特点。

1. 情景代入，贯通全书

本书以新员工进入公司的各种情景引出各项目教学主题，并围绕同一合作对象的全媒体运营需求开展任务实施，将情景贯穿全书，旨在让学生了解相关知识在实际工作中的应用，做到理论与实践相结合。

本书设置的情景、角色如下。

公司：北京荥邦网络科技有限公司—— 一家大型网络科技公司，主营业务包括计算机软件与技术开发、商务信息咨询、电子商务管理、网络商务服务等。

人物：小赵——全媒体运营部实习生；老李/李经理——全媒体运营部经理。

2. 任务驱动，实操性强

本书采用项目任务式写法，将任务贯穿始终，不仅将每个项目划分为具体任务，通过具体任务引出相应的知识点，还设置了“任务演练”模块，让学生通过实操演练应用各种操作方法和技巧，在教中学、在学中做，强化实际动手能力。

同时，本书还在项目末尾设置了“综合实训”“巩固提高”模块来引导学生自主学习，加深对理论知识的理解和运用。

3. 板块丰富，内容翔实

本书在板块设计上注重培养学生的思考能力和动手能力，穿插设置了多种小栏目，旨在使学生真正做到“学思用贯通”与“知信行统一”相融合。

- **知识拓展：** 穿插于正文中，补充介绍与正文相关的其他知识点，以拓展学生知识面。
- **素养小课堂：** 与素养目标相呼应，以党的二十大精神为指引，重在提升学生的个人素养。
- **提示：** 穿插于正文和“任务演练”中，以补充介绍与知识点或操作有关的技巧、注意事项或经验。
- **技能练习：** 位于“任务演练”中，旨在让学生练习任务的其他完成方法，提升动手能力。

4. 立德树人，素质引领

本书全面落实党的二十大精神，贯彻实施科教兴国战略、人才强国战略、创新驱动发展战略，以社会主义核心价值观为引领，培养德智体美劳全面发展的社会主义建设者和接班人。本书编写以能力和素质培养为核心，以“重基础与技能，育能力与创新”为原则，结合家国情怀、工匠精神和职业素养等维度，构建全面育人体系。

5. 配套多样，资源丰富

本书提供 PPT、微课视频、课程标准、电子教案、题库等教学资源，读者可通过人邮教育社区（www.ryjiaoyu.com）进行下载。

本书秉持产教融合理念，由学校专业教师和行业专家共同编写完成。本书由甘肃交通职业技术学院的郭凯明教授、楚雄师范学院的彭红丽教授担任主编，长垣烹饪职业技术学院的高新正、湖北国土资源职业学院的刘阳担任副主编，厦门网中网软件有限公司副总裁徐建宁参编。郭凯明编写了项目一至项目四、彭红丽编写了项目五、高新正编写了项目六、刘阳编写了项目七、徐建宁编写了项目八，并为本书提供了大量的企业案例素材。

由于编者能力有限，书中难免存在不足之处，欢迎广大读者批评、指正。

编者

2025 年 1 月

目 录

项目三　流量运营……57

项目四　内容运营……83

项目一

全媒体运营概述

学习目标

【知识目标】

1. 知晓全媒体运营的基本概念和特点，对全媒体运营有基本的认识。
2. 掌握常见的全媒体运营战略，能够使用合适的全媒体运营战略。
3. 熟悉全媒体运营师的工作内容、能力要求和职业素养。
4. 熟悉全媒体运营的发展趋势，能够掌握前沿资讯和新兴技术。

【技能目标】

1. 具备开展全媒体运营所需的基本能力，能够成为合格的全媒体运营师。
2. 具备行业洞察力，能够根据全媒体运营的发展趋势调整运营方向和节奏。

【素养目标】

养成持续学习的良好习惯，不断提升个人技能，拓展知识面，提升素养，为成为真正的全能型人才而努力。

项目导读

随着媒体形式的多样化，用户的信息需求也呈现出多元化趋势，传统单一的媒体运营方式已经无法满足运营需求。整合各种媒体资源，多平台触达用户，为用户提供丰富多样的内容形式，开展全媒体运营，已成为当下的运营趋势。安清毕业于服装设计专业，在改良传统服装方面有独到见解，经常在网上通过短视频分享自己设计的新中式服装。由于安清的短视频内容生动有趣、服装款式新颖且兼具艺术性和实用性，因此安清的粉丝数量增长迅速。面对粉丝的喜爱，安清萌生了一个想法——创建属于自己的新中式女装品牌“雅韵清莲”，让更多的人穿上自己设计的服装。然而，安清并不擅长品牌运营，于是她委托北京荣邦网络科技有限公司帮助自己开展品牌运营。全媒体运营部经理老李接到任务后，结合当前的运营趋势，带领实习生小赵开始帮助安清打造个人品牌，开展全媒体运营。

任务一　初识全媒体运营

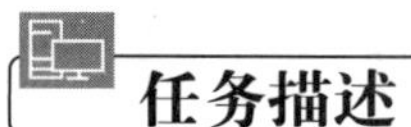

任务描述

个人品牌的创建和运营并非易事，老李让小赵结合安清的个人情况，先为安清初步规划品牌运营方向，做好全媒体运营准备（见表 1-1）。

表 1–1　任务单

任务名称	全媒体运营准备
任务背景	安清在多个媒体平台均开设有账号，包括抖音、快手、小红书、哔哩哔哩等，并同步发布短视频。各媒体平台的账号名称保持一致，均为“个人设计师——安清”，这为开展全媒体运营打下了良好的账号基础
任务阶段	■初识全媒体运营　□走近全媒体运营师　□探究全媒体运营的发展趋势
工作任务	
任务内容	任务说明
任务演练：全媒体运营规划	明确不同运营阶段的主要工作内容

任务总结：

知识准备

一、全媒体运营的基本概念和特点

全媒体运营基于全媒体展开。全媒体涉及多种表现手段、媒介形态、媒介信息传播渠道和传播终端，从这几个方面来看，全媒体可以理解为采用文字、声音、影像、动画、网页等多种媒体表现手段，利用广播、电视、电影、报纸、杂志、网站等不同媒介形态，通过融合的广电网络、电信网络及互联网络等媒介信息传播渠道进行信息传播，实现任何人、任何时间、任何地点，从任何终端都能获得任何想要的信息。

作为不同媒介形态的集合体，全媒体能够实现传统媒体与网络媒体乃至通信的全面互动、网络媒体之间的全面互补、网络媒体自身的功能互补、用户使用场景的全面覆盖，具有覆盖面广、技术手段全、媒介载体全、受众传播面广等特点。

全媒体运营综合利用各种媒介技术和渠道，采用数据分析、创意策划、直播等方式，进行品牌推广、营销和客户服务，从而提高品牌影响力、用户忠诚度等。随着技术的发展和媒体融合程度的加深，全媒体运营也在不断发展，并在发展的过程中逐渐形成以下特点。

（1）综合性。全媒体整合了传统媒体和新媒体，使得线上、线下融合与贯通，实现了 PC 端和移动端的统一，从而使运营工作可以覆盖所有渠道，以全方位、多途径的方式展开。

（2）跨平台性。全媒体运营涉及多种媒体平台，包括社交媒体平台、视频平台、音频平台等，从而需要跨平台运营和协作。

（3）数据驱动。全媒体运营以数据为支撑，需要借助大数据、云计算等数据分析技术，在充分分析用户数据、行业数据等的基础上，制定精准的运营策略。

（4）以用户为中心。全媒体运营致力于覆盖用户的所有使用场景，包括办公场景、通勤场景、居家场景、旅游场景等，为用户提供全链路个性化服务，提升用户满意度和忠诚度。

（5）追求高效益。全媒体运营要求用经济的眼光看待不同媒介形态的综合运用，以便用合理的投入，实现高效的传播，获得稳步增长的效益。

二、全媒体运营战略

全媒体运营是一种业务运作的整体模式，要求协同运营账号、用户、产品、内容等，提升整体运营水平，这就需要使用合适的运营战略。

（一）账号运营战略

账号运营战略是指打造个性化账号，并将账号符号化或标签化，增加账号影响力，主要包括两个部分的内容。

1. 账号差异化战略

账号差异化战略的实现主要包含以下 3 个步骤。

（1）寻找账号差异。从品牌或个人的特点、对标账号的定位和目标人群的特点等方面切入，找到自身账号与其他账号在人设定位、内容定位、商业定位、用户定位方面的差异点。

（2）选择账号差异。按照匹配性、擅长性、重要性、差异性的原则，选择与账号匹配程度高、品牌或个人擅长的、重要的、与其他账号差异性大的差异点。

（3）体现账号差异。通过账号设置、人物设定、内容输出等方式，传递账号的差异化价值。

2. 账号矩阵战略

账号矩阵战略是指运营主体在一个平台或多个平台上协同运营多个账号，搭建账号矩阵，实现账号间的流量整合和流量转化。该战略以协同性为核心，追求目标的一致性、流量的覆盖性。根据平台的数量不同，矩阵的搭建有纵向和横向两种方式。其中，纵向矩阵就是在多个平台开设账号而搭建的平台矩阵，横向矩阵就是在一个平台开设多个账号而搭建的账号矩阵。在搭建矩阵时，平台的选择非常重要，平台的流量、规则和曝光度等都是需要重点考虑的因素。

（1）流量。流量是平台选择的重要考虑因素，一般来说，流量大的平台具有更大的影响力，能够为营销内容提供更多的展示机会，更具发展潜力。

（2）规则。不同的平台有不同的规则，这些规则直接影响营销内容的影响力。一般来说，规则更公平、完善，以及对原创内容保护力度更大的平台，能够更大程度地保障内容生产者的权益，从而更有利于营销活动的顺利开展和营销内容的传播。

（3）曝光度。高曝光度意味着有更多的曝光机会，能够让营销效果更好。

（二）用户运营战略

用户运营战略围绕企业/品牌目标用户展开，要求企业/品牌做好用户的精细化运营，管理好人群资产。根据人群资产管理模型即 O-5A 模型（见图 1-1），用户体验链路为：等待被吸引→了解→吸引→询问→行动→拥护。在这一链路中，用户与企业/品牌的关系逐渐深化。企业/品牌可以针对不同阶段的用户，制定合适的运营策略，提升投放效率，逐步将用户从普通了解者转化为拥护者。

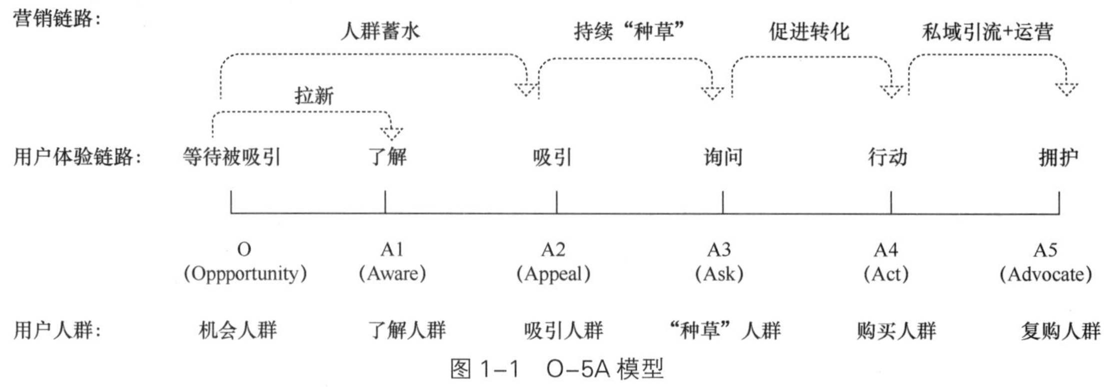

图 1-1　O-5A 模型

知识拓展

O-5A 模型是巨量引擎提出的，此外还有阿里巴巴提出的 AIPL 模型。AIPL 模型将用户体验链路分为认知（Awareness）、兴趣（Interest）、购买（Purchase）、忠诚（Loyalty）4 个阶段。其中，认知阶段的用户对品牌有一定的了解，兴趣阶段的用户对品牌产品有过点击、浏览等行为，购买阶段的用户有过购买行为，忠诚阶段的用户是品牌的忠实用户，会经常复购产品并分享品牌或产品信息。

（三）产品运营战略

产品运营是全媒体运营的基础，除生产的产品外，账号、平台、活动等都可以看作企业的产品。产品运营战略便围绕着产品定位、产品差异化营销、产品生命周期分析等展开。其中，产品差异化营销是指针对不同的产品采取不同的营销策略，如针对引流产品采取低价策略。产品定位、产品生命周期分析的相关内容会在后续章节中介绍，这里不详细展开。

（四）内容运营战略

内容运营是全媒体运营的纽带，可以连接企业/品牌的产品和用户。内容运营战略围绕内容运营的主要工作展开，包括内容的定位、生产、处理、展现和扩散，要求企业/品牌根据用户的需求生产内容，并根据不同的运营阶段提供相应的内容，实现内容的商业价值。

（五）活动运营战略

活动运营是全媒体运营的手段，其战略要求将活动运营分为 5 个环节：活动策划、活动准备、活动预热、活动发布、活动复盘。这要求企业/品牌做好每一环节的工作，包括在活动策划环节明确活动的目的、形式，在活动预热环节通过各种方式、渠道等提高活动影响力，等等。

（六）数据运营战略

数据运营战略要求企业/品牌使用合适的工具、通过合理的途径收集运营所需数据，做好数据资产管理，并使用合适的数据分析方法和工具分析数据，找出企业/品牌日常运营中的漏洞，并有针对性地优化，以数据指导运营。

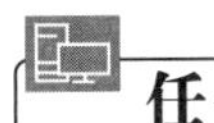

任务实施

任务演练：全媒体运营规划

【任务目标】

规划全媒体运营的大致实施流程，明确个人品牌不同运营阶段的主要工作内容，以便有条不紊地开展全媒体运营工作。

【任务要求】

本次任务的具体要求如表 1-2 所示。

表 1-2　任务要求

任务编号	任务名称	任务指导
（1）	明确运营流程	在网络上搜索相关资料，并结合运营重点，确定大致的运营流程
（2）	明确各运营阶段的主要工作内容	根据资料分析结果，明确各运营阶段的主要工作内容

【操作过程】

（1）搜索资料。在网络上搜索与全媒体运营流程相关的资料，并查看资料详情。

（2）明确运营重点。在全媒体运营中，账号、用户、产品、内容、活动、数据都是运营重点，是品牌运营体系的重要组成部分。

（3）明确运营流程及各运营阶段的主要工作内容。整合资料，结合全媒体运营的重点，明确全媒体运营流程及各运营阶段的主要工作内容，如表 1-3 所示。

表 1-3　全媒体运营流程及各运营阶段的主要工作内容

运营流程	主要工作内容
市场调研	包括新中式服装行业的发展趋势分析、用户画像构建、竞争对手分析等
品牌定位	明确个人品牌的理念、核心价值观及其与其他品牌的差异点，确定品牌的市场定位和品牌文化
运营渠道评估与选择	评估各运营平台的传播效果、成本效益、目标用户覆盖面等，结合品牌定位和目标用户选择合适的运营渠道
制订运营计划	根据选定的运营渠道，制订详细的运营计划，包括账号运营、用户运营、产品运营、内容运营、活动运营、数据运营等的具体实施战略。例如，开展账号运营时可以建立品牌账号矩阵，使品牌账号矩阵与个人短视频账号矩阵形成联动，提升传播效果
执行与监控	根据运营计划进行人员分工，定期收集运营数据并分析数据，根据数据分析结果评估运营效果

任务二　走近全媒体运营师

任务描述

个人品牌的创建和运营需要专业运营团队的支持，为此，小赵需要选拔合适的运营人才，为安清的个人品牌组建专业的全媒体运营团队，并确保团队成员各司其职（见表 1-4）。

表 1–4 任务单

<table>
<tr><td>任务名称</td><td colspan="2">组建全媒体运营团队</td></tr>
<tr><td>任务背景</td><td colspan="2">全媒体运营团队为安清的个人品牌运营服务，其工作内容包括营销策划、渠道运营、内容创作、数据分析和优化、客户服务等。由于品牌处于创建初期，安清希望组建一个较为精简的全媒体运营团队，人数为 5～7 人，且团队成员应当对服装行业有所了解</td></tr>
<tr><td>任务阶段</td><td colspan="2">□初识全媒体运营　■走近全媒体运营师　□探究全媒体运营的发展趋势</td></tr>
<tr><td colspan="3">工作任务</td></tr>
<tr><td colspan="2">任务内容</td><td>任务说明</td></tr>
<tr><td colspan="2">任务演练：组建全媒体运营团队</td><td>根据工作内容和团队要求组建全媒体运营团队</td></tr>
</table>

任务总结：

知识准备

一、全媒体运营师的工作内容

2020 年 2 月，人力资源和社会保障部等 3 个部门向社会公布了 16 个新职业，其中就包括全媒体运营师。人社厅发〔2020〕17 号文件中将全媒体运营师定义为“综合利用各种媒介技术和渠道，采用数据分析、创意策划等方式，从事对信息进行加工、匹配、分发、传播、反馈等工作的人员”。全媒体运营师的主要工作任务如下所示。

（1）运用网络信息技术和相关工具，对媒介和受众进行数据化分析，指导媒体运营和信息传播的匹配性与精准性。

（2）负责对文字、声音、影像、动画、网页等信息内容进行策划和加工，使其成为适用于传播的信息载体。

（3）将信息载体向目标受众进行精准分发、传播和营销。

（4）采集相关数据，根据实时数据分析、监控情况，精准调整媒体分发的渠道、策略和方式。

（5）建立全媒体传播矩阵，构建多维度立体化的信息出入口，对各端口进行协同运营。

二、全媒体运营师的能力要求

随着互联网技术的广泛应用，新行业、新岗位、新职业不断涌现，职业的跨界特征愈发显著，对职业能力的要求日益综合化，全媒体运营师需要具备“策划、采编、写作、编制、摄像、录制、评论、播音”等全方位、综合性的技能。

（一）全媒体运营师的职业技能要求

按照从业经验、运营管理能力、数据分析能力等，《全媒体运营师国家职业标准（2023 年版）》

对全媒体运营师的等级和各等级需要具备的职业技能做了明确规定。这里主要介绍四级/中级工和三级/高级工的职业技能要求。

1. 四级/中级工

四级/中级工相当于初级全媒体运营师，其职业技能要求如表 1-5 所示。

表 1-5　四级/中级工的职业技能要求

职业功能	技能要求
市场分析	（1）行业分析：能搜集行业报告素材，能编撰行业分析报告，能建立行业信息渠道库 （2）平台分析：能准确分析传播平台的特点，能编撰平台分析报告，能建立平台资源库
内容创作	（1）创意策划：能分析客户需求，搜集适合的素材；能根据不同传播平台规则完成创意方案策划；能制订创意方案落地计划 （2）脚本撰写：能撰写图文脚本，能撰写视频脚本，能撰写直播脚本，能撰写广告脚本 （3）内容制作：能协助拍摄人员按照脚本进行拍摄创作；能利用图文编辑软件、视频剪辑软件，制作图文、视频、XR（Extended Reality，扩展现实）素材；能利用平台完成落地页搭建
运营管理	（1）账号管理：能按照传播平台要求完成账号注册，能根据全媒体战略设计账号定位方案并实施账号 IP 管理 （2）内容管理：能根据传播平台内容创作规范，结合账号定位，完成内容撰写、上传、分发和评论监控等工作；能根据账号定位完成素材库建设与维护相关工作 （3）用户管理：能利用传播平台工具，结合账号定位设计内容价值结构；能根据全媒体战略用内容开展用户拉新、留存、促活和转化工作；能对不同用户进行分层管理 （4）活动管理：能根据全媒体战略规划完成活动数据库的建设和维护工作，能根据全媒体运营需要完成活动选题策划与执行工作 （5）达人管理：能根据全媒体战略规划完成达人数据库的建设和维护工作，能根据业务需求完成达人筛选和达人活动组织工作
直播运营	（1）场景搭建：能结合直播主题完成直播间搭建工作，能根据直播需求操作直播工具并支持直播任务的完成 （2）直播营销：能根据直播节奏完成货品调整和库存监管工作，能根据直播需求支持并完成相关的互动工作，能结合直播间热度实时对直播间矩阵账号进行导流，能配合主播监测和引导直播间走势
流量运营	（1）流量投放：能操作传播平台流量管理后台，完成账户及投放计划的基础建设；能根据短视频、直播需求，完成流量投放方案制订；能完成流量投放 （2）流量优化：能根据传播平台营销工具完成出价、转化等运营工作：能根据直播和短视频场景下的投放数据完成方案优化
数据优化	（1）数据分析：能对运营过程中的数据进行记录、整理和分类，形成运营数据统计报表；能对账号运营核心数据进行分析，完成分析报告 （2）复盘优化：能对运营数据统计报表进行分析，提出运营数据优化建议；能对账号核心数据进行分析，提出账号数据优化建议

2. 三级/高级工

三级/高级工是比四级/中级工更高一级的全媒体运营师，其职业技能要求如表 1-6 所示。

表 1-6　　三级/高级工的职业技能要求

职业功能	技能要求
市场分析	（1）行业分析：能对行业趋势进行研判，并提出趋势走向规划建议；能进行货品定位、定价、卖点挖掘，制订符合货品特性的整体推广营销方案 （2）客户分析：能根据用户在不同营销阶段的考核目标制订营销方案，能根据用户需求制定产品差异化策略 （3）平台分析：能根据不同传播平台规则撰写平台策略优化方案，能整合传播平台资源并撰写资源库优化方案 （4）网络舆情分析：能根据各种舆情报告撰写网络舆情风险报告，能根据网络舆情风险报告撰写舆情处置方案
内容创作	（1）创意策划：能制订脚本剧情分镜策划方案，能制订脚本优化创意策划方案，能依据脚本制订达人传播优化方案 （2）创意优化：能基于脚本内容撰写服装设计、化妆、道具与布景优化方案；能基于视频脚本撰写达人拍摄、展示方案；能优化分镜语言，增加内容情感表达；能依据脚本内容优化硬件、软件配置 （3）内容制作：能给视频配上合适的背景音乐或配音；能指导调色设置，优化呈现效果；能利用剪辑软件优化作品效果
运营管理	（1）账号管理：能根据差异化需求进行短视频矩阵账号规划，并进行账号管理；能根据运营目标和增长逻辑，制订并执行用户增长计划 （2）内容与用户管理：能根据内容定位进行选题规划，并根据数据反馈制订优化方案；能选择合适的传播平台工具，完成商业化变现对接与合作；能根据用户需求策划私域流量运营方案并执行 （3）活动与达人运营：能根据账号定位策划不同类型营销活动，在活动中对相关人员管理与项目执行过程进行把控；能制定达人选拔标准，进行达人面试、评估、培训等；能根据达人成长路径制定达人发展策略，并进行达人形象包装
直播运营	（1）场景搭建：能结合直播运营效果，根据直播主题或货品迭代情况、主播风格需求或变化，对直播工具进行更新及优化，确保直播效果；能结合直播运营效果对现场灯光等效果呈现设备进行更新优化升级，确保直播效果；能结合直播运营效果和营销需求，对整体直播场景空间迭代升级 （2）直播营销：能依据品牌营销目标和预算情况，输出品牌整合营销方案，并进行有效提案和结案；能根据直播运营节奏和营销目标，结合传播平台规定，策划营销话题，并引导评论区话题互动和答疑；能依据营销目标和营销日历，策划营销活动并监测活动质量，有效控制风险
流量运营	（1）制定营销策略：能根据运营需求，结合传播平台工具，制定合适的营销策略；能结合行业差异化需求，制定合适的营销策略 （2）流量投放：能根据人货场数据指标，制订货品投放计划；能使用流量营销工具，结合市场热度实时对矩阵账号进行导流；根据流量平台爆款趋势，挖掘新的品类，进行爆品追踪分析；能根据广告投放数据与后端签收数据，优化货品品类与投放 （3）流量优化：能根据传播平台工具，提高流量投放精准度，提高转化效果；能通过行业分析、营销诊断、价值度量，为商家提供有效策略指导；能根据商家不同创意诉求，选择合适的创意产出渠道
数据分析	（1）策略制定：能分析机会人群数据，编制 5A（Aware、Appeal、Ask、Act、Advocate，中译为了解、吸引、问询、行动、拥护）关系资产图；能根据内容资产图进行数据分析，匹配及优化业务方案；能利用商品全生命周期制定人货场运营策略；能运用传播平台数据分析工具完成 A/B 测试 （2）策略分析：能运用传播平台工具精准进行营销方案优化；能根据核心场景数据，分析对比指标数据差异，完成诊断、方案、执行、复盘全链路传播管理；能基于流量投放数据，运用平台工具全面分析跨资源营销活动
数据优化	（1）数据分析：能依据大盘、竞品、目标、效果，对流量价值进行分析；能根据运营效果数据和人群画像，提出后续排品建议 （2）复盘优化：能制订内容优化方案，能制订商业化变现优化方案

（二）全媒体运营师的核心能力要求

综合上述要求，可以看出，全媒体运营师至少应当具备以下 4 项核心能力。

（1）全媒体策划和创作能力。随着全媒体不断发展，新的传播形式越来越多。为成为全媒体营销传播领域的佼佼者，全媒体运营师需要深入了解各种传统与新兴信息传播载体的特点，并具备策划、制作和加工图文、音视频、网页等不同类型内容的能力。当一种新的传播形式出现，全媒体运营师要在第一时间了解和掌握。

（2）数据分析能力。随着人工智能等前沿技术在传媒领域的应用，“万物皆媒”时代即将到来。在这一背景下，传播活动中的各个环节将产生海量数据，通过对这些数据进行处理和分析，可以得出精准的用户画像，为信息的制作、分发、反馈提供准确的依据。

（3）精准营销传播能力。全媒体运营离不开信息和用户之间的精准匹配，全媒体运营师要将传播信息精准地分发给目标用户，并进行有效的传播和营销，从而提升传播效率和营销效果。

（4）实时整体把控能力。在全媒体时代，信息传播活动是一个不断变化的动态发展过程，要做到实时传播、监控和反馈。传播渠道多样化也带来受众碎片化、渠道割裂化等问题，这就需要全媒体运营师协同运营各渠道，以确保各渠道的信息传播形成共振。

素养小课堂

全媒体运营需要全能型人才，为适应时代的发展需求，运营人员需要不断学习新的知识和技能，不断拓宽学习的领域和边界。

三、全媒体运营师的职业素养

全媒体运营师作为信息传播的把关人、全媒体渠道的运营人员，应当具备较高的职业素养。

（1）职业道德。全媒体运营师应当遵守基本的职业道德，包括但不限于遵纪守法、诚实守信、恪尽职守；尊重用户隐私，妥善处理用户信息，维护用户权益；积极参与行业规范制定和宣传，弘扬正能量，抵制网络暴力和不良信息。

（2）创新能力。全媒体运营师不仅要具备基本的职业道德，还应当勇于创新，具备独立思考、发现问题和解决问题的能力；乐于学习新知识，敢于拥抱新技术、新理念；能够充分发挥想象力和创作力，提升内容创意水平。

（3）团结协作。全媒体运营需要多人、多部门的配合。作为全媒体运营师，应当具备团队精神，团结互助，同时具备良好的沟通能力，能够实现有效沟通，营造和谐的工作氛围。

（4）技术素养。全媒体运营需要运用人工智能、大数据等多种数字化技术，需要全媒体运营师具备技术素养，了解各种媒体技术的发展趋势和应用前景，掌握新技术的应用方法和使用逻辑，使用技术赋能内容创作、营销推广、数据分析等，优化运营质量和效果。

（5）人文素养。全媒体运营师应当具备较高的人文素养，学会辩证地看待海量信息，能够甄别虚假信息并提取有用信息；同时，还应具备较强的审美能力，能够从艺术的视角看待全媒体内容创作，制作出视觉效果好的营销内容。

任务实施

任务演练：组建全媒体运营团队

【任务目标】

根据安清的要求，搭建一个精简的全媒体运营团队，以提高其品牌运营效率。

【任务要求】

本次任务的具体要求如表 1-7 所示。

表 1-7　　任务要求

任务编号	任务名称	任务指导
（1）	确定人员组成和岗位职责	根据工作内容和团队要求确定团队人数和团队成员的工作内容
（2）	明确岗位能力要求	根据团队成员的工作内容确定该成员应当具备的能力

【操作过程】

（1）确定人员组成和岗位职责。该全媒体运营团队的人数要求为 5～7 人。团队工作内容主要涉及 5 个方面，如果每位成员负责一个方面，5 人较合适。具体而言，团队成员包括 1 名运营专员，负责各渠道的运营工作；1 名策划人员，负责营销方案的策划；1 名创意设计师，负责内容创作；1 名数据分析师，负责数据的分析和优化；1 名客服，负责客户关系的维护和产品销售。鉴于安清缺乏运营管理经验，建议增设 1 名运营总监，负责管理运营团队。

（2）明确岗位能力要求。根据团队要求，团队成员除需要具备岗位职责所要求的能力外，还应当对服装行业有所了解。汇总所有信息，明确全媒体运营团队的组成，如表 1-8 所示。

表 1-8　　全媒体运营团队的组成

岗位设定	人数	岗位职责	能力要求
运营总监	1 名	（1）管理团队与洽谈商务合作 （2）制订运营计划 （3）监控与分析全媒体运营效果	（1）具有较强的管理能力和沟通能力 （2）具有敏锐的行业洞察力，能够把握服装行业发展趋势和用户需求 （3）具有战略规划能力
运营专员	1 名	（1）管理平台账号，搭建账号矩阵 （2）在平台上发布文案和推广引流，与粉丝互动 （3）落实和执行各项运营活动	（1）熟悉主流运营平台的特点、推荐机制和流量投放操作，具备多平台协同运营能力 （2）具有较强的沟通能力 （3）具有较强的执行力和随机应变能力
策划人员	1 名	（1）根据不同阶段的营销需求策划营销方案 （2）根据营销效果优化营销方案	（1）具有较强的网络营销策划能力 （2）具有良好的文字功底和审美能力 （3）具有良好的沟通能力和执行力
创意设计师	1 名	（1）创作营销文案 （2）设计营销所需的图标、图片、视频等素材	（1）具有扎实的文字功底和创意思维，能够写作出具有吸引力的营销文案 （2）具有较强的视觉设计能力和较高的审美水平 （3）熟练使用各种排版和设计软件

（续表）

岗位设定	人数	岗位职责	能力要求
数据分析师	1 名	（1）分析运营数据，洞察市场发展趋势和用户需求 （2）基于数据分析结果，给出调整优化建议	（1）熟练掌握数据分析工具和方法 （2）掌握数据可视化技能 （3）具有基本的统计学知识
客服	1 名	（1）答疑解惑 （2）推荐产品 （3）提供售后服务	（1）具有较强的沟通能力和问题解决能力 （2）熟悉品牌和产品信息 （3）具有较强的情绪管理能力

任务三　探究全媒体运营的发展趋势

微课视频

探究全媒体运营的发展趋势

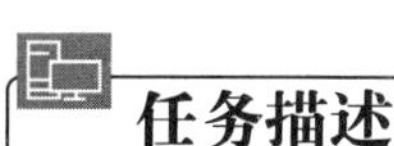

任务描述

为更好地为安清的品牌运营服务，小赵将在探究全媒体运营的发展趋势的基础上，使用文心一言为安清制定智能营销策略，并了解人工智能技术在服装品牌运营中的应用（见表 1-9）。

表 1–9　　任务单

任务名称	体验人工智能营销	
任务背景	人工智能技术对各行各业的发展带来影响，小赵将在策划阶段使用 AIGC 工具辅助进行营销策划	
任务阶段	□初识全媒体运营　□走近全媒体运营师　■探究全媒体运营的发展趋势	
工作任务		
任务内容		任务说明
任务演练：使用 AI 工具制定智能营销策略		在文心一言中输入制定智能营销策略的指令，查看生成结果
任务总结：		

知识准备

一、电子商务的全媒体融合发展

在数字化浪潮中，电子商务正经历着深刻的变革。在这一变革中，技术日新月异，同时用户需求多元化与个性化趋势也显著增强。当前，电商平台已不仅仅局限于提供基础的产品交易服务，而是逐步向全媒体融合发展的方向迈进，力求通过多元化的媒体技术，与用户建立起更为紧密、深层次的联系。

（一）模式多元化

社交媒体平台、短视频平台、直播平台等新媒体的崛起，为电子商务行业注入了新的活力。

一方面，电商平台巧妙融合虚拟现实（Virtual Reality，VR）、增强现实（Augmented Reality，AR）等技术，为用户提供个性化的购物体验，如用户可以在线“试穿”。另一方面，新媒体成为电商平台重要的营销推广渠道，如利用社交媒体平台推广、开展直播带货等，催生出跨境电商、直播电商、社交电商等新模式。

（1）跨境电商。跨境电商以互联网为媒介，促进不同国家或地区之间的贸易，打破地域和时间的限制，让用户能够更加便捷地购买到世界各地的优质产品。

（2）直播电商。直播电商通过直播平台进行产品销售或推广。当前，不少电商平台都推出直播平台或提供直播功能，助力直播电商发展。随着直播电商市场规模的不断扩大，直播电商交易渗透率呈上升趋势，这预示着直播电商未来或将更加常态化。

（3）社交电商。社交电商是社交媒体平台与电商平台的结合，通过社交媒体平台销售和推广产品，能够充分利用社交网络的传播效应，实现产品的快速传播和销售。社交电商的兴起，不仅丰富了电子商务行业的业态，也促进了社交媒体平台的商业化发展。

（二）全域电商运营

全域电商是电子商务领域中的一个重要概念，涵盖公域电商和私域电商，可以理解为整合线上线下的全渠道资源，实现产品和服务在全域范围内的自由流通。基于全域开展的电商运营，能够实现全渠道覆盖、全触点营销、购物全链路优化等，从而全方位提升用户的消费体验。

二、营销领域的全媒体营销创新

在技术飞速发展和智能电子设备广泛普及的情况下，营销领域也发生着深刻的变化。全媒体营销作为一种集合多种传播媒介开展的营销方式，正逐渐成为一种趋势。其中，整合营销、智能营销、数字营销等创新性全媒体营销方式得到广泛应用。

（1）整合营销。全媒体营销的一大特点是资源整合，整合营销是指通过协调和统一各种营销资源，形成协同营销效应，从而提升整体营销效果。

（2）智能营销。人工智能技术的发展和应用为全媒体营销带来了新的机遇和挑战，也催生出一种新的营销方式——智能营销。智能营销就是利用人工智能技术洞察用户需求和进行市场分析，以实现精准定位和个性化推荐的营销方式，具有服务自动化、投放自动化、营销个性化等特点。人工智能技术在智能营销中的应用很广泛，如使用文心一言、通义等 AIGC（Artificial Intelligence Generated Content，人工智能生成内容）工具辅助营销策划和内容创作，借助智能推荐算法向用户推荐个性化内容，使用人工智能客服提供 24 小时在线客户服务，等等。

（3）数字营销。数字营销是利用大数据技术、云计算技术等数字化技术，依托微博、微信等数字化平台开展的营销。基于数字化技术，数字营销具有营销精准度高、效果可量化、营销策略灵活高效、成本效益高等特点。

三、广告行业的全媒体变革与机遇

全媒体广告投放因其覆盖面广和高效及时的传播特性，能够满足不同广告主（为推销产品或提供服务，自行或委托他人设计、制作并发布广告的法人、其他经济组织或个人）的广告需求，由此催生出一个新的行业——全媒体广告，即整合多种互联网媒体资源的广告。全媒体广告具有如下特点。

（1）投放渠道多样化。全媒体广告的投放渠道非常多，手机中常用的视频软件、社交软件，计算机中的网站，商场的电子大屏，家庭电视，等等，都是全媒体广告的投放渠道。这些多样化的投放渠道为广告主提供了丰富的广告触点，提高了营销成功的概率。

（2）精准营销。大量的、各种形式的广告信息造成用户信息过载，使得广告主需要采取更有针对性的广告投放策略，减少信息对用户的干扰，提升用户对广告的记忆度。在这种情况下，结合特定场景进行精准营销便成为解决问题的关键。例如，借助大数据技术和人工智能技术，广告主可以分析用户的行为、兴趣等精准信息，在制订广告投放计划时，结合目标用户的性别、年龄、学历、兴趣爱好、地理位置等数据进行精准投放。

（3）实时效果监测。借助各种数据分析工具，广告主可对全媒体广告的投放效果进行实时监测和评估，及时调整广告策略，优化广告投放效果。

四、信息传播下的全媒体演进与影响

党的二十大报告中提出要“加强全媒体传播体系建设，塑造主流舆论新格局”。在此背景下，搭建全媒体传播体系、形成广泛传播态势成为新的发展方向和着力点。全媒体传播体系具有 4 个主要特点：全程、全息、全员和全效。其中，全程意味着企业/品牌或用户能够追踪信息的全流程，全息意味着能够通过虚拟现实、增强现实等技术打造沉浸式信息传递场景，全员指每个用户皆可参与信息的生产、传播和再生产等，全效指在全媒体传播体系下通过串联各种媒介形态实现传播效果的广泛提升。

五、媒体行业的全媒体转型与升级

全媒体时代下，新媒体快速崛起，加剧了媒体行业的竞争，迫使传统媒体努力寻找新的增长点和发展路径。在此情况下，媒体融合和构建全媒体平台便成为重要发展趋势。媒体融合是指新媒体与广播、电视、报纸、杂志等传统媒体相融合，实现优势互补。例如，通过开发新闻客户端，把本应发布在报纸、电视上的新闻同步发布到新闻客户端。构建全媒体平台主要是指通过打造集文字、声音、视频、图片、网页等多种媒体形态于一体的全媒体平台，以实现信息的多渠道、多终端传播。例如，《人民日报》、新华网等主流媒体已经发展为集官网、微博、微信、新闻客户端等于一体的多媒体平台。

任务实施

任务演练：使用 AI 工具制定智能营销策略

【任务目标】

使用文心一言为新中式女装品牌生成智能营销策略，为将人工智能技术引入品牌运营提供思路。

【任务要求】

本次任务的具体要求如表 1-10 所示。

表 1-10　　任务要求

任务编号	任务名称	任务指导
（1）	输入指令	结合品牌信息和使用目的设计指令，并输入指令
（2）	查看生成结果	查看 AI 工具给出的生成结果

【操作过程】

（1）了解 AI 工具的使用方法。AI 工具的使用方法主要分为两步：第一步是输入指令，指令应当清晰明确且具有针对性，可按照“参考信息/背景信息+完成动作（如撰写、生成）+达成目标（如方案、图片）+要求（如按照××语言风格撰写）”的结构设计指令，其中，参考信息/背景信息和要求的位置可以互换；第二步是查看并优化生成结果，即按【Enter】键发布指令，然后查看生成结果，如果不满意生成结果，可重新输入指令要求 AI 工具按照新指令重新生成，或自行改写。

提示

如果输入的指令内容过多，可以换行，在每行输入不同的内容，如在首行输入参考信息/背景信息，在第二行输入完成动作、达成目标、要求等。

（2）输入指令。品牌为新中式女装品牌，使用文心一言的目的是制定智能营销策略，由此形成指令，如“假设某新中式女装品牌要开展智能营销，请为该品牌制定营销策略”。登录文心一言，在输入框中输入指令。

（3）查看生成结果。待文心一言生成完毕，查看生成结果，如图 1-2 所示。

假设某新中式女装品牌要开展智能营销，请为该品牌制定营销策略

为新中式女装品牌制定智能营销策略，需要融合传统文化元素与现代科技手段，以精准定位目标客群、提升用户体验、增强品牌互动性和提供个性化服务为核心。以下是一个综合性的智能营销策略框架。

1. 市场与客群分析

- **数据收集与分析**：利用大数据和AI技术，收集并分析目标用户的年龄、性别、地域、消费习惯、兴趣偏好等数据，精准描绘用户画像。
- **细分市场**：根据分析结果，将市场细分为不同用户群体，如年轻时尚追求者、传统文化爱好者、高端定制需求者等。

2. 智能内容创作与分发

- **个性化内容生成**：利用AI算法，根据用户画像自动生成或推荐符合用户兴趣的新中式女装搭配建议、文化故事、设计灵感等内容。
- **多渠道分发**：通过社交媒体平台（如微博、微信、抖音、小红书）、电商平台、品牌官网及线下体验店等多渠道，利用智能推荐系统精准推送内容。

3. 智能互动体验

- **AR/VR试衣**：开发AR/VR试衣间应用，让用户在线上即可体验不同款式、颜色的新中式服装，提升购物趣味性和便捷性。

图 1-2　生成结果

技能练习

在通义中输入用于生成智能营销策略的指令，查看生成结果，比较其与文心一言生成结果的异同。

综合实训：制定全媒体运营职业生涯规划书

实训目的：通过练习制定职业生涯规划书，增加对全媒体运营师的了解。

实训要求：李华是某高职院校数字媒体专业的一名新生，立志成为一名全媒体运营师。李华喜欢浏览微博、抖音，追热点的能力强，善于沟通、学习能力强，具有较强的团队协作意识，但不了解各平台的账号运营、用户管理、内容宣发、活动策划和执行、推广引流等，缺乏专业基础知识。请在网络上搜索职业生涯规划书的范文，按照范文的格式为李华制定10年内的全媒体运营职业生涯规划书。

实训思路：先分析李华的个人信息，完成自我分析，然后划分时间段，明确每一时间段的职业目标，最后给出具体的行动计划。

实训结果：本次实训完成后的参考效果如图1-3所示（配套资源：\效果\项目一\全媒体运营职业生涯规划书.docx）。

一、自我分析
姓名：李华
职业目标：全媒体运营师
优势：
（1）喜欢浏览微博、抖音等社交媒体平台，具备快速捕捉热点的能力。
（2）优秀的沟通能力和学习能力，能够迅速适应新环境和学习新知识。
（3）强烈的团队协作意识，擅长在团队中发挥积极作用。
劣势：
（1）缺乏各平台的账号运营、用户管理、内容宣发、活动策划和执行、推广引流等专业基础知识。
（2）实践经验相对不足，需要进一步提升实际操作能力。
自我总结：需要夯实全媒体运营基础知识，提升实操能力。
二、职业目标设定与行动计划
短期职业目标（3年内）：学习和储备全媒体运营基础知识，熟悉全渠道运营规则和策略，积累实操经验。
行动计划：
（1）系统学习：认真学习全媒体运营的专业课程，掌握基础知识和技能。
（2）实践探索：积极参加运营实践，如开设个人微博、抖音账号，尝试进行个人账号运营，巩固学习成果。

图1-3　参考效果

巩固提高

1. 什么是全媒体运营？其特点和战略有哪些？
2. 全媒体运营师是做什么的？
3. 全媒体运营师的工作内容和能力要求有哪些？
4. 什么是跨境电商、直播电商、社交电商？
5. 什么是智能营销、数字营销？

项目二

市场分析

学习目标

【知识目标】

1. 掌握行业信息的搜集方法，能够熟练使用工具搜集需要的行业信息。
2. 掌握分析用户的方法，能够明确目标用户并制作用户画像。
3. 熟悉主流的运营平台，能够根据运营需要选择合适的运营平台。
4. 熟悉常见的网络舆情成因，能够根据网络舆情的危害程度采取不同的应急处理方法。

【技能目标】

1. 具备较强的数据分析能力，能够通过行业分析、用户分析和平台分析洞察市场详情，把握市场机遇。

2. 具备较强的危机公关能力，能够提前预防网络舆情，在第一时间发现由网络舆情造成的危机，并及时采取正确的措施。

【素养目标】

深入了解所从事行业的运行机制和发展规律，具备敏锐的市场洞察力和预见性，能够及时捕捉市场的微妙变化和潜在机会。

项目导读

市场分析是对影响市场供需变化的各种因素及其动态、趋势进行分析。通过细致地分析市场，企业/品牌能对行业、目标用户和平台有整体的了解，找到适合自己的机会，并调整市场运营策略，发现运营过程中存在的问题，从而有效解决问题。鉴于市场的变化对品牌的发展有重要影响，为帮助雅韵清莲更好地在市场上立足，老李决定带领小赵启动全面的市场分析项目，深入分析新中式服装的行业趋势、用户偏好、运营平台特性及网络舆情，为品牌的未来发展制定科学的战略规划。

任务一 行业分析

微课视频

行业分析

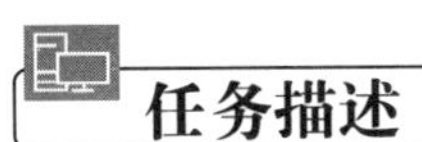

任务描述

小赵在老李的指导下，提前搜集了新中式服装行业及竞争对手的相关信息。接下来，他需要运用合适的分析方法分析行业信息和竞争对手信息，以制定科学的市场营销策略和产品运营策略（见表 2-1）。

表 2–1 任务单

任务名称	行业分析		
任务背景	小赵通过行业专业网站搜集了行业的宏观信息，包括行业概况、行业发展现状等，并通过分析产品生命周期明确了产品当前所处的阶段——萌芽期。由于处于该阶段的产品各方面还不完善，需要通过竞争对手分析确定产品定位、定价等，因此小赵选择与雅韵清莲定位相似的品牌作为竞争对手，并在电商平台和官网上搜集了竞争对手的相关信息，包括产品定价、形式等，为后续工作做好准备		
任务阶段	■行业分析 □用户分析 □平台分析 □网络舆情分析		
工作任务			
任务内容		任务说明	
任务演练 1：分析新中式服装行业环境		【分析对象】新中式服装行业环境 【分析方法】PESTEL 分析法	
任务演练 2：明确产品开发计划和运营策略		【分析对象】直接竞争对手 【分析方法】SWOT 分析法	

任务总结：

知识准备

一、搜集行业信息

行业信息是指与某个特定行业或领域相关的发展现状和趋势、政策导向、技术创新、竞争格局等信息的总合，行业信息分析是市场分析中的重点。通过分析行业信息，企业/品牌可以了解市场趋势、评估竞争环境，从而发现新的市场机会。

（一）行业信息的类型

行业分析是一项深入而细致的工作，要求企业/品牌具备全面的视野，能够洞察行业内的微妙变化，以及这些变化如何影响行业的整体格局。为确保分析的深度和广度，搜集行业信息时应尽可能全面且详尽，包括但不限于以下行业信息类型。

（1）行业概况：包括行业定义、行业发展历程（包括行业当前所处发展阶段）、产业链等。

（2）行业发展现状：包括政策法规、行业规模及增长情况、技术创新与研发情况等。

（3）竞争格局：包括行业竞争激烈程度，行业内主要竞争对手的市场份额、优劣势及战略动向等。

（4）目标用户：包括目标用户的特征、需求与偏好，以及购买决策过程，为产品或服务的市场定位提供依据。

（5）产品与服务：包括行业内主要产品或服务的类型、特点、定价策略及销售渠道等，以及市场供给情况。

（6）投资或融资情况：包括投资或融资环境、资本流动情况及投资者态度、重要投资或融资事件、投资或融资对行业发展的影响等。

（7）行业风险：包括技术滞后、人才缺失、管理制度不完善、不利环境带来的风险等。

（8）行业发展趋势：包括政策走向、技术发展、管理模式变革等对行业未来发展带来的影响。

（二）行业信息的搜集途径

行业信息的繁杂为搜集工作增添了难度，这要求企业/品牌掌握多样化的搜集途径，以确保能够快速搜集有价值的行业信息，提升工作效率。

1. 内部搜集

很多企业都有企业内部管理系统，从企业内部管理系统的数据库中通常可以查询和采集到一些需要的信息，如与用户、产品相关的信息等。为方便管理，企业内部管理系统通常会被细分，如果想要获取特定类别的详细信息，就需要通过对应的管理系统搜集。例如，通过产品采购和管理系统搜集产品信息，通过用户服务管理系统搜集用户信息，通过仓储管理系统搜集供应链信息，等等。

2. 外部搜集

对于已经公开的信息，可以通过以下途径搜集。

（1）搜索引擎。搜索引擎可以汇集多方发布的关于行业的相关信息。直接在搜索引擎的搜索框中输入行业名称，就可以在搜索结果中查看相关结果。如果想要通过搜索引擎获得更准确、全面的行业信息，可以搜索该行业的白皮书（政府或大型机构等发布的重要文件或报告书的别称）。

（2）数据库。数据库是搜集宏观统计数据的常用渠道，如国家统计局、农业农村部、工业和信息化部、商务部等的数据库。其中，在国家统计局的数据库可以查询 GDP（Gross Domestic Product，国内生产总值）、CPI（Consumer Price Index，居民消费价格指数）、人口等国家统计数据；在农业农村部的数据库可以查询农产品市场、农产品进出口、资源环境等相关的数据和政策；在工业和信息化部的数据库可以查询原材料工业、消费品工业、通信业、电子信息制造业等相关的数据和政策；在商务部的数据库可以查询国内外贸易相关的数据和政策。查询这些数据和政策的方法为：在浏览器中搜索“国家政务服务平台”，进入国家政务服务平台官网，单击“国务院部门服务窗口”超链接，在打开的页面（见图 2-1）中点击进入对应的细分部门官网，在其数据库中搜索相关信息。

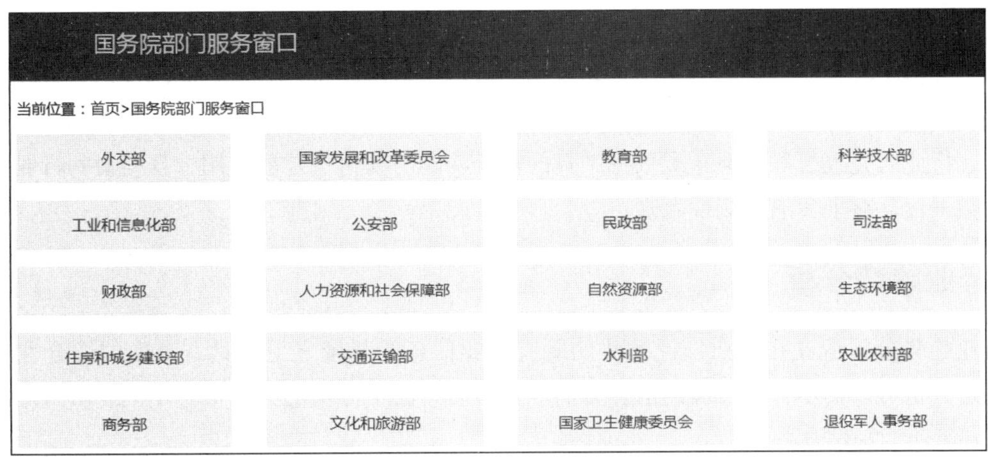

图 2-1　国务院部门服务窗口

（3）行业专业网站。许多行业专业网站会定期面向公众发布资讯或行业研究报告，这些资讯或行业研究报告往往具有较强的专业性，使用价值较高。进入这些行业专业网站即可搜索相关信息。表 2-2 所示为部分行业专业网站及该网站提供的主要信息。

表 2-2　　部分行业专业网站及该网站提供的主要信息

行业专业网站	主要信息
万得信息网	提供金融、财经相关的数据
艾媒网	提供各类新经济行业数据分析报告，具体细分行业包括互联网、快消品、跨境电商、新零售、新金融、餐饮、纺织服装、智慧物流、家电家居、未来教育、能源化工、服务业、新农林、旅游酒店等
IBM 商业价值研究院	提供人工智能、生成式人工智能、自动化和机器人、区块链、云计算、物联网等新技术相关的数据，涉及汽车、银行与金融市场、零售与消费品、电信、制造、石油化工、能源与公用事业、医疗保健与生命科学、媒体与娱乐等行业
达示数据	提供汽车行业报告
中国互联网络信息中心	提供中国互联网络统计数据
199IT	提供互联网研究报告
艾瑞网	提供互联网数据资讯，包括电子商务、移动互联网、网络游戏、网络广告、网络营销等行业数据
艺恩	提供娱乐行业报告，包括电影、剧综、动漫等相关报告
IT 桔子	提供创业公司投资和融资报告等
旅游圈	提供旅游行业相关资讯
易观分析	提供各行业数据分析报告
麦肯锡官网	提供各行业新资讯、行业洞见报告等
阿里研究院	结合阿里巴巴旗下平台的数据，提供各行业数据分析报告

（4）行业协会或组织。参加行业协会或组织，也可以获取相关行业信息。

（5）市场调研和社会调研。市场调研包括问卷调查、街头采访、用户访谈等搜集方式，使用这些搜集方式需要做好数据的回收和整理。通过社会调研搜集何种信息是根据营销目的来确定的，社会调研具有强烈的针对性，搜集的信息也较为全面。

（6）数据工具。一些媒体平台会提供专门的数据工具搜集行业信息，如淘宝的生意参谋、百度的百度指数、抖音的巨量算数等。通过数据工具搜集的行业信息较为全面，包括用户信息、行业排名、行业研究报告等，但这类数据工具的部分功能需要付费才能使用，且搜集的行业信息来源于各类平台，对平台的依赖性较强。

二、行业趋势分析

行业趋势分析建立在分析广泛搜集的既有行业信息的基础之上，具有高度的综合性和前瞻性，通过分析可以揭示行业发展的潜在方向。分析时，由于分析的具体信息不同，所采用的分析方法也需要进行灵活调整。

（一）使用 PESTEL 分析模型分析

PESTEL 分析模型主要基于行业概况、行业发展现状等，从宏观层面分析和评估影响企业和行业发展的外部因素，从而帮助企业/品牌清楚把握行业的发展脉络和发展趋势。其中，PESTEL 是政治（Political）、经济（Economical）、社会（Social）、技术（Technological）、环境（Environmental）、法律（Legal）6 个英文单词首字母的组合，PESTEL 分析模型主要围绕以下 6 个因素进行分析。

（1）政治因素：包括国家和地方政府相关政策、政治稳定性、税收政策、贸易规定和政府对产业的干预、政府未来规划等。政治因素对企业/品牌经营环境和市场竞争具有重要影响，因此需要深入了解政治因素的变化和发展趋势。

（2）经济因素：包括通货膨胀率、汇率、利率、经济增长率、失业率、用户信心等因素。经济因素会直接影响企业/品牌的成本、价格策略和市场需求，因此有必要了解经济因素的发展情况。

（3）社会因素：包括人口统计、文化价值观、社会趋势、用户习惯和社会变革。企业/品牌需要了解行业的社会特点，以便更好地进入该行业。

（4）技术因素：包括科技发展、创新趋势、技术可用性和竞争技术。技术因素对产品开发、生产和营销推广的影响较大，因此了解技术发展趋势和创新十分重要。

（5）环境因素：包括企业概况（数量、规模、结构等）、行业及相关行业发展阶段、对相关行业和其他行业的影响、媒体关注度、可持续发展性（气候、能源等的可持续发展性）等。环境因素对行业的可持续发展有重要影响，分析环境因素有利于综合判断是否进入该行业。

（6）法律因素：包括世界性公约条款、基本法（宪法、民事诉讼法等）、劳动者保护相关法律、行业竞争相关法律、环境保护相关法律、消费者权益保护相关法律等。法律因素影响着行业规范发展、国际贸易等，因此有必要分析法律因素，以保障公平竞争、推动行业创新。

（二）使用波特五力模型分析

波特五力模型是美国哈佛大学商学院教授迈克尔·波特提出的分析模型，可用于分析行业的竞争战略及竞争激烈程度等，帮助企业/品牌理解当前的市场情况。波特五力模型指出，行业竞争的规模和激烈程度主要受 5 个因素的影响，如图 2-2 所示。

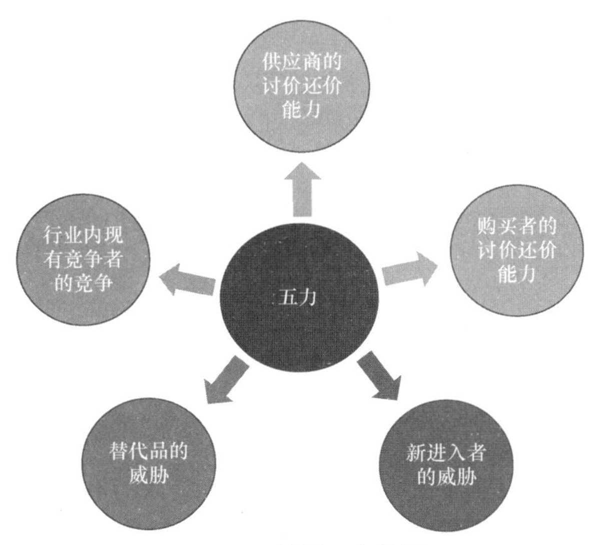

图 2-2 波特五力模型

（1）供应商的讨价还价能力。供应商主要通过提高价格或降低产品/服务的质量，来影响行业中现有企业的盈利能力与产品竞争力。一般来说，拥有稳定市场地位或产品转换成本较低的供应商，通常具有较强的讨价还价能力。

（2）购买者的讨价还价能力。购买者主要通过压价、要求提供较高质量的产品或服务，来影响行业中现有企业的盈利能力。一般来说，在这些情况下，购买者可能具备较强的讨价还价能力：购买者少但购买量大、卖方市场由大量小规模企业组成、购买者购买的是标准化生产的产品（可复制性强）。

（3）新进入者的威胁。新进入者会与行业中现有企业发生竞争，包括原材料竞争、市场份额竞争等，从而导致现有企业盈利水平下降。新进入者的威胁程度取决于两方面的因素：进入新领域的障碍、预期中现有企业对新进入者的反应。

① 进入新领域的障碍。这包括规模经济、产品差异、资本、转换成本、销售渠道、政府政策、不受规模支配的成本劣势（如商业机密、产供销关系）、自然资源、地理环境等方面的障碍。

② 预期中现有企业对新进入者的反应。这主要指现有企业采取报复行动的可能性。

（4）替代品的威胁。处于同一行业或者不同行业的企业，由于生产的产品互为替代品，可能会产生竞争，从而影响行业中现有企业的竞争策略。一般来说，替代品的价格越低、质量越好、用户转换成本越低，给现有企业带来的竞争压力就越大。在具体分析时，可以重点关注替代品的销售增长率、竞争企业的生产能力、竞争企业的盈利和扩张模式等。

（5）行业内现有竞争者的竞争。为在市场中占据有利地位，行业中现有企业不可避免地处于竞争之中，这些竞争通常体现在价格、广告投放、产品推广、售后服务等方面。当出现以下情况时，意味着行业内现有竞争者的竞争加剧。

① 行业进入门槛低，导致大量企业涌入，行业中大部分现有企业实力相当。

② 产品或服务同质化严重，用户转换成本低。

③ 市场趋于成熟，产品需求增长缓慢。

三、竞争对手分析

竞争对手分析是指对现有的或潜在的竞争对手的优势、劣势进行分析。通过分析竞争对手，企业/品牌可以了解竞争对手的情况，挖掘用户未被满足的需求，为调整本企业/品牌发展方向、制定产品策略提供参考。

（一）明确分析目的

竞争对手分析通常都是为了达到特定的目的，常见的分析目的主要有以下3类。

（1）寻求决策支持：具体可细分为新产品研发、新产品定位、竞争策略制定、产品销售策略制定等。

（2）学习借鉴：具体可细分为分析成功的竞争对手，以寻求产品机会；借鉴竞争对手好的方面，以完善或升级优化本企业/品牌的产品或服务；学习竞争对手的运营推广方式；等等。

（3）市场预警：具体可细分为发现供应商、用户、现有竞争对手、替代品的变动，监测竞品的市场表现和推广变化，察觉新的竞争对手，等等。

因此，为更好地开展分析工作，在进行竞争对手分析前，需要解决以下问题。

（1）本企业/品牌主要面临什么问题?

（2）为什么要做竞争对手分析?是为了发现市场空白，为产品研发提供参考，还是为了分析竞争对手的营销策略以调整本产品的营销策略，或是为了改进本产品功能?等等。

（二）选择竞争对手

根据产品形式和目标用户群体的相似程度，竞争对手主要可以分为以下3类。

（1）直接竞争对手。直接竞争对手是指产品形式、目标用户群体与本企业/品牌相同的企业/品牌，这类竞争对手对本企业/品牌的威胁性较大。

（2）间接竞争对手。间接竞争对手是指产品形式与本企业/品牌相同、目标用户群体与本企业/品牌类似的企业/品牌，这类竞争对手对本企业/品牌具有潜在的威胁。

（3）替代者。替代者是指抢占同类用户时间或者改变同类用户使用习惯的企业/品牌，这类竞争对手对本企业/品牌的威胁性非常大。

竞争对手的选择需要根据分析目的而定，但一般可选择直接竞争对手作为分析对象。

（三）确定分析维度

分析竞争对手的维度很多，常见维度如下所示。

（1）产品功能。这是指竞品的主要功能，企业/品牌应将其与自身产品进行对比，以分析两者功能上的差异和优劣。

（2）企业/品牌背景。企业/品牌应分析竞争对手的人才构成情况、资金情况、技术水平等，以分析竞品的品牌影响力等。

（3）盈利模式。企业/品牌应分析竞争对手的收入结构（如网店销售+直播带货+短视频带货）、成本结构（如研发成本、运营成本）等，以了解竞争对手的盈利能力和盈利的可持续性。

（4）用户体验。企业/品牌应分析竞争对手的交互设计、信息展示、UI（User Interface，用户界面）设计等，以了解竞争对手用户体验的优劣，发现改进点，从而优化本企业/品牌的产品的用户体验。

（5）用户特征。用户特征包括用户的性别特征、偏好特征、职业特征、地域分布特征等，企业/品牌应构建竞争对手的用户画像，以更好地了解用户的痛点（用户需要满足但尚未得到满足的需求）。

（6）市场推广。企业/品牌应分析竞争对手的营销/推广策略（如广告投放、促销活动）、销售渠道（如销售平台）等，以了解竞品的市场推广方式和市场覆盖力等。

（7）产品规划。企业/品牌应分析竞品的定位、定价、搭配等，以调整自身产品。

（四）使用 SWOT 分析法分析

SWOT 分析法又称态势分析法，4 个字母分别表示 Strengths（优势）、Weaknesses（劣势）、Opportunities（机会）、Threats（威胁）。该分析法是一种基于内外部竞争环境和竞争条件，找出企业的优势、劣势及核心竞争力的战略分析方法，图 2-3 所示为 SWOT 分析象限图。

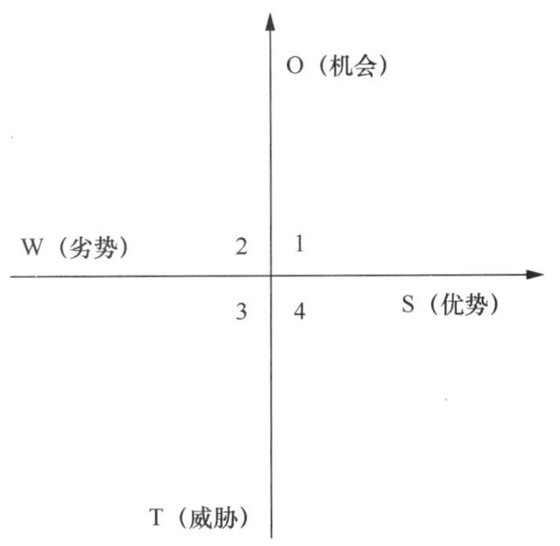

图 2-3　SWOT 分析象限图

（1）S（优势）。这分析的是企业内部因素，主要分析与竞争对手相比本企业/品牌的优势，包括充足的财政来源、良好的企业/品牌形象、充足的技术资源和人才资源储备、规模经济、良好的产品质量和产品口碑、较大的市场份额、成本优势、广告优势、先进的设备、良好的管理结构等。

（2）W（劣势）。这分析的是企业内部因素，主要分析与竞争对手相比本企业的不足之处，包括设备老化、管理混乱、缺乏核心技术、研发能力差、资金短缺、经营不善、产品积压、竞争力不足等。

（3）O（机会）。这分析的是企业外部因素，主要分析能够让本企业/品牌产品胜过竞品的机会，包括人们观点的变革、产品的更新换代、新的营销手段的出现、销售渠道的拓宽、新的市场、新的需求、竞争对手的失误等。

（4）T（威胁）。这分析的是企业外部因素，主要分析与竞争对手相比不利于本企业/品牌产品营销的外在因素，包括新的竞争对手、替代产品增多、市场萎缩、行业政策变化、经济衰退、用户需求改变、突发负面事件等。

SWOT 分析象限图将分析内容划分为 4 个部分，每一个部分的内容都可以在分析时对应具体的业务，从而帮助企业/品牌进行相应的战略定位。

① SO（优势+机会）战略。这表明企业/品牌所处的外部环境机会多、威胁少，企业/品牌可以采取积极的产品营销策略，依靠内部优势、利用外部机会快速打开市场或扩大市场份额。

② WO（劣势+机会）战略。这表明企业/品牌所处的外部环境中的机会多于威胁，企业/品牌需要趋利避害。

③ WT（劣势+威胁）战略。这表明企业/品牌所处的外部环境和内部环境都较为恶劣，此时企业/品牌应该按兵不动，保持观望状态。

④ ST（优势+威胁）战略。这表明企业/品牌所处的外部环境较恶劣，但企业/品牌仍具有内部优势，应该扬长避短。

四、产品分析

产品分析是行业分析中的重要组成部分，通过分析产品，企业/品牌可以知晓产品的市场反应情况，更好地把握市场动态和用户需求，从而制定出更加有效和具有竞争力的产品运营策略。

（一）产品定位

产品定位是企业/品牌为满足目标用户需求而选择特定产品的过程，可以帮助企业/品牌产品在众多同类产品中脱颖而出，建立竞争优势，促进销售并提升影响力。基于此，进行产品定位时应重点考虑以下 4 个方面的问题。

（1）向什么行业投放什么类型的产品。这是产品定位过程中要解决的重要问题，企业/品牌需要明确产品所属的行业和类型。行业决定产品的市场环境和竞争态势，类型则决定产品的基本功能和特点。

（2）产品面向哪类目标用户。产品定位需要明确产品的目标用户，包括用户的年龄、性别、地域、职业、收入、兴趣等特征，这有助于企业/品牌更精准地识别不同的用户和市场需求。例如，如果目标用户是年轻人，那么产品定位可强调个性表达、新颖性和社交共享性等。

（3）产品能给用户带来什么价值。产品定位需要深入了解目标用户的痛点，明确产品能够解决用户的哪些问题，以及用户使用产品后能获得的好处和价值。这是产品存在的基础，也是产品在市场上立足的关键。

（4）自身产品跟竞品的差异在哪儿。产品定位需要深入分析竞品的特点、优势、劣势及市场策略，从而找到自身产品与竞品的差异。这些差异包括产品的功能、设计、品质、价格、服务等方面。

（二）产品定价

产品定价是体现产品定位、影响产品销量的重要因素，常用的产品定价策略有以下 6 种。

（1）整数定价。整数定价适用于价格较高的一些产品，如珠宝、艺术品等，可以从侧面体现产品的质量，提升产品形象。

（2）尾数定价。尾数定价是指在确定产品价格时，基于用户希望购买到物美价廉的产品的心理，制定非整数价格，如 1.9 元、9.9 元、19.8 元等，使用户在心理上产生价格更低的感觉，从而激发用户的购买欲望，促进产品销售。

（3）成本加成定价。成本加成定价是指在成本的基础上加上一定比例的利润进行定价。例如，某产品的成本是 16 元，如果加上 25%的利润，产品的价格就可以确定为 20 元。

（4）习惯定价。习惯定价是指按照市场上已经形成的价格习惯进行定价。

（5）数量折扣定价。数量折扣定价是指当用户购买的产品数量较多时，商家给予一定的优惠，如满减、包邮、打折等。

（6）现金折扣定价。现金折扣定价即降价处理或打折出售，在举办促销、清仓等活动时，可采用现金折扣的方式进行产品定价。

（三）产品生命周期分析

产品生命周期是指产品从初期上市到被市场淘汰的过程，通常包括萌芽期、成长期、成熟期和衰退期 4 个阶段，如图 2-4 所示。

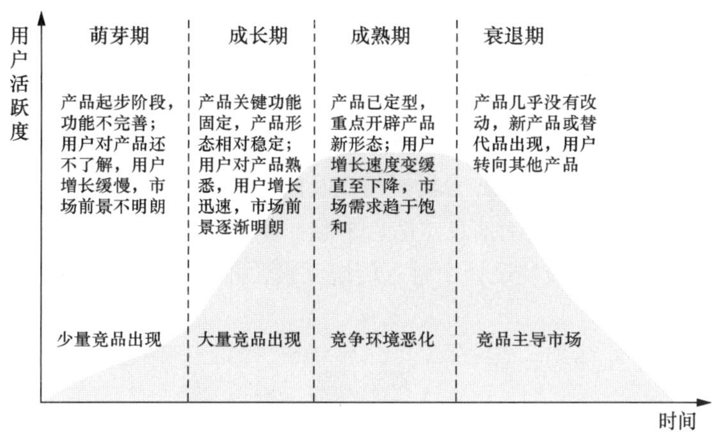

图 2–4 产品生命周期

对处于不同生命周期的产品，分析的重点不同。

（1）萌芽期。处于萌芽期的产品各方面还不完善，因此分析的重点应以竞争对手为主，企业/品牌应通过剖析竞争对手的情况，帮助自身产品做好定位、定价等。

（2）成长期。针对处于成长期的产品，企业/品牌除需要进行竞争对手分析外，还要做好自身产品关键功能/核心卖点的数据监测和分析，以形成产品的核心竞争优势。

（3）成熟期。处于成熟期的产品各要素已经固定，企业/品牌需要在原产品基础上进行功能迭代更新，这就需要分析产品的细分市场，明确不同用户群体的需求和偏好，以开展差异化营销，并探索产品的新用途。

（4）衰退期。处于衰退期的产品正在逐渐丧失竞争力，企业/品牌在此阶段需要密切关注行业趋势的变化，包括新技术、新产品等，以促进产品升级优化，延长产品的生命周期。

任务实施

任务演练 1：分析新中式服装行业环境

【任务目标】

使用 PESTEL 分析模型从政治、经济、社会、技术、环境、法律等方面分析新中式服装行业环境，并根据分析结果确定品牌大致的发展方向。

【任务要求】

本次任务的具体要求如表 2-3 所示。

表 2-3　任务要求

任务编号	任务名称	任务指导
（1）	分析行业环境	汇总搜集到的行业信息，将其分为政治、经济、社会、技术、环境、法律 6 类，并逐一进行分析
（2）	规划品牌发展方向	汇总分析结果，确定大致的市场营销策略，规划品牌发展方向

【操作过程】

1. 使用 PESTEL 分析模型分析行业环境

汇总行业信息，依次分析 PESTEL 分析模型涉及的 6 要素。

（1）汇总并分析政治信息。政治信息（信息来源：智研咨询）如表 2-4 所示。由表 2-4 可知，我国政府积极鼓励企业/品牌在服装设计中融入传统元素，并在文化传承、创新发展、文化出口等方面提供政策性支持。

表 2-4　政治信息

年份	相关政策	相关内容
2017 年	《关于实施中华优秀传统文化传承发展工程的意见》	实施中华节庆礼仪服装服饰计划，设计制作展现中华民族独特文化魅力的系列服装服饰
2021 年	《“十四五”文化和旅游科技创新规划》	开展非物质文化遗产的新材料、新工艺、新形式、新利用研究。研究以传统纸张、颜料、漆艺、丝绸、金工、彩塑等为代表的文化介质工艺复原技术
2022 年	《关于推动传统工艺高质量传承发展的通知》	培育守正创新、德艺双馨的能工巧匠和大国工匠，创作体现中华文化精神、反映中国人审美追求、传播当代中国价值观念的优秀作品
2022 年	《关于推进对外文化贸易高质量发展的意见》	加强传统文化典籍、文物资源、非物质文化遗产的数字化、网络化转化开发，面向海外用户开发一批数字文化精品 大力促进中国餐饮、中医药、中国园林、传统服饰和以中国武术、围棋为代表的传统体育等特色文化出口
2024 年	《关于开展 2024 纺织服装优供给促升级活动的通知》	深入实施增品种提品质创品牌“三品”行动，提升纺织服装创意设计园区发展水平，培育纺织服装消费品牌、制造品牌、区域品牌，传承发扬优秀中华服装服饰文化

（2）汇总并分析经济信息。经济信息（数据来源：蝉妈妈）如表 2-5 所示。由表 2-5 可知，我国新中式服装的整体市场规模呈上升趋势，具有较好的发展前景，其中，新中式女装这一细分行业占据核心地位。

表 2–5 经济信息

<table>
<tr><th colspan="4">整体市场规模</th></tr>
<tr><td colspan="4">2023 年，新中式服装的市场规模同比增长 246%，并在 2024 年 1 月快速增长</td></tr>
<tr><th rowspan="2">项目</th><th colspan="3">行业细分</th></tr>
<tr><th>新中式女装</th><th>新中式童装</th><th>新中式男装</th></tr>
<tr><td>同比增速</td><td>259%</td><td>199%</td><td>108%</td></tr>
<tr><td>热卖品类</td><td>唐装、马面裙、旗袍等</td><td>儿童旗袍、唐装、民族服装</td><td>民族服装、衬衫</td></tr>
<tr><td>主流价格带</td><td>100～300 元</td><td>50～300 元</td><td>100～300 元</td></tr>
<tr><td>用户需求</td><td>工艺、面料</td><td>功能</td><td>类型</td></tr>
</table>

（3）汇总并分析社会信息。社会信息如表 2-6 所示。由表 2-6 可知，用户对新中式服装的购买力和需求在增加，显示出新中式服装具有较大的市场发展潜力，其中，更具时尚化、休闲化和个性化的新中式服装可能成为一种趋势。

表 2–6 社会信息

项目	具体内容
消费能力	宏观经济增长，居民可支配收入增加，人均衣着整体消费支出不断上涨，衣着消费逐渐追求高档化、时尚化、休闲化和个性化
消费主体	Z 世代（通常指 1995 年至 2010 年出生的一代人）等新的消费主体崛起，他们在追求时尚化和个性化的同时，开始注重服装的文化内涵和审美价值，集现代审美和传统文化于一体的新中式服装受到越来越多年轻用户的喜爱

（4）汇总并分析技术信息。技术信息如表 2-7 所示。由表 2-7 可知，新中式服装非常注重传统与创新的结合，通过技术实现产品形式、营销形式创新成为一大机遇。

表 2–7 技术信息

项目	具体内容
传统文化挖掘	深入挖掘和传承传统文化，运用传统工艺、面料和图案元素设计新中式服装
现代技术应用	运用 3D 打印、5G 技术和 AR 技术等复刻传统服饰，在此基础上进行改良和创新设计，形成风格多样、款式丰富的新中式服装

（5）汇总并分析环境信息。环境信息如表 2-8 所示。由表 2-8 可知，服装行业已趋于成熟，众多品牌开始探索细分领域，其中，新中式服装这一细分领域进入高速成长阶段，竞争加剧。在此背景下，是否具有差异化竞争优势成为企业/品牌能否立足该行业的一大重要因素。同时，新中式服装相关标准的发布，推动了该行业规范化发展，企业/品牌标准化、规范化、专业化运营成为一大趋势。

表 2-8　　环境信息

项目	具体内容
企业概况	智研咨询的数据显示，截至 2023 年底，我国服装电商及相关企业数量增长至 302 361 家。一些大型品牌和电商平台开始进入新中式服装领域，其中包括传统服装品牌、快时尚品牌、运动品牌等，引发了该领域的市场竞争
行业发展阶段	改革开放后，新中式服装初具雏形；2001 年，上海 APEC（Asia-Pacific Economic Cooperation，亚太经济合作组织）领导人非正式会议上的唐装让新中式服装进入更多人的视野，并促使“新中式服装”这一专属称谓出现；新中式服装开始融入更多现代审美和科技元素，获得更多人的认可，并逐渐走向世界；新中式服装相关标准陆续发布，如《新中装通用技术规范》

（6）汇总并分析法律信息。法律信息如表 2-9 所示。由表 2-9 可知，众多法律法规的出台，为新中式服装行业的发展提供了较为稳定的市场秩序，也为新中式服装行业的公平竞争提供了法律保障。

表 2-9　　法律信息

法律法规	相关内容
《中华人民共和国公司法》	公司从事经营活动，应当遵守法律法规，遵守社会公德、商业道德，诚实守信，接受政府和社会公众的监督。公司的合法权益受法律保护，不受侵犯
《商业特许经营管理条例》	从事特许经营活动，应当遵循自愿、公平、诚实信用的原则
《中华人民共和国著作权法》	中国公民、法人或者非法人组织的作品，不论是否发表，依照本法享有著作权 本法所称的作品，是指文学、艺术和科学领域内具有独创性并能以一定形式表现的智力成果，包括：（一）文字作品；（二）口述作品；（三）音乐、戏剧、曲艺、舞蹈、杂技艺术作品；（四）美术、建筑作品；（五）摄影作品；（六）视听作品；（七）工程设计图、产品设计图、地图、示意图等图形作品和模型作品；（八）计算机软件；（九）符合作品特征的其他智力成果
《零售商促销行为管理办法》	零售商开展促销活动应当遵循合法、公平、诚实信用的原则，遵守商业道德，不得开展违反社会公德的促销活动，不得扰乱市场竞争秩序和社会公共秩序，不得侵害消费者和其他经营者的合法权益 零售商促销活动的广告和其他宣传，其内容应当真实、合法、清晰、易懂，不得使用含糊、易引起误解的语言、文字、图片或影像；不得以保留最终解释权为由，损害消费者的合法权益

2. 规划品牌发展方向

根据 PESTEL 分析模型的分析结果，新中式服装行业展现出较大的发展潜力，但也存在市场竞争。在此情况下，专注细分行业更有可能获得成功，而在这些细分行业中，新中式女装更具发展优势，因此可以将雅韵清莲定位为新中式女装品牌。且由于品牌创始人设计的服装款式新颖，兼具艺术性和实用性，契合用户对时尚化、个性化的需求，因此雅韵清莲可以走“个性化新中式女装品牌”的差异化发展道路。

任务演练 2：明确产品开发计划和运营策略

【任务目标】

根据竞争对手和雅韵清莲自身的情况，制定科学合理的产品开发计划和运营策略。

【任务要求】

本次任务的具体要求如表 2-10 所示。

表 2-10 任务要求

任务编号	任务名称	任务指导
（1）	收集并整理竞争对手信息	将收集的竞争对手信息整理在表格中
（2）	使用 SWOT 分析法分析	从优势、劣势、机会、威胁 4 个方面进行分析
（3）	制定产品运营策略	根据 SWOT 分析结果制定产品运营策略

【操作过程】

（1）收集并整理竞争对手信息。小赵将收集的竞争对手信息分类整理，如表 2-11 所示。

表 2-11 竞争对手信息

信息类别	具体内容
品牌信息	以“拥抱自我、表达自我”为品牌理念，享有较高的知名度；旗袍类产品较为出色，设计简约而不失雅致，产品线广泛，覆盖中端至高端市场，并覆盖线上线下等多种营销渠道
产品定位	知性雅致的高品质新中式女装
产品定价	700～2000 元
产品特点	以丝绸、棉、麻等材质为主，舒适美观、吸汗透气，面向 18～40 岁追求时尚和个性的女性用户
营销推广	主要有 3 种营销方式：一是与名人合作，推出名人同款系列产品，提升产品知名度；二是充分利用社交媒体平台宣传品牌和产品，通过发布精心设计的内容（如产品图片、穿搭指南）、开展话题讨论活动等提高产品曝光度；三是经常开展线下活动，并在活动主题中融入品牌理念，增强用户的情感共鸣，提升品牌形象，间接促进产品销售

（2）确定产品定位。竞争对手的产品定位是“知性雅致的高品质新中式女装”，结合本品牌产品的相关信息来看，本品牌的定位是“个性化新中式女装品牌”，服装兼具实用性和艺术性。为体现差异性，本品牌可以强调产品的风格和实用性，将产品定位为“个性化而又日常的新中式女装”，并围绕该定位开发产品。

（3）确定产品定价。品牌创始人期望让更多的人穿上本品牌的产品，那么产品的定价就要相对灵活，以匹配不同用户的购买能力和需求。例如，设计两条价格线，一条价格线的产品更偏日常，适合大部分用户，价格相对较低，如 200～500 元/件；一条价格线的产品更具设计感，适合有个性的用户，价格稍高，如 700～1500 元/件。

（4）使用 SWOT 分析法分析。使用 SWOT 分析法比较分析竞争对手和本品牌，为本品牌产品运营策略的制定提供参考，如表 2-12 所示。

表 2-12 使用 SWOT 分析法分析

内部		外部	
优势	劣势	机会	威胁
与竞争对手相比，本品牌的创始人拥有深厚的粉丝基础，能够为产品上新、销售提供助力	与竞争对手相比，本品牌是一个新兴品牌，缺乏知名度，产品生产未形成规模经济，产品竞争力不足，营销渠道不完善	与竞争对手相比，本品牌的产品是新兴产品，可能引发用户新的需求；此外，如果与竞争对手合作的名人出现问题，给竞争对手带来网络舆情危机，这也是营销本品牌产品的一个机会	与竞争对手相比，本品牌进入的是一个已有大量相似服装的市场，存在一些替代品，竞争压力大，不利于产品营销

（5）生成产品运营策略。

SO 战略：利用品牌创始人的人气，提前为产品上新预热，并测试市场反馈；根据用户的具体需求调整产品细节，实现产品的“按需定制”，并利用短视频加大产品宣传力度。

WO 战略：在主流电商平台开设网店，为产品销售做好准备；在用户聚集的平台开设品牌营销账号，与创始人的账号联合宣传品牌和产品；在线下开展活动营销产品，形成线上线下联合营销。

WT 战略：加强品牌差异化建设，如创新产品设计，避免同质化竞争。

ST 战略：巩固品牌核心优势，通过“按需定制”和独特设计抵御竞争压力。

任务二　用户分析

微课视频
用户分析

任务描述

接下来，小赵在老李的指导下，借助调查问卷收集雅韵清莲目标用户的相关信息，包括用户性别、年龄、分布地域、活跃平台等，并构建用户画像（见表 2-13）。

表 2-13　任务单

任务名称	目标用户洞察	
任务背景	雅韵清莲已尝试上新一批产品，并受到大多数用户的好评，这让雅韵清莲有了继续设计第二批产品的信心。为延续好口碑，雅韵清莲需要明确产品的目标用户，了解他们的需求和偏好	
任务阶段	□行业分析　■用户分析　□平台分析　□网络舆情分析	
工作任务		
任务内容		任务说明
任务演练：洞察新中式女装品牌的目标用户		【调研方式】问卷调查 【分析步骤】设计和发布调查问卷→回收调查问卷→分析调查问卷数据→提炼用户标签→生成用户画像

任务总结：

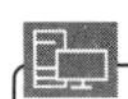

知识准备

一、调研用户信息

用户分析是一个系统性的过程，其中调研用户信息十分重要。通过细致的调研，企业/品牌不仅能为后续的用户分析工作奠定坚实的数据基础，还能够洞察用户的真实需求、偏好与满意度等。

（一）明确调研目的

一般来说，调研用户信息要有明确的目的，以确保调研工作不偏离方向，达到预期的效果。

常见的调研目的有了解用户特征、洞察和挖掘用户需求、了解用户与产品的关系、了解用户体验等。

（二）确定调研信息

不同的细分市场拥有不同的用户，这些用户会呈现出不同的特征和差异性。企业/品牌在进行用户分析前，应明确需要调研的对象，然后据此确定需要调研的用户信息，包括用户属性信息和用户行为信息。

1. 用户属性信息

用户属性是指用户的不同分类属性，包括用户的性别、年龄、所在城市、职业、收入水平、消费水平、消费行为等基本信息，不同属性的用户在消费理念、生活习惯和心理需求上有差异。分析用户属性，有助于找准目标用户，开展更具针对性的营销活动，促进用户产生消费行为，提升产品或品牌的影响力。

2. 用户行为信息

用户行为一般指用户的购买行为及实际消费行为，是用户需求的具体体现。用户行为不是静态的，它受用户意向（用户选择某种产品的主观倾向）影响，在时间上呈现出动态变化的特征，主要通过产品偏好、兴趣偏好等体现出来。

（1）产品偏好。这是指用户对产品品牌、价格、质量、外观、材质、触感、口感等的偏好。例如，在方便面品牌的选择上，有人偏好今麦郎，有人偏好白象；在方便面口味的选择上，有人偏好老坛酸菜口味，有人偏好番茄鸡蛋口味。

（2）兴趣偏好。这是指用户对产品类目、款式、购买方式等的偏好。例如，有的人喜欢到线下门店购买产品，有的人喜欢通过网购满足其购买需求。

（三）选择调研方式

用户调研是指通过调查的方式收集用户信息，常见的调研方式有问卷调查、有奖问答及实地探访等。

1. 问卷调查

问卷调查是指通过设计调查问卷，针对特定的问题向目标用户提问，并通过线上平台发放问卷或线下邀请用户填写问卷。

（1）问卷组成。问卷一般由标题、说明、问题、答案选项组成。其中，标题用于概括说明调查主题，使被调查者对所要回答的问题有大致的了解，如“中国互联网发展状况及趋势调查”“××平台购物体验满意度调查”等。说明一般用于说明调查的目的、意义及调查结果的用途。有些问卷还有问候语、填表须知、交表时间和地点、调查组织单位介绍及其他注意事项。问题一般被设计为封闭式问题（具体问题类型表现为单选题、多选题）和开放式问题（具体问题类型表现为问答题/简答题），且主要为封闭式问题，如果问题设计得当，问卷发布者能够得到较为准确和有价值的信息。答案选项的数量依据问题而定。图 2-5 所示为围绕 B 站用户体验及满意度设计的调查问卷（部分）。

B站用户体验及满意度调查

您好，我们正在进行一项关于B站用户体验及满意度的研究。感谢您参与本次调查！

我们承诺：收集到的全部数据仅用于学术研究，不进行他用！同时，我们会对您在问卷中可能填写的个人信息进行保护。题目没有对错之分，请放心填写，再次感谢您的支持，祝您生活愉快！

*请问您的性别是？

请输入

*您的年龄是?

- 18岁以下
- 18~24岁
- 25~30岁
- 31~40岁
- 41~50岁
- 51~60岁
- 61岁及以上

*您平时使用视频网站或软件吗？

- 经常使用
- 会使用但不经常
- 不使用

*您平时使用哪些视频网站或软件？（多选题）

- 腾讯视频
- 爱奇艺
- 抖音
- Bilibili
- 芒果TV
- 优酷视频
- 快手
- 其他

*请问您听说过B站吗？（单选题）

- 听说过但没使用过
- 听说过并使用过
- 没听说过

*您是通过什么渠道知道B站的？（单选题）

- 朋友推荐
- 网络平台
- 搜索引擎
- 其他

*您观看视频时是否会倾向于使用B站？（单选题）

- 第一选择
- 不会，更习惯使用别的视频网站或软件
- 无所谓

*您一般使用B站的时长是？（单选题）

- 小于0.5小时
- 0.5～1小时
- 1～2小时
- 大于2小时

*您在B站主要浏览哪些方面的视频？（多选题）

最多选择 3 项

- 知识
- 舞蹈
- 美食
- 影视
- 动画、漫画
- 其他

*您使用B站的诉求主要是？（多选题）

最多选择 2 项

- 娱乐消遣（观看视频、漫画、游戏解说等）
- 提升自我（学习需要的信息）
- 内容创作（发布视频、文章等）
- 促进社交（评论、发弹幕等）
- 盈利推广（带货、卖课等）
- 其他

图 2-5　调查问卷示例（部分）

（2）问卷设计原则。一份好的调查问卷应遵循以下设计原则。

① 问题应该简洁明了。

② 问题应该容易被回答，答案选项应该容易被理解。

③ 让被调查者有一种参与某种重要活动的感觉。

④ 问题及答案选项不应带有偏见或误导。

⑤ 问卷中的所有问题都应有精确答案（开放式问题除外）。

（3）问卷调查平台。问卷调查平台可用于设计和发布问卷，常见问卷调查平台有问卷星、问卷网、腾讯问卷等。

2. 有奖问答

有奖问答通常是指针对某一特定主题提出问题，用户回答问题后有机会获得奖品。这种调研方式的优点在于，能够快速收集到大量的反馈信息。但是，由于参与的用户可能不是目标用户，因此信息的准确性可能不高。

3. 实地探访

实地探访一般是指通过实地考察收集相关资料，包括文字资料、图片资料、视频资料等。探访过程中，由于有机会与目标用户进行深入的交流，因此能够获得更为准确和有价值的信息，但需要花费更多的时间和精力。

素养小课堂

调研用户信息时，注意不要涉及敏感信息，并做好对用户信息的保护，防止用户隐私泄露。

二、制作用户画像

用户画像通过图像或图表将用户属性、行为等信息直观地展示出来，是实际用户的虚拟代表，能够基于数据来描绘企业/品牌、产品的目标用户，从而实现对数据的统计分析。

（一）明确制作原则

用户画像的制作应遵守“PERSONAL”原则，即基本性（Primary）、同理性（Empathy）、真实性（Realistic）、独特性（Singular）、目标性（Objectives）、数量性（Number）、应用性（Applicable）和长久性（Long）。

（1）基本性：是指获取用户画像时应该进行一定的数据调查，如收集用户信息和分析用户数据等。

（2）同理性：是指在设计用户画像时，应从用户的角度来思考问题。

（3）真实性：是指用户画像应符合现实生活中的用户的实际行为和需求。

（4）独特性：是指用户画像中的用户具有各自的特点，彼此间相似性不高。

（5）目标性：是指用户画像中包含与产品相关的高层次目标，以及用来描述该目标的关键词。

（6）数量性：是指用户画像中的数量级明确，以便制订营销计划。

（7）应用性：是指用户画像可以作为一种工具，实际应用到营销决策当中。

（8）长久性：是指用户画像能够反映用户的长期需求和偏好，为产品的长期规划提供参考。

（二）绘制用户画像

绘制用户画像时，可以先提炼用户标签，再构建用户画像。

1. 提炼用户标签

用户标签是用于描述用户特征的若干个关键词，是对用户数据分析结果的高度概括和提炼，具有很强的概括性和典型性。提炼用户标签时，可按照数据类别的不同，分别提炼能够反映各数据类别具体分析结果的关键词。例如，用户的人口属性数据显示，某企业的用户中80%为女性、20～40岁的用户占比为77%，基于这一分析结果，可提炼出反映性别和年龄的两个关键词，分别是“女性用户”“20～40岁”。一般来说，用户标签的精准度越高，越利于开展精准营销。

2. 构建用户画像

构建用户画像，其实就是将多个用户标签汇聚到一起，并通过图表、图像等形式，将这些标签以可视化的方式呈现。图2-6所示为巨量算数发布的2023年家居行业的部分用户画像。

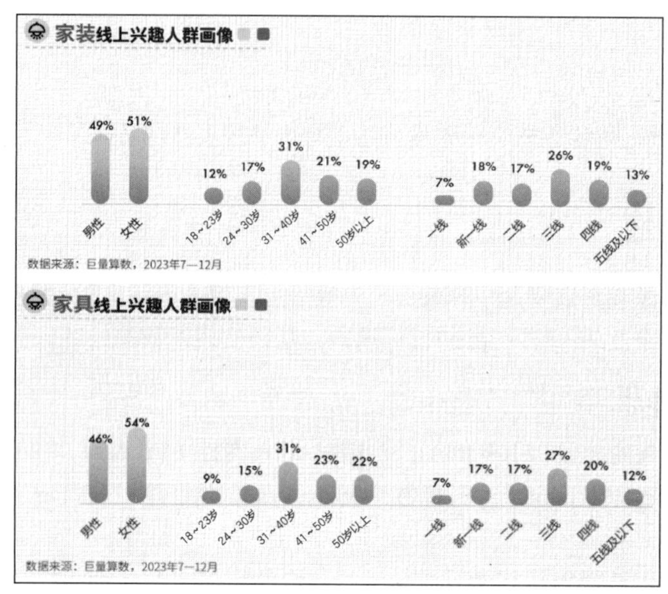

图 2–6　巨量算数发布的 2023 年家居行业的部分用户画像

三、挖掘用户需求

用户画像能帮助企业/品牌找到目标用户，但如果要全面、深入地了解目标用户，企业/品牌还需要根据用户画像继续挖掘目标用户的具体需求和期望，为产品开发、市场营销等提供有力的指导。根据马斯洛需求层次理论，用户需求可以分为生理需求、安全需求、归属需求、尊重需求和自我实现需求，如图 2-7 所示。

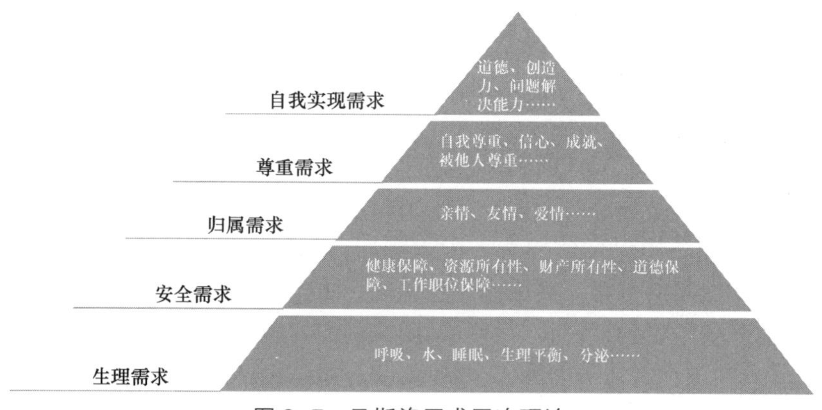

图 2–7　马斯洛需求层次理论

任务实施

任务演练：洞察新中式女装品牌的目标用户

【任务目标】

采用问卷调查的方式调查用户信息，并通过问卷星发布调查问卷，根据问卷调查结果生成雅韵清莲目标用户的画像。

【任务要求】

本次任务的具体要求如表 2-14 所示。

表 2-14　任务要求

任务编号	任务名称	任务指导
（1）	设计调查问卷	设计问卷标题、问卷说明、问卷问题和答案选项
（2）	制作和发布调查问卷	制作调查问卷，并在问卷星发布调查问卷
（3）	构建用户画像	根据问卷调查结果构建目标用户的画像

【操作过程】

1. 设计调查问卷

（1）设计问卷标题。问卷标题应当紧密围绕调研目的设计。本次调研的目的是明确雅韵清莲的目标用户，为产品设计提供参考，问卷标题可以确定为“雅韵清莲用户调查问卷”。

（2）设计问卷说明。问卷说明主要用于向用户说明调研目的，并邀请用户填写问卷，如“尊敬的顾客，您好！感谢您选择参与雅韵清莲的用户调研。本次调研旨在深入了解您的购物偏好、穿着需求及对产品的期待，以便我们为您提供更加贴心、个性化的产品和服务。您的每一条反馈都是我们改进的动力。完成本问卷预计耗时 5 分钟，问卷中的所有信息将仅用于研究分析，我们会确保您的隐私安全。感谢您的支持！”。

（3）设计问卷问题和答案选项。问卷问题以选择题和简答题为主，其中，选择题通常设置为单选题和多选题。此问卷也可以设置这两种题型，利用选择题明确用户的基本信息，如性别、年龄、职业、居住地、活跃平台、产品需求等，利用简答题让用户自由提出意见和建议。问卷问题和答案选项具体如下所示。

1. 您的性别是？

A. 男　　B. 女

2. 您所处的年龄段是？

A. 18 岁以下　　B. 18～24 岁

C. 25～34 岁　　D. 35～44 岁

E. 45 岁及以上

3. 您的职业是？

A. 学生　　B. 企业职员

C. 自由职业者　　D. 教育工作者

E. 文化艺术工作者　　F. 其他

4. 您所居住的城市是？

A. 一线城市（如北京、上海、广州、深圳等）

B. 新一线城市（如成都、杭州、重庆、武汉、苏州、西安、南京、长沙、天津、郑州等）

C. 二线城市（如合肥、福州、厦门、哈尔滨、济南、温州、大连、沈阳、长春、泉州、南宁、贵阳、南昌、金华、常州、嘉兴、南通、徐州、太原等）

D. 三线及以下城市

5. 您平时经常使用哪些应用？（可多选）

A. 微信　　B. 微博

C. 小红书　　D. 抖音

E. 快手　　F. 哔哩哔哩

G. 淘宝　　H. 京东

I. 拼多多　　J. 其他

6. 您每季度用于购买服装的预算大约是？

A. 500 元以下　　B. 500～1000 元

C. 1001～3000 元　　D. 3001～5000 元

E. 5000 元以上

7. 您通常通过哪些渠道了解并购买服装？（可多选）

A. 实体店　　B. 电商平台（如淘宝、京东）

C. 品牌官网/小程序　　D. 社交媒体平台（微博、小红书等）

E. 朋友/家人推荐　　F. 其他，请说明：________

8. 您在选择新中式女装时，比较看重的因素有哪些？（可多选）

A. 设计风格　　B. 材质的舒适度

C. 价格的合理性　　D. 品牌知名度

E. 服装质量　　F. 其他，请说明：________

9. 您通常在什么场合穿着新中式女装？（可多选）

A. 日常出行　　B. 商务会议/工作场合

C. 社交聚会/晚宴　　D. 传统节日/庆典

E. 旅行度假　　F. 其他，请说明：________

10. 您对新中式女装有哪些特别的设计需求或功能需求？（简答题）

____

11. 您认为雅韵清莲的产品需要改进的地方是什么？（简答题）

____

微课视频

制作和发布调查问卷

2. 制作和发布调查问卷

（1）创建问卷。登录问卷星，进入问卷星管理后台，单击[+创建问卷]按钮，如图 2-8 所示。

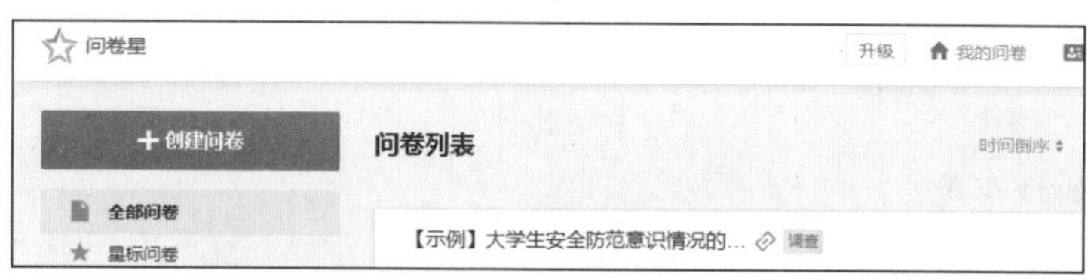

图 2-8　创建问卷

（2）创建调查。在打开的页面中默认选择应用场景为“调查”，在“从空白创建调查”栏下方的文本框中输入问卷标题“雅韵清莲用户调查问卷”，如图 2-9 所示，单击[创建调查]按钮。

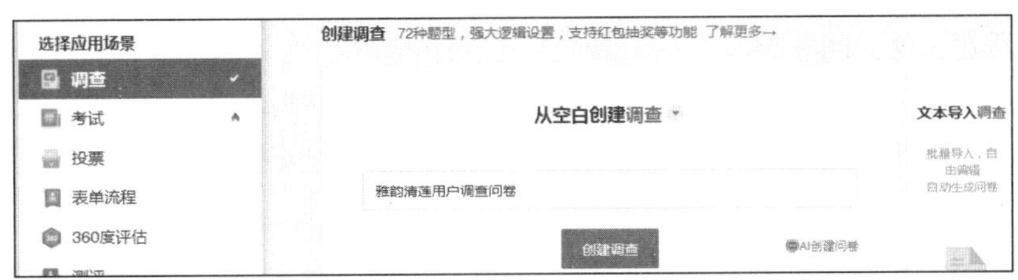

图 2-9　创建调查

（3）输入问卷说明。打开问卷编辑页面，在“添加问卷说明”文本框中输入问卷说明，如图 2-10 所示，单击【批量添加题目】按钮。

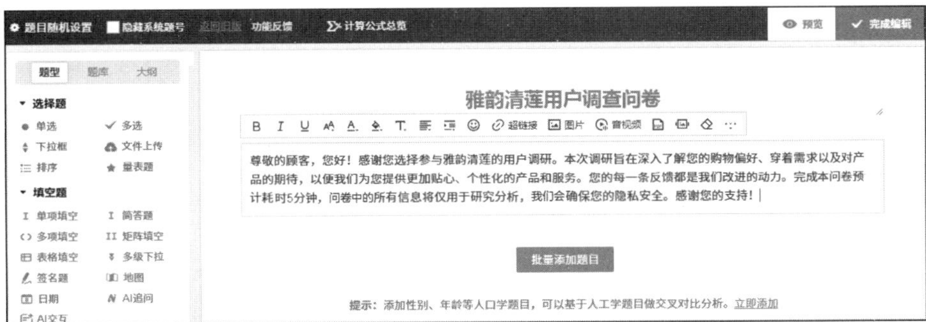

图 2-10　输入问卷说明

（4）导入问卷问题和答案选项。打开“批量添加”对话框，阅读格式说明，在对话框左侧的文本框中按格式复制粘贴问卷问题和答案选项（配套资源：\素材\项目二\雅韵清莲用户调查问卷.docx），在对话框右侧的文本框中预览导入效果，如图 2-11 所示，确认无误后，单击【确定导入】按钮。

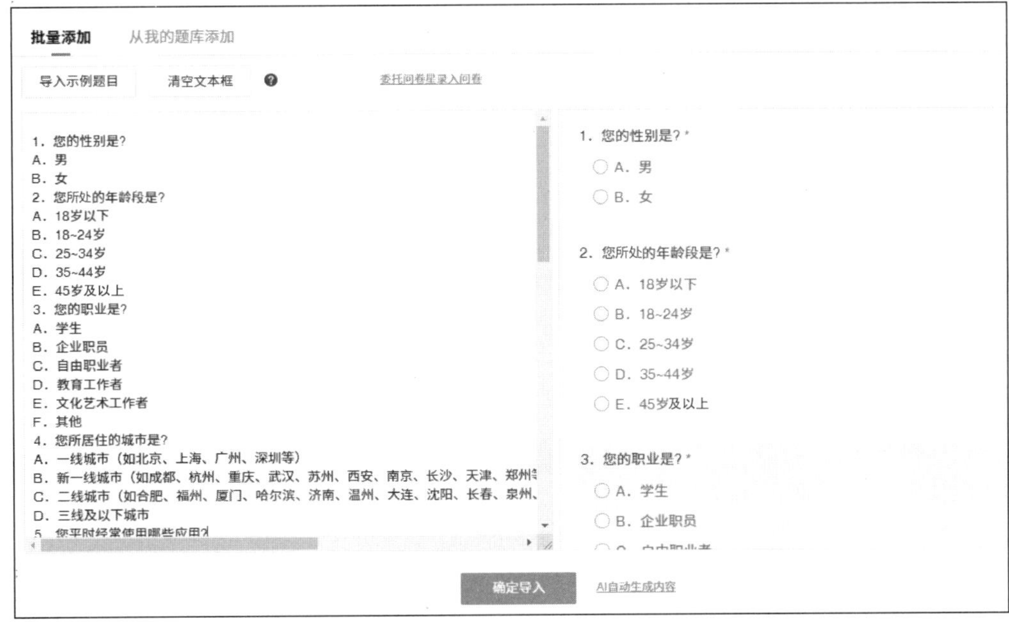

图 2-11　导入问卷问题和答案选项

（5）预览问卷。返回问卷编辑页面，预览问卷完整效果，确认无误后，单击完成编辑按钮。

（6）发布问卷并分享。打开设计向导页面，单击发布此问卷按钮，在打开的页面中通过复制问卷链接、分享二维码等方式将问卷分享给用户，邀请用户填写问卷，如图 2-12 所示。

图 2-12　发布问卷并分享

3. 构建用户画像

（1）收集并整理问卷结果。回收问卷，整理问卷的相关数据，问卷结果如下所示。

1. 您的性别是？

A. 男（1%）　　B. 女（99%）

2. 您所处的年龄段是？

A. 18 岁以下（10%）　　B. 18～24 岁（35%）

C. 25～34 岁（32%）　　D. 35～44 岁（16%）

E. 45 岁及以上（7%）

3. 您的职业是？

A. 学生（17%）　　B. 企业职员（38%）

C. 自由职业者（16%）　　D. 教育工作者（7%）

E. 文化艺术工作者（20%）　　F. 其他（2%）

4. 您所居住的城市是？

A. 一线城市（30%）

B. 新一线城市（31%）

C. 二线城市（36%）

D. 三线及以下城市（3%）

5. 您平时经常使用哪些应用？（可多选）

A. 微信（98%）　　B. 微博（97%）

C. 小红书（70%）　　D. 抖音（89%）

E. 快手（43%）　　F. 哔哩哔哩（66%）

G. 淘宝（100%）　　H. 京东（88%）

I. 拼多多（41%）　　J. 其他（57%）

6. 您每季度用于购买服装的预算大约是？

A. 500元以下（10%）　　B. 500～1000元（43%）

C. 1001～3000元（39%）　　D. 3001～5000元（7%）

E. 5000元以上（1%）

7. 您通常通过哪些渠道了解并购买服装？（可多选）

A. 实体店（70%）　　B. 电商平台（88%）

C. 品牌官网/小程序（33%）　　D. 社交媒体平台（13%）

E. 朋友/家人推荐 （24%）　　F. 其他（0%）

8. 您在选择新中式女装时，比较看重的因素有哪些？（可多选）

A. 设计风格 （43%）　　B. 材质的舒适度（58%）

C. 价格的合理性（86%）　　D. 品牌知名度（40%）

E. 服装质量 （90%）　　F. 其他（6%）

9. 您通常在什么场合穿着新中式女装？（可多选）

A. 日常出行（76%）　　B. 商务会议/工作场合（22%）

C. 社交聚会/晚宴 （25%）　　D. 传统节日/庆典（33%）

E. 旅行度假 （66%）　　F. 其他（18%）

10. 您对新中式女装有哪些特别的设计或功能需求？（简答题）

原创设计、穿着舒适、适合矮个子、适合高个子等

11. 您认为雅韵清莲的产品需要改进的地方是什么？（简答题）

产品包装、发货时效、产品特色等

（2）分析问卷结果。由问卷结果可知，雅韵清莲的女性用户占比高，18～24岁和25～34岁的用户占比高；企业职员、文化艺术工作者的占比较高；生活在一线、新一线、二线城市的用户占比高；微博、微信、小红书、抖音、淘宝、京东的使用频率高；每季度服装预算为500～1000元、1001～3000元的用户占比高；通过实体店、电商平台了解并购买服装的用户多；看重材质的舒适度、价格的合理性、服装质量因素的用户占比高；选择在日常出行、旅行度假等场合穿着新中式女装的用户占比高；有用户提出产品原创设计、穿着舒适、适合不同身高等需求，并期望雅韵清莲在产品包装、发货时效、产品特色等方面有所改进。

（3）提炼用户标签。根据占比高的选项提炼出标签“女”“18～24岁”“25～34岁”“企业职员”“文化艺术工作者”“一线城市”“新一线城市”“二线城市”“微博”“微信”“小红书”“抖音”“淘宝”“京东”“500～1000元”“1001～3000元”“实体店”“电商平台”“材质的舒适度”“价格的合理性”“服装质量”“日常出行”“旅行度假”等。

（4）生成用户画像。根据用户标签生成用户画像，如图2-13所示。

图 2-13 用户画像

任务三 平台分析

任务描述

根据前期的产品营销策略，小赵需要为雅韵清莲选择合适的运营平台，并做好账号设置，为全媒体运营打好平台基础（见表 2-15）。

表 2-15 任务单

任务名称	选择运营平台
任务背景	雅韵清莲此前已经在淘宝开设旗舰店，接下来，小赵还需要选择其他运营平台，搭建平台账号矩阵
任务阶段	□行业分析 □用户分析 ■平台分析 □网络舆情分析
工作任务	
任务内容	任务说明
任务演练：选择运营平台	根据用户画像选择运营平台，并设置账号信息

任务总结：

知识准备

一、主流社会化媒体平台

社会化媒体是指能够进行在线互动如分享、评价、讨论和沟通等的新型媒体，具有互动性和线上化等特征。主流社会化媒体平台有微博、微信、小红书、知乎等。

（一）微博

微博是一个通过关注机制分享简短实时信息的广播式的社交网络平台，是目前用户使用较多的平台，拥有近6亿的月活跃用户数（数据来源：2024年微博第一季度财务报告），是一个流量聚集地。

1. 平台特征

微博注重信息的时效性和传播性，每位用户都能在微博中发表看法，这些看法能被搜索相关信息的其他用户所浏览，因此微博具有准入门槛低、信息发布即时、传播速度快、支持实时搜索、话题性强等特点，是一个天然的舆论发散地和热点聚集地，能够为运营提供良好的环境。

2. 内容生态

当前，微博内容生态呈现多元化发展的趋势，垂直领域、社会热点、文娱领域和赛事领域四大内容板块共同构建起微博完整的生态结构。其中，垂直领域的内容在整个内容生态中占比超过40%，形成数码、汽车、时尚、美妆、教育、美食、旅游、出行、运动健身、母婴育儿、幽默搞笑、情感生活、动物宠物等25个垂直领域子分类。其中，数码、汽车、时尚等9个领域流量高速增长，成为重点领域，如表2-16所示（数据来自《微博垂直领域生态白皮书》）。

表2-16 重点领域

重点领域	领域详情	
数码	创作者生态	创作者类型多维，有专家测评达人、数码品牌高管、科技权威媒体等，专业测评达人深度影响用户决策
	内容生态	热点及一手资讯，如与行业信息、数码测评、新品上市、投票互动相关的内容，能收获大量流量
	商业生态	“热点+IP活动+大事件”助推数码内容快速发酵
汽车	创作者生态	创作者多为企业高管和专业博主（如汽车博主、资深车评人）
	内容生态	汽车相关的内容关注度和讨论度逐年上升，新能源汽车的热度持续走高
	商业生态	微博成为新车上市的重要平台，微博热搜为品牌传播提供了通道
时尚	创作者生态	时尚模特与设计师规模扩大，在微博的活跃度高，发挥出行业影响力
	内容生态	从名人、品牌到流行趋势，时尚内容覆盖了用户核心消费领域，品牌事件、品牌秀场、时尚点评、穿搭趋势、设计解读等话题阅读量高
	商业生态	通过热点和专业内容打造立体品牌形象，借势名人扩大影响范围，通过社交活动引发用户讨论
美妆	创作者生态	名人化妆师、护肤彩妆博主共同构建起行业优势地位
	内容生态	护肤科普内容易上热搜，优质话题引领着行业前沿
	商业生态	微博美妆结合盛典、节气、场景等多种形式来打造优质商业案例
游戏	创作者生态	资深玩家与行业从业者（如游戏行业从业者、品牌方）入驻率提高，提升了领域专业水平，实现了内容高效运营
	内容生态	热点曝光，超话活跃，游戏社区内容愈发丰富；游戏IP吸引了大众创作
	商业生态	活动运营覆盖游戏产品全生命周期，其中，在研发阶段，通过官方微博账号互动、打造超级话题为产品预热；在测试阶段，通过超级话题、粉丝管理提升用户活跃度，持续预热；在发行阶段，通过热搜为产品造势；在运营阶段，通过活动运营和超级话题持续提升产品热度，扩大产品影响范围
医疗健康	创作者生态	行业专家和热门医疗博主涌现，共筑起很好的医疗创作者生态
	内容生态	专家解读、流行疾病、新药上市、养生指南、科学护理、日常科普、医疗冷知识、舆论辟谣、传统中医等成为医疗健康重点内容类型，实现了正确的健康科普

（续表）

重点领域	领域详情	
运动健身	创作者生态	聚集众多专业创作者，包括运动精英、行业大咖、测评达人、网络达人等
	内容生态	运动领域相关的热搜持续增加，其中多与运动及生活方式有关；健身、跑步、舞蹈、滑雪、篮球、极限运动成为微博中的热门运动
	商业生态	IP 活动营造全民运动氛围，“优质内容+借势热点+线上线下联动”助力营销
美食	创作者生态	创作者类型多样（如行业媒体、美食博主、企业家等），高影响力创作者规模扩大
	内容生态	美食内容丰富多元，包括美食探店、新品评测、厨艺教程、美食日常等；美食热搜涵盖多元话题，包括潮流美食、美食复刻、时令美食、健康美食、IP 联名等
	商业生态	综合运用多种营销方式，助力美食品牌实现口碑、收益双增长，如借势节气热点营销、情感营销助力新品出圈等
旅游	创作者生态	官方账号与旅游达人微博互动频繁，各地文旅官方账号、文化和旅游局局长个人账号在微博保持着活跃
	内容生态	名人、电视剧和综艺、演唱会等帮助旅游目的地破圈；“主题游玩+目的地”等出行攻略类内容很受欢迎
	商业生态	创意策划助推文旅目的地出圈，包括自创热点、与名人合作、利用新兴技术创新产品呈现形式等

3. 平台运营策略

微博运营的策略很多，常见的主要有以下 3 类。

（1）粉丝获取。微博账号的粉丝很大程度上来源于微博本身，企业/品牌可以通过多种途径在平台内部获取粉丝，如关注同类账号增粉、依靠输出优质内容增粉、举办线上活动增粉；还可以运用一些技巧从其他平台为微博账号引流，如从短视频直播平台引流增粉、在其他平台发布植入微博账号信息的内容等。

（2）粉丝维护。微博运营基于粉丝展开，因此需要做好粉丝维护，常见的粉丝维护方法有引导粉丝评论、引导粉丝转发微博、利用福利活动提升粉丝活跃度、及时回复粉丝等。

（3）话题营销。话题营销指开展微博话题讨论活动，围绕某个话题展开讨论，话题一般以“#××#”的形式出现。当话题的影响力不断扩大，并在网络上形成广泛讨论时，就有可能发展为热门话题，产生更广泛的传播效果，从而更有利于产品或品牌的推广。

（二）微信

微信是基于智能移动设备而产生的主流即时通信软件，是一个可以及时与用户进行互动的交流平台，具有社交属性强、用户规模大、使用频率高等特点。微信庞大的用户基数为企业/品牌触达用户和促进销售转化提供了机会。

1. 微信生态

随着小程序、视频号等新营销工具的出现，微信生态不断完善，形成集社交、服务、娱乐、商务等功能于一体的生态闭环，如图 2-14 所示。

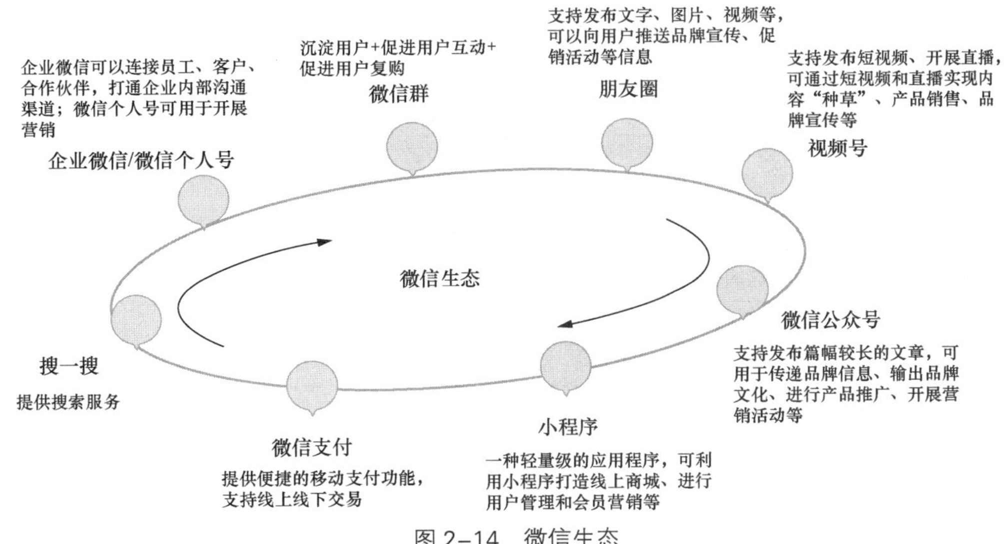

图 2-14 微信生态

2. 用户特征

微信用户的性别和年龄分布均比较均衡，其中男性用户占比为53.4%，女性用户占比为46.6%；24 岁以下、24～30 岁、31～35 岁、36～40 岁、41 岁及以上的用户占比均在 20%左右（数据来自《2023 企业新媒体矩阵营销洞察报告》）。

在这些用户中，有六成以上的用户愿意浏览亲友、同事推荐的内容，五成以上的用户会直接关注亲友、同事推荐的微信公众号、视频号。在微信公众号中，资讯类、媒体类、教育类、情感类、文化类、健康类、财经类、生活类等方面的内容更受欢迎；在视频号中，获得点赞量较高的内容为资讯类、情感类、影视娱乐类等大众消费内容，以及母婴育儿类、职场类、互联网类等专业内容（数据来自《微信创作者营销价值与营销策略白皮书 2022》）。

3. 平台运营策略

根据涉及的工具不同，微信的运营策略会有所差异，这里主要介绍使用较多的工具——微信朋友圈、微信公众号、企业微信的运营策略。

（1）微信朋友圈运营策略。微信朋友圈具有私密化的特点，在运营时需要注意方法，以免引起好友的反感。例如，可以在分享生活趣事时植入产品或品牌信息，减少好友的抵触心理；借助热点开展营销等。

（2）微信公众号运营策略。微信公众号运营要重视与用户的互动，常见的互动方式有评论区互动、话题互动、活动互动等。

（3）企业微信运营策略。企业微信的主要功能是用户管理，运营时，可以直接通过企业微信后台获取用户数据，并将用户分类，实现用户精细化管理。

（三）小红书

小红书是一个生活方式分享平台，其核心价值在于内容质量高和平台氛围好，对内容的原创性有较高的要求。由于女性用户占比较高，为 72.5%（数据来自《2023 企业新媒体矩阵营销洞察报告》），因此，女性用户关注的话题往往更受欢迎，如表 2-17 所示。

表 2-17　女性用户关注的话题

话题	内容细分
彩妆	彩妆单品推荐、彩妆试色、仿妆（教程）、化妆教程等
护肤	护肤单品推荐、护肤知识科普等
美发	发型推荐、编发教程、头发护理、烫染设计等
穿搭	穿搭教程、穿搭改造、服装推荐、服装测试等
旅行	旅行攻略、旅途见闻分享
探店	探店感受分享、店铺“种草”、店铺“避雷”等
生活记录	生活日常分享、萌娃、宠物日常、生活小妙招、花草知识科普等

（四）知乎

知乎是一个网络问答社区，其品牌口号是“有问题，就会有答案”。在知乎，个人可以通过解答问题、生产和分享知识，构建起具有高价值的人际关系网。通过交流，用户间能建立起信任关系，从而打造个人品牌。企业/品牌可以在知乎中建立自己的官方账号，通过发布专业知识来进行品牌形象建设。

1. 创作者生态

知乎汇集了大量专业领域的创作者，包括科技数码、日化美妆、汽车、食品饮料等。克劳锐发布的数据显示，这些创作者以男性为主，25～40 岁的创作者占比超过 80%，来自一线及新一线城市的创作者占比超过 60%，且普遍拥有高学历和丰富的学科背景（细分学科有 300 多个）。同时，这些创作者还拥有丰富的从业经验（多来自企业/品牌、科研机构等），能够从学术和行业视角解读知识。

2. 用户特征和需求

根据易观千帆和艾瑞咨询公布的数据，知乎的用户多来自一、二线城市，他们希望通过知乎获得专业信息、答疑解惑、探索未知、交流观点等。

二、主流短视频平台

短视频运营作为当前主流的运营形式，其影响力日益凸显，因此，选择合适的短视频平台显得尤为重要。主流短视频平台有以下 4 个。

（一）抖音

抖音是短视频平台的代表之一，艾媒金榜公布的《2022 年度中国影音播放类 App 月活排行榜 TOP10》显示，抖音的月活跃用户超 7.59 亿，超过其他短视频平台。

1. 平台特点

抖音将自身定位为音乐创意短视频社交软件，以“记录美好生活”为口号，鼓励用户使用抖音沟通、表达和记录美好生活，主要具有以下特点。

（1）互动性强。抖音会推出不同的视频标签、视频特效和话题活动等，以激发用户的创作灵感并吸引他们积极参与，这种互动机制能够有效促进大量用户参与。

（2）营销功能丰富。抖音的营销功能丰富，除网店销售外，产品还可以通过短视频的话题、特效和活动等方式进行场景化营销和“病毒式”传播，从而达到更好的运营效果。

2. 平台用户偏好

巨量算数的数据显示，抖音用户主要为19～40岁的女性用户。这类用户偏向于观看泛生活和泛娱乐内容。《2023 内容产业年度报告》显示，在抖音中，泛生活和泛娱乐类的账号更容易“涨粉”，其中，“涨粉”较多的账号类别为生活类、时尚类、美食类、剧情演绎类、音乐类。此外，影视综艺类、美食类、健身类的优质内容也受到越来越多用户的青睐，企业/品牌可以从这些方面入手运营抖音账号。

（二）快手

快手同样是短视频平台的代表之一，《2023 快手用户价值分享》显示，快手2023年第一季度平均日活跃用户高达3.74亿，平均月活跃用户达6.54亿。

1. 平台特点

快手作为短视频社区，以“拥抱每一种生活”为宣传语，鼓励用户上传各类真实、有力量的原创生活短视频，主要具有以下特点。

（1）以用户为中心且主张用户平等。快手的产品逻辑是给每位短视频创作者公平的曝光机会。在这种产品逻辑下，整个平台的短视频内容非常多样化，普通用户喜欢分享日常生活，愿意主动点赞、评论，因此互动率高，用户黏性也较强。

（2）短视频达人的带动性强。快手上的很多短视频达人与用户有着密切的互动，甚至有专属的粉丝群体。这些达人的号召力也较强，粉丝一般会选择相信他们推荐的产品。

（3）拥有渗透潜力较大的下沉市场。快手的用户群体主要集中在三线及以下城市，符合下沉市场的用户特点。快手在下沉市场中有着较高的渗透率，更容易实现营销转化。

2. 平台用户偏好

《2023 快手用户价值分享》显示，快手的用户以女性用户为主，年龄多在31～50岁；女性用户在浏览内容时，更偏向于浏览与美妆、才艺达人、时尚穿搭、母婴、亲子萌娃、健康等相关的内容。另外，51岁及以上女性用户的占比也较多，这些用户在浏览内容时，更偏好美食、健康、宠物、时尚穿搭、旅游相关的内容。

（三）视频号

视频号是腾讯推出的短视频平台，其内容以图片和视频为主。用户在发布短视频的同时，还能附带文字和微信公众号文章链接，是一个在微信中存在的新兴短视频平台。

1. 平台特点

视频号内嵌在微信中，不需要用户安装单独的App，主要具有以下特点。

（1）社交属性强。视频号的内容推荐机制以社交为核心，优先推荐用户微信好友喜欢的短视频。只要是用户微信好友点赞过的短视频，就可能会向用户推荐，这不仅有利于短视频的传播，还有利于用户与微信好友之间的社交互动。

（2）渠道互通，便于引流。视频号可以与微信公众号、微信群、朋友圈、企业微信、小程序等功能互通。通过这些渠道，企业/品牌可以将用户引流到视频号中，从而获得更好的传播效果。

2. 平台用户偏好

相比于其他短视频平台，视频号的上线时间较短，还处在红利期，可以帮助企业/品牌快速获取用户。在“2023 年微信公开课 PRO”上，相关负责人表示，视频号用户的使用时长接近微信朋友圈，并强调对原创内容的保护，上线了原创声明功能；在短视频内容方面，泛娱乐、泛生活、泛知识、泛资讯类短视频内容数量较 2022 年增幅均超过 100%，其中，泛生活类短视频内容数量的增幅较大，超过 290%，这类内容较受用户喜爱。

（四）哔哩哔哩

哔哩哔哩简称 B 站，早期是一个创作和分享动画、漫画、游戏内容的视频网站，经过多年的发展，其视频内容已扩展至短视频、直播、影视等，也是用户使用较多的短视频平台。哔哩哔哩的特色是可发送实时弹幕，通过发送实时弹幕，哔哩哔哩把位于不同地区、具有相同爱好的用户聚集在一起，实现跨屏幕在线实时交流，打造交流社区。哔哩哔哩致力于给所有拥有兴趣爱好的用户提供一个包容、友善的社区，在这里，不同的声音都能够被接纳。在这些传递声音的视频中，原创视频占比较大，这反映出哔哩哔哩非常注重视频内容的原创性和品质，因此，企业/品牌在运营时应当注重这一点。

三、主流直播平台

直播作为当下热门的娱乐方式，其平台也成为全媒体运营的重要阵地。主流直播平台如下所示。

（一）京东直播

京东直播是京东推出的直播营销平台。与其他直播平台不同，京东直播主要采用商家自播模式，因此，观看直播的用户大多是商家的粉丝。据《京东直播白皮书》相关数据，京东直播的用户多为 26～35 岁的年轻人，这些用户偏好于浏览食品饮料、母婴、手机通信、家用电器、服饰等品类相关的直播。

（二）多多直播

多多直播是拼多多推出的直播平台，其基于拼多多本身的资源，与拼多多共享用户群体。拼多多是以农副产品为特色的全品类综合性电商平台，据《拼多多用户研究报告》相关数据，拼多多的用户以女性用户为主，占比高达 70%左右，多为公司职员和自由职业者，24 岁以下、25～30 岁的用户居多，三线、四线及以下城市的用户占比过半。2023 年 5 月左右，拼多多开始重点发展直播领域，从食品和服装品类扩展到全品类。

（三）淘宝直播

淘宝直播整体围绕直播电商展开，能够让用户更便捷、更快速地找到对应自身需求的直播间，具有用户购物目的性强、营销精准等特点。据淘宝直播官方发布的数据，直播间成交额较高的品类为女装、美妆、珠宝、消费电子产品、食品、母婴、家居百货、家装、箱包配饰、男鞋女鞋。

（四）抖音

随着直播行业的蓬勃发展，抖音适时推出直播业务，并成为重要的直播平台。与其他平台相比，抖音在直播运营方面具有以下特点。

（1）形式多样。抖音直播的表现形式多样，除“直播+电商”外，还有“直播+音乐”“直播+发布会”“直播+公益活动”等，能够满足用户多方面的需求。

（2）娱乐性强。抖音直播的内容涵盖多个领域，如舞蹈、唱歌、手工制作等。这些丰富多样的娱乐形式能够为用户带来轻松愉快的娱乐体验。

（五）快手

快手也是一个重要的直播平台，与内容形式单一的直播平台不同，快手拥有“短视频+直播”的完整闭环，为短视频用户提供了更多元化分享生活的方式，也为企业/品牌、达人等提供了新的变现渠道。在直播运营方面，快手具有以下特点。

（1）直播内容多元化。快手汇聚了不同行业的主播，如可可西里守护藏羚羊的巡山队员、东部沿海的赶海人等，展现了上千种职业面貌，呈现了多元化的直播内容。图 2-15 所示为快手直播内容分类。

图 2-15　快手直播内容分类

（2）生活气息浓烈。快手直播中刻意的营销话语较少，主播更倾向于通过聊天互动等方式实现人与人之间的陪伴和实时互动，让陌生人能够基于爱好、信任、默契等接受营销信息。

（3）变现能力强。快手独特的内容生态和社区为发展“老铁经济”（通过下沉市场用户获取流量红利）奠定了良好的基础，能够让用户基于对主播的信任直接购买产品，在聊天中完成产品的销售转化。这是快手区别于其他直播平台的主要优势之一。

知识拓展

除以上平台外，今日头条、腾讯新闻、网易新闻等新闻资讯平台，百度、360 搜索、搜狗搜索等搜索引擎，百度知道、搜狗问问等问答平台等也是全媒体运营的重要平台。

任务实施

任务演练：选择运营平台

【任务目标】

选择合适的运营平台，并在这些平台开通品牌的官方账号并设置账号信息。

【任务要求】

本次任务的具体要求如表 2-18 所示。

表 2–18　　任务要求

任务编号	任务名称	任务指导
（1）	选择运营平台	根据目标用户选择运营平台
（2）	开通账号并设置账号信息	在运营平台上开通账号，并根据品牌信息设置账号信息

【操作过程】

（1）选择平台。由用户画像可知，雅韵清莲的目标用户使用频率高的平台有微博、微信、抖音、小红书、淘宝、京东，可将这几个平台作为主要的运营平台。

（2）明确账号信息。平台账号信息主要由 3 部分组成，分别是头像、账号名称、账号简介。为突出品牌定位，可将头像设置为品牌标志，将账号名称设置为品牌名称，将账号简介设置为品牌定位，并保持所有平台账号信息的统一。

（3）开通账号并设置账号信息。由于雅韵清莲在淘宝上已经开通了账号，这里只需在微博、微信、抖音、小红书、京东上开通账号，并设置账号信息，部分平台账号信息设置效果如图 2-16 所示。

图 2–16　部分平台账号信息设置效果

任务四　网络舆情分析

任务描述

雅韵清莲作为一个新兴品牌，随时可能遭遇各种网络舆情。小赵需要提前制订网络舆情风险预案，以便在网络舆情发生时能够快速应对，将危害降到最低（见表 2-19）。

表 2-19 任务单

任务名称	制订网络舆情风险预案
任务背景	雅韵清莲缺乏对网络舆情的认知和应对策略，因此，品牌方希望小赵能够制订一套全面的风险预案，并在风险预案中明确可能遭遇的危机，以及对应的处理措施
任务阶段	□行业分析 □用户分析 □平台分析 ■网络舆情分析
工作任务	
任务内容	任务说明
任务演练：使用 AI 工具协助制订网络舆情风险预案	先划分网络舆情等级，然后明确应急处理程序

任务总结：

一、网络舆情监测

网络舆情以网络为载体，以事件为核心，体现公众的情感、态度、意见和观点，传播速度快，极具主观性、多元性和突发性。高速传播、高度主观和突发的网络舆情时刻影响着企业/品牌的发展轨迹，这就需要企业/品牌做好网络舆情监测，及时发现潜在危机。

（一）网络舆情成因

舆情本身是一个中性词，既有正面舆情，又有负面舆情。正面舆情可以提升企业/品牌声誉、树立良好的企业/品牌形象、促进产品销售等，负面舆情则会给企业/品牌带来信誉危机，如果不及时采取正确的处理措施，很可能给企业/品牌造成难以估量的损失。由于负面网络舆情才会易造成不良影响，因此这里主要介绍负面网络舆情的成因。

1. 产品或服务问题

产品或服务是企业/品牌的根基，如果产品或服务存在问题，则很容易产生负面网络舆情。常见的产品或服务问题如下所示。

（1）产品存在质量问题，如假冒伪劣产品、产品重量不足、产品使用/食用效果差、产品存在安全隐患、产品与产品说明不一致、产品变质/失效/过期、“三无”产品等。

（2）产品包装不当，如产品包装设计元素存在争议、产品包装过于简陋并与产品价格不符、产品包装防震/防水/防漏/保温等措施未做好导致产品送达用户手中时已损坏等。

（3）客服人员态度恶劣，如客服人员语气不友好、忽视用户、辱骂用户等。

（4）客服人员响应速度慢，如客服人员超过 20 分钟才回复用户。

（5）问题处理不妥，如未及时解决用户的问题、无法有效解决用户的问题等。

2. 营销推广不当

全媒体运营离不开对产品或服务的推广，在推广过程中，不恰当的言语、手段等也可能造成负面网络舆情。常见的营销推广不当情况如下所示。

（1）虚假宣传，如产品不具备某功能/未获得某荣誉，而广告表示产品具备该功能/获得该荣誉，过分夸大产品功能等。

（2）违规使用广告语，广告中使用违禁词，如“国家级”“最高级”“最佳”；广告语中包含迷信、恐怖、暴力等内容；广告语中包含民族、种族、宗教、性别歧视等内容；等等。

（3）不正当竞争，违反《中华人民共和国反不正当竞争法》，如编造、传播虚假信息，损害竞争对手的商业信誉、商品声誉，等等。

（4）价格营销策略不公平或不合理，如定价过高或过低、降价太快且不补差价、存在虚假折扣或价格歧视（如针对不同消费能力的用户设置不同的价格）等。

3. 相关人员行为失当

企业/品牌的高管、代言人代表着企业/品牌的形象，如果他们的言行有误，则可能给企业/品牌带来负面影响。常见相关人员行为失当情况如下所示。

（1）违反法律法规，如高管或代言人偷税漏税、侵犯他人合法权益等。

（2）道德失范，如高管或代言人私生活不检点、涉及不道德交易、缺乏诚信和责任感等。

（3）言行不当，如高管或代言人在公开场合发表不当言论，如言论涉及政治敏感话题、争议性事件或发表歧视性言论等。

4. 网络舆情处理不当

网络舆情发展速度很快，如果企业/品牌处理不当，则可能导致事态恶化，给企业/品牌造成重大损失，具体表现如下所示。

（1）反应迟缓，如当网络舆情出现时，企业/品牌未能迅速识别并做出反应，导致网络舆情失去控制，大范围扩散。

（2）措施不当，如企业/品牌采取的措施无法有效应对此次网络舆情；企业/品牌缺乏诚意，试图推卸责任；企业/品牌未能及时、真诚地向遭受损失或伤害的用户道歉并采取合理补偿措施；等等。

（3）沟通不畅，如企业/品牌未能及时传达信息给公众或媒体，导致误解或谣言扩散；未充分听取公众的意见或诉求等。

（二）搭建网络舆情监测系统

网络的发展促使网络舆情可以同时在微博、微信、小红书、抖音等多个平台传播，这增大了网络舆情监测的难度，因此，搭建一个多渠道的网络舆情监测系统显得尤为重要。

1. 自主研发

有研发能力的企业/品牌可以自主研发独属于本企业/品牌的网络舆情监测系统，收集全渠道中与本企业/品牌相关的网络舆情。

2. 借助第三方

不具备研发能力的企业/品牌可以与第三方网络舆情监测系统研发公司合作，通过购买它们的服务，实现监测。随着人工智能技术的发展，很多第三方网络舆情监测系统研发公司将人工智能技术引入网络舆情监测，开发出 AI 监测网络舆情功能。借助这一功能，网络舆情监测系统可以自动采集数据，并自动分析研判网络舆情、自动发布预警和生成网络舆情分析报告，提高企业/品牌的网络舆情处理效率。

（三）网络舆情监测范围

网络舆情监测范围也是网络舆情的来源渠道，一般来说，主要涵盖以下方面。

（1）传统媒体：包括广播、电视、报纸、杂志等中涉及企业/品牌的内容。

（2）社会化媒体：包括微博、微信等中涉及企业/品牌的内容。

（3）短视频/直播平台：包括抖音、快手、淘宝直播等中涉及企业/品牌的内容。

（4）私域流量池：包括微信朋友圈、微信群等中涉及企业/品牌的内容。

（5）政府及监管机构：包括国家市场监督管理总局、全国 12315 平台和全国互联网安全管理平台等发布的与企业/品牌相关的内容。

二、防范网络舆情

监测网络舆情仅仅是第一步，接下来要建立起一套高效的网络舆情应对机制。这需要科学划分网络舆情的等级，一旦发现潜在网络舆情，立即上报上级领导，并持续关注网络舆情的等级变化。同时，要及时启动相应的网络舆情应急预案，以化解或者消除网络舆论带来的影响，甚至转危为机。

一般来说，网络舆情应急预案中应包含 5 个方面的内容：网络舆情等级、相关部门对接人联络机制、网络舆情评价处理时效机制、重大网络舆情上报处理机制、网络舆情理赔和惩罚机制。

三、处理网络舆情

网络舆情的处理需要遵循一定的原则，包括及时处理、坦诚处理、精准处理、沟通顺畅、保持同理心等。

（1）及时处理。网络舆情出现后，企业/品牌应当在第一时间核查相关情况，然后按照网络舆情的紧急程度处理，向公众做出回应。

（2）坦诚处理。企业/品牌应当开诚布公，直面问题，表明积极沟通、诚恳解决问题的态度，并尽量以令公众满意的方式与公众沟通，防止事件扩大。

（3）精准处理。企业/品牌应当快速找到造成网络舆情的根本原因，然后结合应急预案，提供精准解决问题的解决方案。

（4）沟通顺畅。面对网络舆情，企业/品牌应主动与公众沟通，通过官方渠道及时、透明地发布事件原委、处理进度，回应公众，缩小网络舆情传播的范围。

（5）保持同理心。网络舆情往往伴随着强烈的情绪色彩，企业/品牌在处理过程中应当具有人文关怀，能够设身处地地理解公众的感受，减少对立情绪。

四、总结网络舆情

网络舆情结束后，企业/品牌不仅要迅速回归日常运营，更要深刻反思与总结，将应对网络舆情的过程转化为宝贵的成长经验。

（一）问题总结

针对网络舆情中涉及的各种问题，企业/品牌应及时归类，如按照产品或服务问题、营销推广不当等归类，并提出具体可行的改进措施，督促有关部门逐项落实。

（二）制作网络舆情分析报告

针对危急程度较高的网络舆情，可以制作网络舆情分析报告，将该网络舆情作为典型案例加以分析，总结经验教训。网络舆情分析报告至少应包含如下内容。

1. 事件背景

事件背景即网络舆情事件发生的背景，如网络舆情事件的起因、经过、高潮、结尾等。

2. 分析内容

网络舆情分析报告中应当包含对网络舆情事件的具体分析，如网络舆情来源分析、传播路径分析等，具体分析的内容可根据需要自行抉择。

（1）网络舆情来源分析。通过溯源来了解网络舆情的第一来源渠道，从而及时干预（如联系删除、举报投诉等），防止网络舆情的扩散。

（2）网络舆情的传播路径分析。通过追踪网络舆情的传播路径了解网络舆情的传播态势（如首发媒体、主要传播媒体等），以便根据网络舆情的来源渠道采取有针对性的措施，及时处理。

（3）网络舆情的传播声量分析。通过分析网络舆情在传播过程中的原创作品量、转载数、评论数、发布平台数、传播速度（如每小时发布的相关信息数）、传播时长等，评估网络舆情的影响力大小，判断网络舆情等级，从而采取应对措施。

（4）网络舆情的传播地域分析。通过分析网络舆情的传播地域，了解网络舆情的聚焦地域，以及不同地域媒体、公众的关注点。

（5）衍生话题分析。通过分析网络舆情相关的话题，了解公众对网络舆情的主要关注点、看法，以及网络舆情的热度。

（6）情感倾向分析。通过分析媒体或公众对网络舆情的情感态度，了解其正面情绪、负面情绪、中立情绪等的占比、趋势走向等。

（7）发展/传播趋势分析。通过分析网络舆情在各渠道的走向，如不同时间节点各渠道的信息发布量等，了解网路舆情的传播速度和可控性等。

3. 网络舆情总结

根据上述分析结果总结本次网络舆情，包括结论和建议等，以便报告使用者了解。

任务实施

任务演练：使用 AI 工具协助制订网络舆情风险预案

【任务目标】

针对可能发生的网络舆情，制订风险预案，风险预案需包含网络舆情等级、相关部门对接人联络机制、网络舆情评价处理时效机制、重大网络舆情上报处理机制、网络舆情理赔和惩罚机制

5 个方面的内容，以便在网络舆情出现时有序处理。

【任务要求】

本次任务的具体要求如表 2-20 所示。

表 2-20 任务要求

任务编号	任务名称	任务指导
（1）	划分网络舆情等级	根据网络舆情的影响力划分等级
（2）	确定应急处理程序	规划好各应急处理阶段的工作内容

【操作过程】

（1）划分网络舆情等级。根据对企业/品牌影响力的大小，小赵将网络舆情划分为表 2-21 所示的 3 个等级。

表 2-21 划分网络舆情等级

等级	性质	示例
Ⅰ级	对企业/品牌声誉、运营活动已经造成或极有可能造成严重不良影响	① 重大安全问题，人身伤害事件 ② 财务造假、关联交易等严重违规事件 ③ 企业创始人或首席执行官个人道德有失 ④ 出现对产品或服务质量的大规模投诉 ⑤ 主流媒体的深度负面报道 ⑥ 经销商、供应商等群体投诉或维权 ⑦ 引发媒体或社会广泛关注的员工待遇、员工纠纷事件 ⑧ 上述因素造成有一定级别的政府出手干预
Ⅱ级	正在扩散或者可能会扩散，但尚在可控范围内	① 一定规模的用户投诉 ② 受相关部门的查处或批评 ③ 地方或行业媒体对企业/品牌负面信息的曝光 ④ 企业高管出现个人道德问题或发表不当言论，引发媒体广泛传播 ⑤ 引发媒体广泛传播的企业重大法律诉讼
Ⅲ级	对企业/品牌造成轻微的负面影响，走势尚不明晰	① 个别用户投诉 ② 非官方媒体对企业/品牌产品、技术等方面的负面报道 ③ 关于员工、经销商及其他权益方的负面报道

（2）确定应急处理程序。网络舆情的应急处理需要多个部门的人员的配合，企业/品牌要保证内部沟通顺畅，上传下达，各司其职。小赵根据网络舆情的进展，将应急处理程序划分为 6 个阶段，并明确了各阶段的工作内容，如表 2-22 所示。

表 2-22 应急处理程序

应急处理阶段	工作内容
监测网络舆情	监测渠道：网络舆情监测系统 监测人员：网络舆情监测专员
分析网络舆情	查证网络舆情是否属实，对于虚假网络舆情，采取警告、法律诉讼等手段，制止恶意造谣；对于属实的网络舆情，要判断其影响力，并提出有效控制事态发展的方法

（续表）

应急处理阶段	工作内容
上报网络舆情	当网络舆情事件升级为网络舆情危机时，网络舆情监测专员应立即上报上级领导，最迟不得超过 2 小时，同时向有关部门通报，如果上级领导不能解决，则可上报更高一级领导
会商方法	应急处理工作领导小组应根据网络舆情的等级，提出补救措施。 ① Ⅲ级网络舆情：评估网络舆情对企业/品牌的影响程度，必要时进行公开澄清或道歉；对内部责任人进行口头警告或轻微处罚，避免类似情况再次发生。 ② Ⅱ级网络舆情：对受影响的用户或公众进行补偿或赔偿；对内部责任人采取书面警告、罚款或降职等处罚。 ③ Ⅰ级网络舆情：对受影响的用户或公众进行全面赔偿或补偿；对内部责任人进行严肃处理，包括但不限于解除劳动合同、法律追责等；全面复盘事件，完善相关制度和流程，防止类似事件再次发生
正面回复	在网络舆情发生的 12 小时内，通过官方账号发布公关文案，对网络舆情予以正面回复，并公布处理结果
跟踪引导	网络舆情监测专员时刻留意网络舆情的变化，发现对回复有疑问的评论后，应立即解释，正确引导舆论

提示

制订网络舆情风险预案时，如果缺乏思路，可以利用 AI 工具寻找思路。

综合实训

实训一　使用 SWOT 分析法分析休闲零食品牌竞争对手

实训目的：通过练习使用 SWOT 分析法分析休闲零食品牌竞争对手，提升分析能力。

实训要求：根据提供的休闲零食品牌竞争对手的信息，使用 SWOT 分析法进行分析，总结该竞争对手使用的营销策略，从而找出该竞争对手成功的原因。竞争对手信息如下所示。

休闲一刻是休闲零食品牌，自成立以来，迅速在市场中占据一席之地。休闲一刻之所以能够取得成功，有多方面的原因：一是拥有良好的品牌形象和品牌口碑，并且用户对零食的需求不断增长，这为休闲一刻取得成功创造了有利条件；二是产品线广泛，覆盖坚果、果干、膨化食品等多个品类，能够满足不同用户的消费需求；三是注重产品包装设计和口味创新，增强了品牌的市场竞争力；四是拥有相对完善的线上、线下销售网络，为产品销售提供了有力保障。但是，随着越来越多的品牌开始涉足休闲零食行业，休闲一刻面临的竞争压力也在加大。并且，代工厂加工的生产模式使得休闲一刻的产品质量难以达到统一标准，偶尔出现的因产品质量问题导致的用户投诉，以及内部管理不善等问题，都对休闲一刻的发展造成了不利影响。

实训思路：本次实训将借助 SWOT 分析法直接分析竞争对手休闲一刻。先依次列出休闲一刻的发展优势、劣势、机会、威胁，然后形成 SO 战略、WO 战略、ST 战略、WT 战略，组成休闲一刻的营销策略。

实训结果：本次实训完成后的参考效果如表 2-23 所示。

表 2-23　参考效果

外部＼内部	优势（S）	劣势（W）
	良好的品牌形象和品牌口碑，广泛的产品线，创新的产品包装设计和口味，完善的线上、线下销售网络	代工厂加工的生产模式带来产品质量风险，内部管理不善
机会（O）	SO 战略	WO 战略
用户对零食的需求不断增长，休闲一刻有机会通过开发新产品、拓展新市场等方式实现市场扩张	利用销售渠道优势提升产品销售额，依托品牌影响力进一步拓展产品线	建立自己的生产工厂，严格控制产品质量，并加大研发投入，提升产品创新能力，推出更多符合用户需求的新产品
威胁（T）	ST 战略	WT 战略
竞争对手增多，用户需求变化，可能导致产品销量下降、市场份额减小	利用品牌影响力和销售网络优势巩固市场地位，加大市场推广力度，做好用户维护，提高用户对品牌的忠诚度	开发差异化产品，密切关注用户需求变化和竞争对手策略实施，灵活调整市场策略和产品营销策略

实训二　休闲零食品牌网络舆情分析

实训目的：通过练习分析休闲零食品牌的网络舆情，提高网络舆情分析能力。

实训要求：近日，休闲零食品牌朝朝友的某产品系列的代言人因言论不当引发网友指责，连带品牌形象受损。本次事件最初发生在微博，事件发酵后迅速在微博蔓延，部分用户因为此事件在网络上发表不利于品牌的言论，但大部分网友比较理智。分析本次网络舆情，提出解决措施。

实训思路：本次实训需要先分析网络舆情产生的原因，并评估网络舆情的影响力，提出解决措施。

实训结果：本次实训完成后的参考效果如图 2-17 所示（配套资源:\效果\项目二\休闲零食品牌网络舆情分析.docx）。

网络舆情成因分析

本次网络舆情的核心成因在于品牌代言人的发言不当。

网络舆情影响力评估

直接影响：品牌形象受损，导致用户对品牌产生负面印象，进而影响品牌的信誉度和美誉度。

可控性：事件已发酵，但由于大部分网友比较理智，采取合理措施后可有效控制网络舆情。

解决措施

（1）迅速回应并道歉：在网络舆情发生后，品牌应立即发布官方声明，对代言人的不当发言表达歉意，并明确表明品牌的立场和态度，通过真诚的道歉和积极的态度，缓解公众的负面情绪。

（2）代言人管理：本次网络舆情中，代言人的不当言论给品牌带来较大损失，可与代言人解约，重新更换形象良好的代言人，并告知公众解约事宜，表明品牌的态度。

（3）修复品牌形象：在网络舆情得到初步控制后，品牌应采取有效措施修复受损的品牌形象。包括加强品牌宣传、推出优质产品、提升服务质量等，以重新赢得公众的信任和喜爱。

图 2-17　参考效果

巩固提高

1. 行业信息有哪些类型？可以从哪些途径搜集行业信息？

2. 怎么使用 PESTEL 分析模型分析行业趋势？
3. 波特五力模型的作用是什么？怎么应用？
4. 主流社会化媒体平台有哪些？
5. 用户调研主要调研用户的哪些信息？
6. 怎么制作用户画像？
7. 用户需求有哪些？
8. 如何分析网络舆情？

项目三

流量运营

学习目标

【知识目标】

1. 知晓流量来源和类别，能够根据运营需求从不同渠道获取流量。
2. 掌握公域流量的转化方式，能够打通线上、线下流量，实现流量的全流程流动。
3. 掌握私域流量的底层逻辑和运营的关键环节，能够将公域流量转化为私域流量。

【技能目标】

1. 具备流量获取和流量管理能力，能够综合使用各种工具获取流量。
2. 具备流量转化和流量运营能力，能够将有效的流量转化为销量。

【素养目标】

流量运营是一个长期且持续的过程，应当树立全局意识和长远意识，助力流量的可持续运营。

项目导读

在互联网时代，品牌之间的竞争在某种程度上可以看作流量之争，流量意味着热度，而热度反映着用户的关注度。因此，从这一角度来说，流量运营就是通过各种方式与用户交互，并获取用户关注。雅韵清莲曾以独特的定位在众多服装品牌中独树一帜，但是，随着越来越多的服装品牌涉足新中式服装这一领域，雅韵清莲的独特性逐渐淡化，流量的获取和留存变得困难。如何摆脱这一局面、在市场竞争中获得优势，成为雅韵清莲当下急需解决的问题。老李接到委托并详细分析雅韵清莲的情况后，认为流量运营是解决问题的突破口，于是让小赵通过多渠道获取流量，并设置合适的流量转化路径，提高用户留存度，促进流量变现。

微课视频

流量获取

任务一　流量获取

小赵需要先解决雅韵清莲的流量获取难题。在深入分析雅韵清莲的目标用户后，小赵将淘宝、抖音和百度这 3 个用户活跃度高的平台作为主要的流量来源，进行流量投放。同时，小赵根据雅韵清莲的总预算合理分配了各平台的推广费用——淘宝 1000 元、抖音 500 元、百度 500 元，以获取更多优质流量（见表 3-1）。

表 3-1 任务单

任务名称	流量获取	
任务背景	雅韵清莲的目标用户主要为 18～34 岁、生活在二线及以上城市、消费能力较高、追逐时尚潮流的女性用户。这些用户广泛活跃于电商平台、社交媒体平台，也经常使用搜索引擎搜索品牌或产品，活跃时间集中在 6:00—9:00、12:00—13:00、18:00—22:00。其中，活跃用户数排在前列的平台为淘宝、抖音和百度	
任务阶段	■流量获取 □公域流量运营 □私域流量运营	
工作任务		
任务内容		任务说明
任务演练 1：使用淘宝推广工具引流		【推广工具】万相台 【设置项目】投放场景、解决方案、拉新设置、投放主体、预算与排期、创意等
任务演练 2：使用抖音推广工具引流		【推广工具】DOU+ 【设置操作】选择视频、设置目标项、设置自定义项
任务演练 3：使用百度推广工具引流		【推广工具】百度营销 【设置项目】营销目标、推广设置、出价和预算、推广地域、推广时段等

任务总结：

知识准备

一、明确流量来源

流量是全媒体运营的重要基石，关系着运营效果。因此，为取得更好的运营效果，企业/品牌需要掌握流量来源，尽可能多地获取流量。

（一）线上渠道

全媒体运营主要基于互联网展开，线上渠道也就成为流量的重要来源，包括搜索引擎、网络论坛、社交媒体平台等。

1. 搜索引擎

搜索引擎是根据一定的策略，运用特定的计算机程序从网络中搜集信息，并经过一定整理和排序后，为用户提供检索服务，并将检索到的信息展示给用户的系统，常见的搜索引擎有百度、360 搜索、搜狗搜索等。在搜索引擎中，流量的获取方式主要有搜索引擎竞价和搜索引擎优化。

（1）搜索引擎竞价。搜索引擎竞价是指品牌通过竞价付费的形式，提高广告在搜索引擎的搜索结果页面中的排名，从而引进流量。这种竞价一般围绕关键词展开，参与竞价的品牌需要购买品牌、产品或服务等相关的关键词，从而让广告展现在搜索引擎的搜索结果页面中。搜索引擎竞价需要借助搜索引擎的推广工具进行，如百度营销、360点睛。

（2）搜索引擎优化。搜索引擎优化就是优化网站设计，使网站信息在搜索引擎的搜索结果页面中靠前显示，以获得更多流量。

2. 网络论坛

网络论坛是一个网上交流场所，通常围绕特定的主题展开，如科技、教育、体育等。这种主题的聚焦性使得网络论坛的参与者往往具有相似的兴趣、需求和背景，因此网络论坛带来的流量往往比较精准。网络论坛的流量获取方式比较多样，常见的有内容分享、搜索引擎优化、广告投放等。

（1）内容分享。运营人员可以选择用户基数大、活跃度高的论坛，在其中发布高质量的内容，引发用户的讨论，从而获取更高的关注度。

（2）搜索引擎优化。通过优化网站结构、内容质量和关键词排名等手段，提高网络论坛在搜索引擎的搜索结果页面中的排名和曝光度。

（3）广告投放。在网络论坛中投放品牌、产品或服务等的广告，吸引用户点击。

3. 社交媒体平台

微博、微信等社交媒体平台聚集了大量的用户，想要获取这些流量，运营人员需要采取一定的方法。常见的方法有内容推送、开展活动、合作引流、营销推广等，运营人员可以通过这些方法持续提升账号对用户的吸引力，然后将用户引流到品牌自建的官方网站、电子商务网站或者企业微信，沉淀并转化流量。

（1）内容推送。通过推送与产品或服务相关的、有价值的、有吸引力的高质量内容，吸引用户的注意。

（2）开展活动。通过举办一些有趣、有奖的活动，吸引用户的注意，如转发抽奖活动、话题讨论活动、有奖征集活动、集赞活动等。

（3）合作引流。通过与名人等合作，利用他们的粉丝基础，共同发布话题或开展运营活动等实现引流。

（4）营销推广。借助社交媒体平台提供的营销推广工具投放广告引流，如微博广告、腾讯广告等。

4. 短视频、直播平台

抖音、快手等短视频平台，淘宝直播、京东直播等直播平台同样聚集了大量高活跃度的用户，是大型的流量聚集地。企业/品牌在这些平台中发布优质短视频或开展直播，可以获取免费的流量。同样，企业/品牌也可以与他人合作获取免费流量，如与他人合拍短视频，实现双向“涨粉”；邀请名人做客直播间，吸引该名人的粉丝到直播间观看；等等。除此之外，利用抖音的DOU+、淘宝直播的超级直播等推广工具推广短视频或直播间，可以获取比较优质的付费流量。企业/品牌还可以在这些平台中投放广告，获取优质资源位，从而获得更多流量，如利用抖音的巨量广告投放短视频广告，利用快手的磁力引擎投放短视频广告，等等。

5. 电商平台

淘宝、天猫、京东、拼多多等电商平台内的流量主要有3种，分别是自主访问流量、无目的浏览流量和推广所获流量。

（1）自主访问流量。自主访问流量是指用户有目的地、主动地访问相关页面所产生的流量，如直接访问产品收藏页、订单页、购物车等带来的流量。自主访问流量一般是由对网店有一定了解基础的用户或有明确的购买意向的用户通过访问相关页面产生的，比较稳定。想要获取这部分流量，运营人员需要持续发布高质量、能够满足用户需求的产品，并做好对用户的维护，如定期回访用户、向用户发送专属优惠券等。

（2）无目的浏览流量。无目的浏览流量是指用户无目的地在电商平台中搜索、浏览推荐页等形成的流量。运营人员可以通过优化产品关键词、优化产品主图、提升网店权重等方式获取这部分流量。

（3）推广所获流量。推广所获流量是指利用电商平台的推广工具所获得的流量，如利用淘宝的万相台、京东的搜索快车等，让产品展现在更多用户面前，为网店引进更多流量。

6. 内容平台

在小红书、哔哩哔哩等内容平台发布高质量的内容，可以较好地获取用户的关注。此外，使用推广工具（如小红书的薯条推广、哔哩哔哩的必火推广）、与同类账号互关、参与平台官方活动或创作激励计划、自行举办线上活动等也有助于引流。

（二）线下渠道

线下渠道包括线下连锁店、商场、娱乐场所等，在这些线下渠道举办线下活动（如展会、研讨会、讲座、发布会等），与潜在用户面对面交流，有助于提升品牌的知名度和影响力。同时，企业/品牌还可以利用线下渠道进行线上引流，如通过扫码关注微信公众号、领取优惠券等方式引导用户关注和参与线上活动。

二、确定流量类别

根据属性的不同，流量可以分为公域流量、私域流量两类。

（一）公域流量

公域流量可看作平台流量，是集体可以触达、不可反复利用的流量。根据是否付费，可以将公域流量细分为免费公域流量和商域流量。

1. 免费公域流量

免费公域流量是平台基于推荐机制主动分发的流量，如品牌通过淘宝搜索界面获取的流量、通过抖音推荐界面获取的流量。这些流量受内容质量、内容与用户的相关性等因素的影响，比较容易获取，但是稳定性和黏性较差。

2. 商域流量

商域流量是付费推广后获得的流量，如品牌通过投放App开屏广告获得的流量、通过投放抖音 DOU+获得的流量等。

在自然流量（即通过搜索带来的流量）不够的情况下，企业/品牌就可以通过付费推广的方式购买商域流量。商城流量稳定性较强，企业/品牌只需要支付一定的金额就可以获得，但该流量的黏性也较差。

（二）私域流量

私域流量是相对于公域流量而言的，是指企业/品牌自主拥有并管理的、不用付费的、可以在任意时间反复触达的流量，其本质是流量的私有化。例如，品牌微信群的成员、品牌会员、账号粉丝等都属于私域流量。

不管是会员还是粉丝，都对企业/品牌有较高的认可度和忠诚度，这让私域流量具有较强的稳定性和黏性。而且，企业/品牌可以通过多种策略不断激活会员或粉丝，引导其参与活动或购买产品等，实现私域流量的反复触达和使用。但受运营能力、营销方式等因素的影响，私域流量的获取难度较大，需要注重维护。

三、制定流量投放策略

流量投放是企业/品牌为实现特定的目标，通过各种渠道向目标用户传播信息的行为。通过制定科学的流量投放策略，企业/品牌可实现流量的精准投放，制定流量投放策略的步骤如图 3-1 所示。

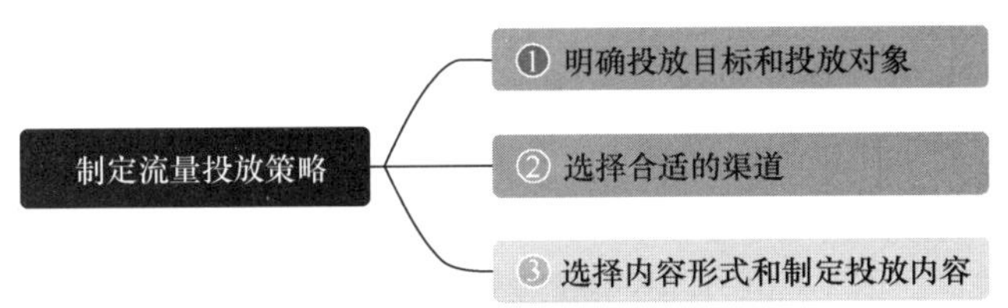

图 3–1　制定流量投放策略的步骤

（一）明确投放目标和投放对象

明确的投放目标可以帮助企业/品牌精准定位目标用户，合理分配预算和资源，更好地衡量和优化广告效果。常见的投放目标有获取用户、促进销售等。

投放对象即引流的目标用户，目标用户越精准，获得的流量也就越精准，就越容易推动运营目标的实现。精准定位目标用户还能为后续使用投放工具时设置特定投放人群提供便利。

（二）选择合适的渠道

在选择渠道时，一般选择目标用户较为集中的渠道，以获取更多流量。例如，如果目标用户主要集中在社交媒体平台，则可以选择社交媒体平台作为渠道。

（三）选择内容形式和制定投放内容

内容形式可以是文字、图片、图文或视频等，且可以根据渠道的主流内容形式选择，例如，渠道是抖音、微博、微信，那么内容形式就可以确定为短视频或图文。

在制定投放内容时，需要考虑目标用户及渠道用户的特点，以符合用户的内容偏好，提升内容的吸引力和投放效果。

任务实施

任务演练 1：使用淘宝推广工具引流

【任务目标】

使用淘宝推广工具——万相台，精准触达目标用户，并利用潜在热销品实现网店拉新。

【任务要求】

本次任务的具体要求如表 3-2 所示。

表 3-2　任务要求

任务编号	任务名称	任务指导
（1）	选择投放场景	根据任务目标选择“消费者运营”这一投放场景
（2）	设置推广计划	设置计划名称、解决方案、目标人群等

【操作过程】

（1）进入万相台无界版。进入“千牛商家工作台”页面，在左侧菜单栏中单击“推广”选项卡，在打开的选项卡中，单击“阿里妈妈万相台·无界版”等字样对应的 前往万相台 按钮，打开“万相台无界版”页面。

（2）选择推广计划。将鼠标指针移至页面上方的“推广”选项卡上，在打开的列表中选择“人群推广”选项，如图 3-2 所示。打开“人群推广-万相台无界版”页面，单击“计划”选项卡中的 + 新建人群推广 按钮，如图 3-3 所示。

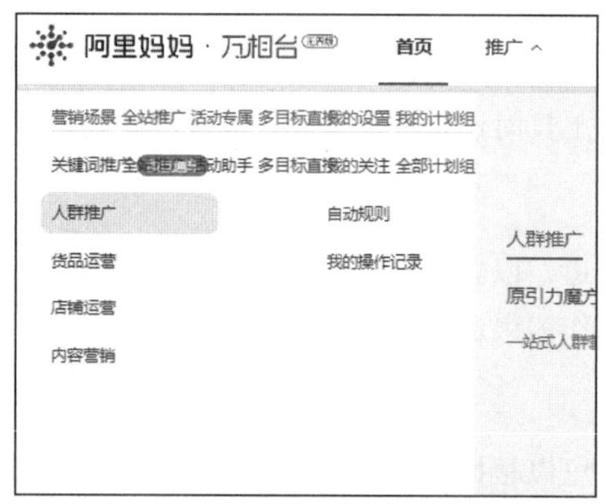

图 3-2　选择“人群推广”选项

图 3-3　单击“新建人群推广”按钮

（3）选择营销场景。打开计划创建页面，在“营销场景”栏中默认选择“人群推广”选项，并默认设置“营销目标”为“店铺人群运营（原人群方舟）”，以获取更多新用户，如图 3-4 所示。

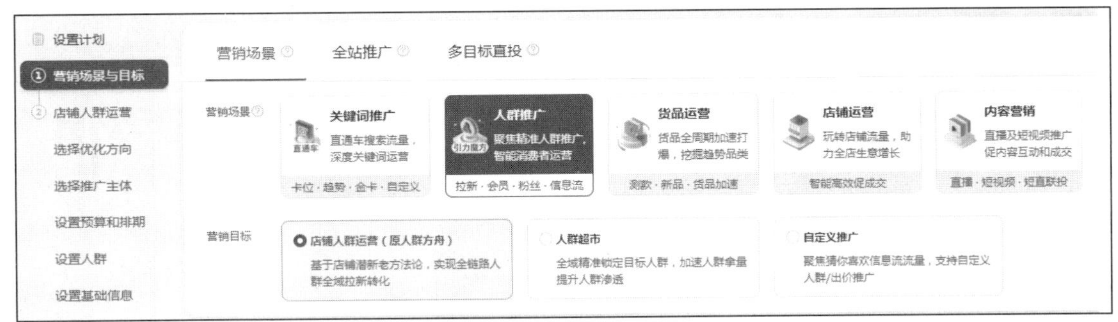

图 3-4　选择营销场景

（4）设置优化方式。在推广方案设置-店铺人群运营”面板中默认设置优化方式为“提升首购新客人数（含拉新快）”，如图 3-5 所示。

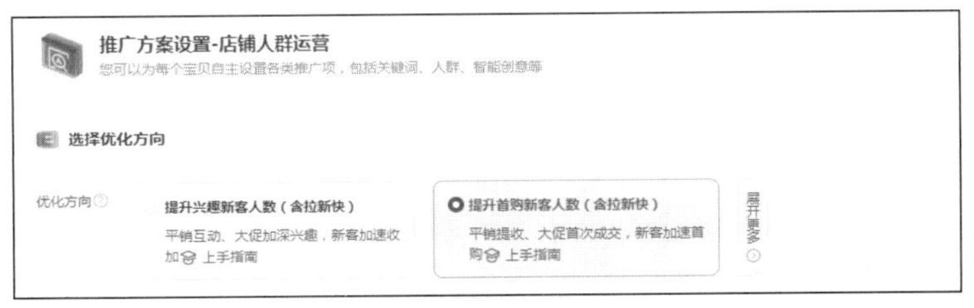

图 3-5　设置优化方式

（5）选择推广主体。设置“选品方式”为“自定义选品”，单击“添加宝贝 0 / 20”按钮，打开“添加宝贝”对话框，在其中单击 2024 夏季新款新中式连衣裙对应的“添加”超链接，单击“确定”按钮，如图 3-6 所示。

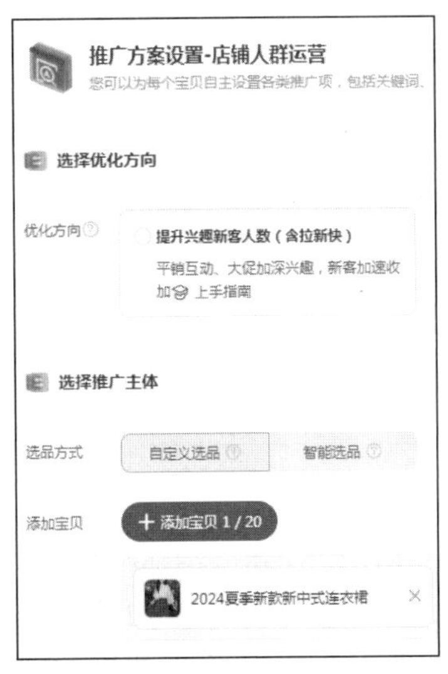

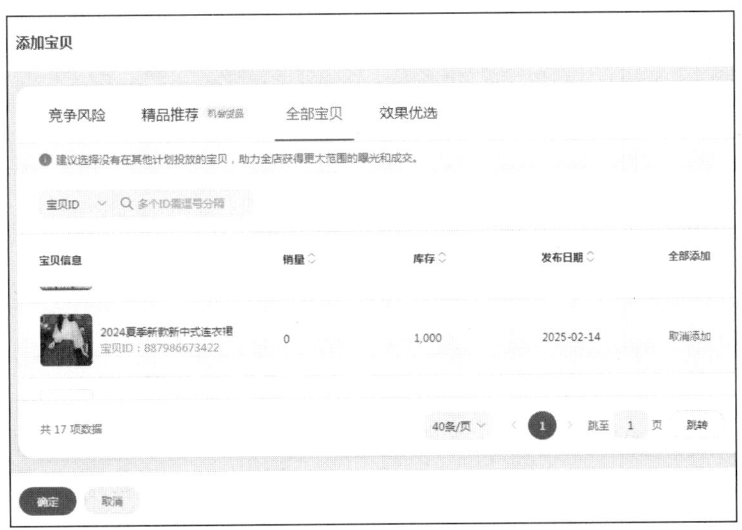

图 3-6　选择推广主体

（6）设置预算和排期。在“设置预算和排期”面板中，设置“预算类型”为“周期预算”，“周期预算”的投放周期为“10 天”，预算金额为“1000 元”，“出价方式”为“最大化拿量”，如图 3-7 所示。

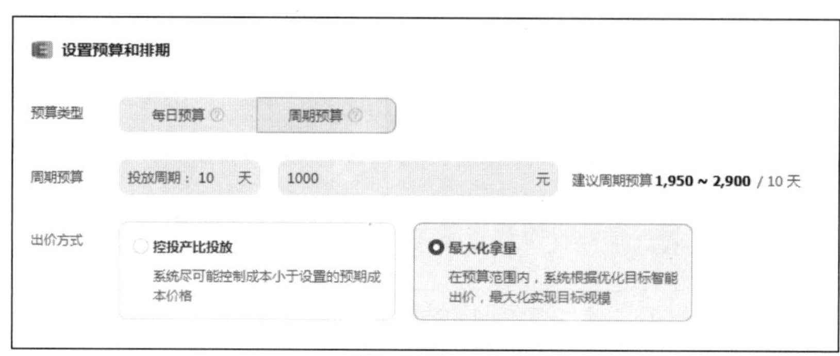

图 3–7　设置预算和排期

（7）设置人群。单击“设置人群”面板中的“设置自选人群”复选框，设置“目标人群”为“自定义人群”，默认触达范围为“近 365 天店铺未购买人群”且“近 7 天店铺未多次触达人群”且“全域拉新”，如图 3-8 所示。

图 3–8　设置人群

（8）添加种子人群。单击添加种子人群按钮，打开“添加种子人群”对话框，单击“基础属性人群”选项卡，在其中设置用户年龄为“18～34 岁”，“用户性别”为“女性用户”，“消费能力等级”为“购买力 L1～L3”，“城市等级”为“一线城市、准一线城市、二线城市”，单击添加人群按钮添加人群，然后单击确定按钮完成种子人群的添加，如图 3-9 所示。

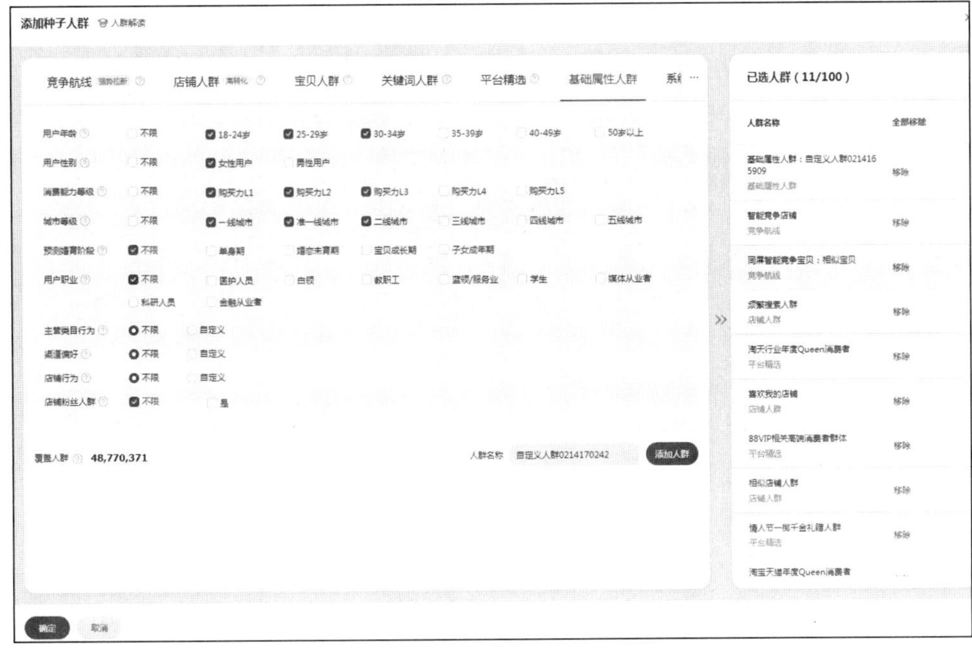

图 3–9　设置种子人群

（9）设置投放地域。在“设置基础信息”面板中单击“高级设置”栏对应的 投放资源位/投放地域/分时折扣 按钮，打开“高级设置”对话框，在“投放地域”选项卡中选中“自定义投放地域模板”选项，设置投放地域为一线、二线城市，单击 保存模板 按钮，打开“保存模板”对话框，在“另存为新模板”选项右侧的文本框中输入“重点投放地域”，单击 确定 按钮保存模板，如图 3-10 所示。

图 3–10　设置投放地域

（10）设置分时折扣。单击“分时折扣”选项卡，选中“自定义分时折扣模板”单选项，拖曳鼠标设置无折扣时段为“6:00—9:00、12:00—13:00、18:00—22:00”（每次选择完投放时段后，都将打开提示面板，默认选中“无折扣”单选项，单击确定按钮确认选择），如图 3-11 所示。单击保存模板按钮，打开“保存模板”对话框，在其中设置新模板名称为“分时折扣”，单击确定按钮保存模板，如图 3-12 所示。单击“高级设置”对话框底部的确定按钮关闭对话框。

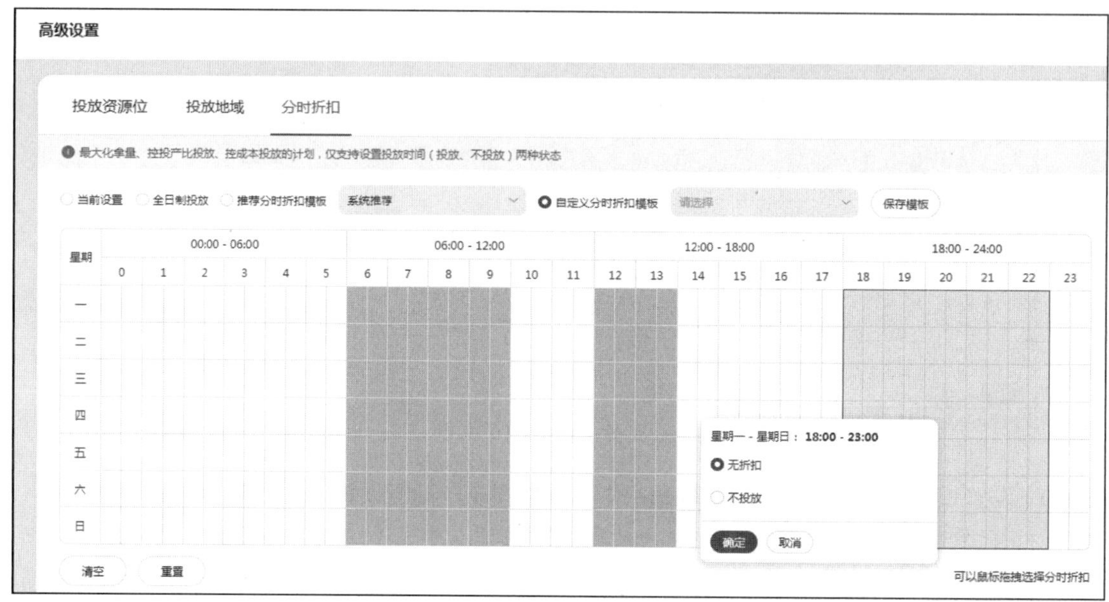

图 3-11　设置分时折扣

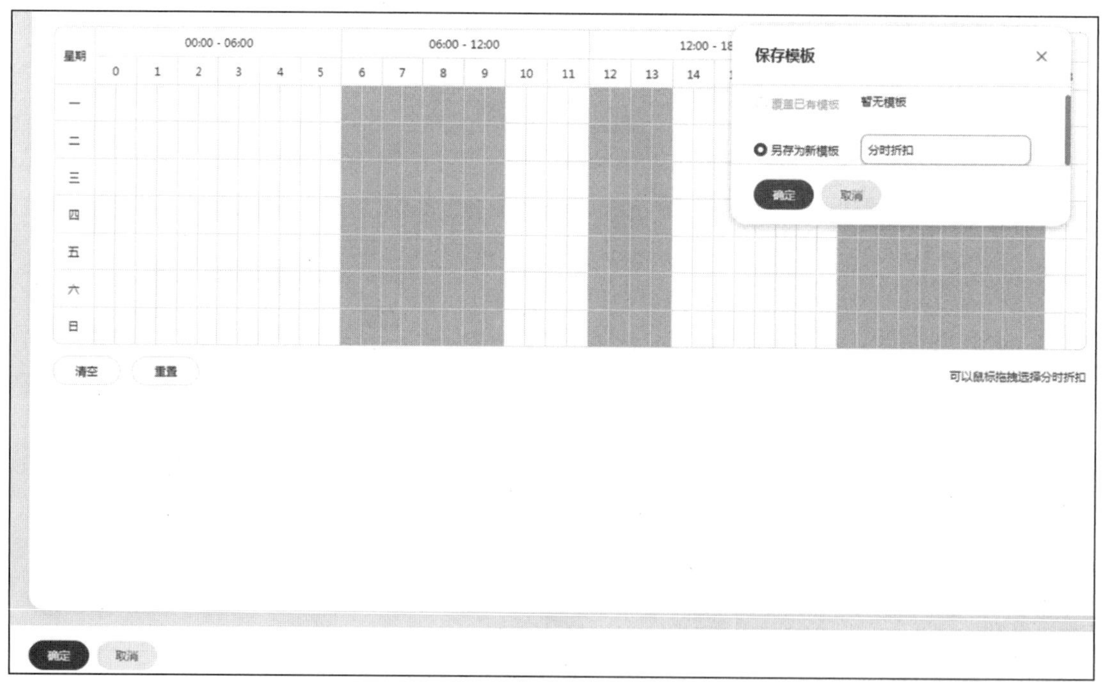

图 3-12　设置分时折扣新模板

（11）设置计划名称。在“高级设置”栏下方的“计划名称”栏中，设置“计划名称”为“流量获取 01”（表示第一个流量获取计划），如图 3-13 所示。

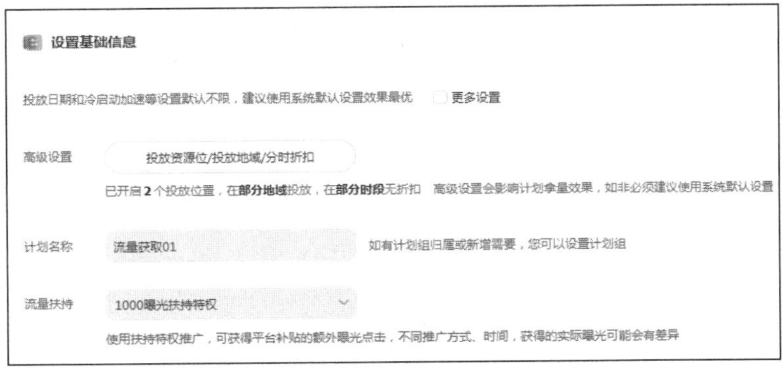

图 3–13 设置计划名称

（12）设置创意。默认开启“智能创意”，单击创建完成按钮完成计划创建，如图 3-14 所示。

图 3–14 设置创意并完成计划创建

任务演练 2：使用抖音推广工具引流

【任务目标】

使用品牌发布的宣传短视频作为投放内容，使用抖音 App 的 DOU+推广工具为品牌的抖音账号引流。

【任务要求】

本次任务的具体要求如表 3-3 所示。

表 3–3 任务要求

任务编号	任务名称	任务指导
（1）	选择短视频	选择宣传短视频作为加热对象
（2）	设置 DOU+	根据目标用户信息对 DOU+进行详细设置

【操作过程】

（1）选择短视频。登录抖音 App，进入个人主页，在“作品”栏中选择已发布的宣传短视频，打开短视频播放界面，点击按钮，在打开的面板中选择“上热门”选项，打开“DOU+上热门”界面。

（2）选择视频和目标项。在“我想加热的视频”栏中点击宣传短视频；在“我想要”栏中选择“快速涨粉”选项，如图 3-15 所示。

图 3-15 选择视频和目标项

（3）设置自定义项。在“我想选择的套餐是”栏中点击“切换至自定义”超链接，打开“我的推广设置是”栏，默认设置投放时长，根据目标用户信息设置投放人群、投放地域（点击“更多功能”，在打开的面板中可设置）；设置“投放金额”为“¥500”，如图 3-16 所示。

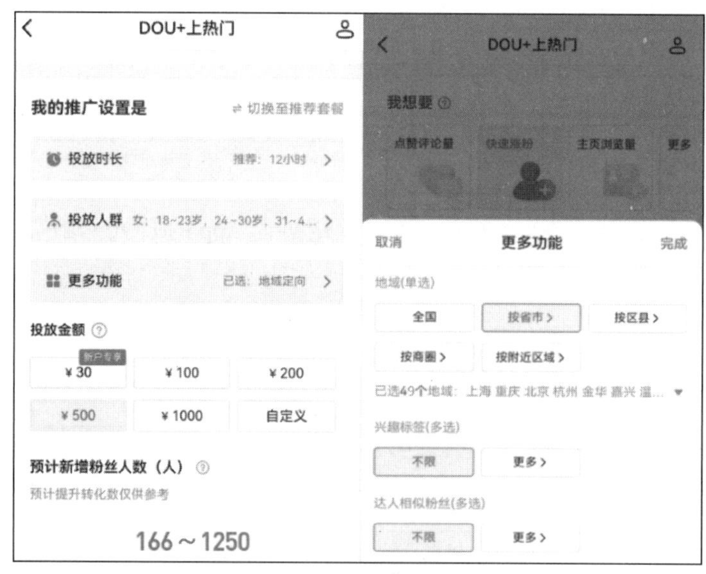

图 3-16 设置自定义项

任务演练 3：使用百度推广工具引流

【任务目标】

使用百度营销推广品牌，将用户引流到淘宝网店，以便转化流量。

【任务要求】

本次任务的具体要求如表 3-4 所示。

表 3-4　　任务要求

任务编号	任务名称	任务指导
（1）	设置账户信息	设置账户推广地域、预算等
（2）	新建推广计划	设置营销目标、单元、创意等

【操作过程】

小赵先为雅韵清莲开通百度营销账户，并设置好账户名称、密码等信息，待审核通过后在账户中存入推广资金 500 元，然后开始使用推广工具，具体操作如下。

（1）新建计划。登录百度营销账户，进入“百度营销-搜索推广”页面，选择左侧列表中的“计划”选项，在打开的面板中单击新建按钮。

（2）选择营销目标。打开“新建推广计划”页面，在“营销目标”栏中选择“电商店铺”选项，如图 3-17 所示。

（3）进行推广设置。在“推广设置”栏中设置“交易所在平台”为“淘宝（含天猫）”，推广业务为“选择一个推广业务”/“其他推广业务”/“箱包服饰>服装鞋帽>服装>女装”，如图 3-18 所示。单击页面底部的确定按钮。

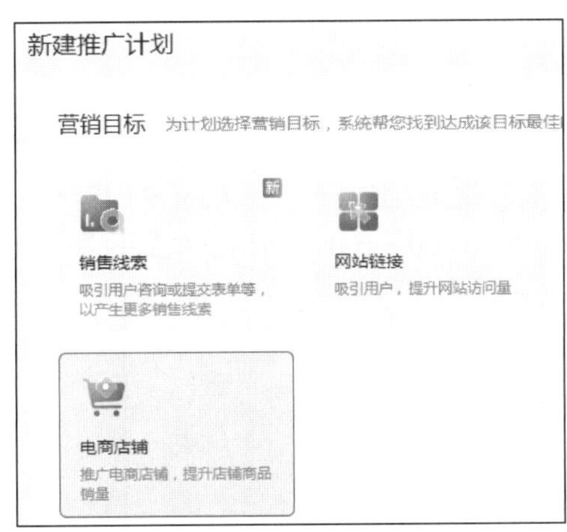

图 3-17　选择营销目标

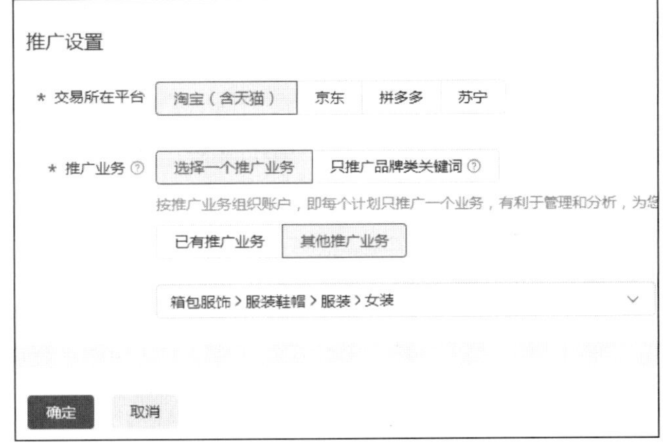

图 3-18　进行推广设置

（4）设置出价和预算。打开“计划设置”面板，设置“出价方式”为“点击”、“出价”为“0.5 元/点击”（表示用户每点击一次该广告，就会在账户中扣除 0.5 元），设置“预算”为“自定义”、“日预算”为“100 元”，如图 3-19 所示。

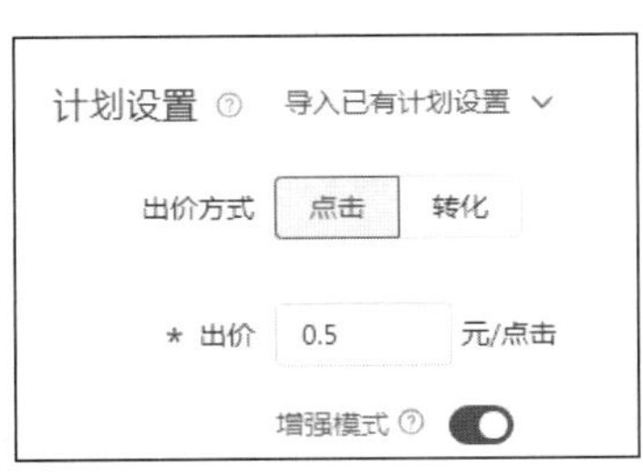

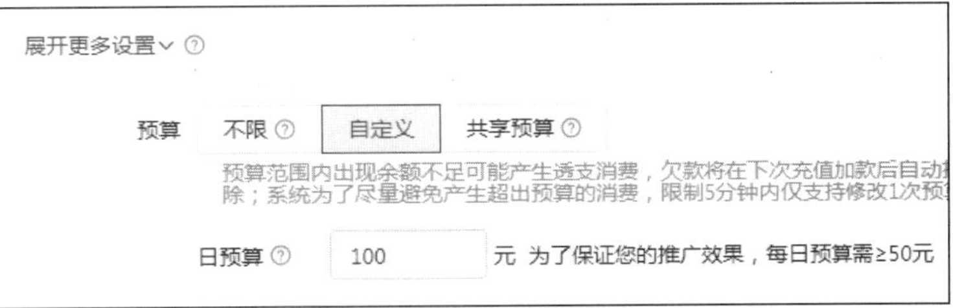

图 3-19　设置出价和预算

（5）设置推广地域。设置“推广地域”为“自定义计划地域”/“按发展划分”/“一线城市、新一线城市、二线城市”、默认选中“该地区内或搜索意图在该地区的所有用户”单选项，如图 3-20 所示。

图 3–20　设置推广地域

（6）设置推广时段。在“推广时段”栏中，单击 自定义 按钮，拖曳鼠标选择推广时段为“6:00—9:00”，在打开的对话框中设置“出价系数”为“1.4”，如图 3-21 所示，使用相同的方法为“12:00—13:00”“18:00—22:00”两个时间段设置相同的出价系数，设置“00:00—5:00”的出价系数为“0.5”。

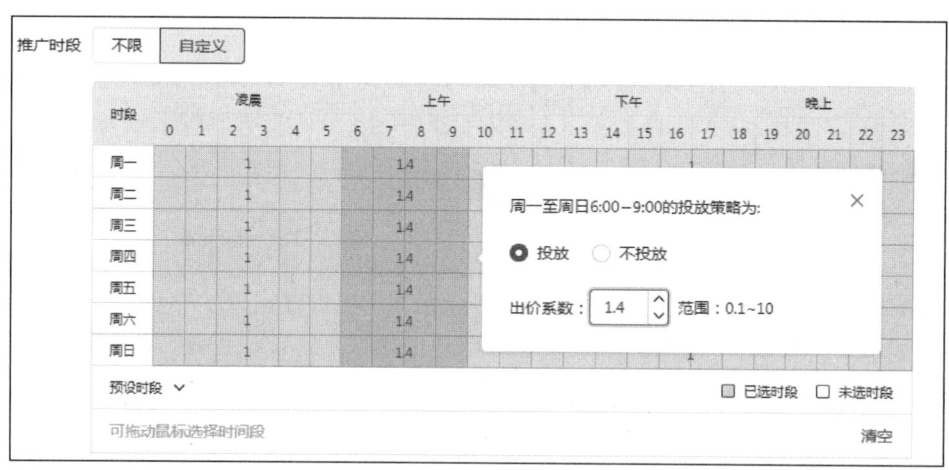

图 3–21　设置推广时段

提示

出价即购买关键词的价格，百度会按照出价高低来决定广告在百度中的展示位置。调整关键词出价所使用的系数即出价系数，该系数是一个相对值，通常以 1 为基准，大于 1 表示愿意投入更多的资金，小于 1 表示不愿意投入过多的资金。

（7）设置定向人群。在“人群”栏中，单击定向人群按钮，在搜索栏中输入“新中式”，单击按钮搜索目标用户，在搜索结果中单击“新建”超链接。打开“新建定向人群”页面，设置人群类型的基本属性为女、18～34 岁，“人群名称”为“目标用户”，如图 3-22 所示，单击保存并关闭按钮。手动返回“计划设置”面板所在的页面，重新搜索“目标用户”，在搜索结果中勾选“目标用户”对应的复选框，设置“出价系数”为“1.4”，设置“计划名称”为“流量获取 01”，单击保存并新建单元按钮，如图 3-23 所示。

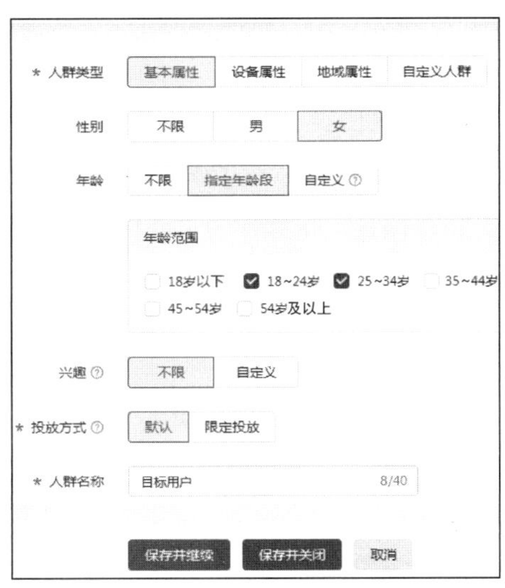

图 3–22　新建定向人群

图 3–23　选择定向人群

（8）单元设置。在“计算机最终访问网址”文本框中输入计算机中品牌网店的网址，在“移动最终访问网址”文本框中输入移动端品牌网店的网址，根据建议出价设置点击出价，如图 3-24 所示。

（9）定向设置。启用自动定向，在“设置关键词”文本框中添加与品牌或产品相关联的关键词，如“雅韵清莲、新中式、国风、女装、品质女装”等，按【Enter】键确认输入，然后设置单元名称为“电商平台引流”，单击保存按钮，如图 3-25 所示。

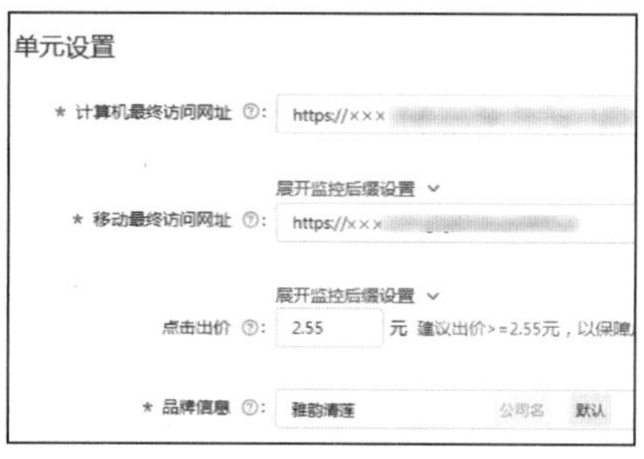

图 3-24 单元设置

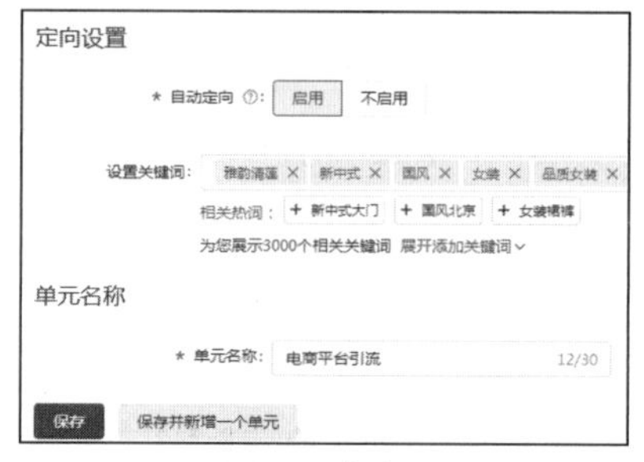

图 3-25 定向设置

（10）新建创意。在打开的页面中单击下一步新建创意按钮，在打开的页面中设置创意。在“创意文案”面板中，输入创意标题、创意描述，如图 3-26 所示。

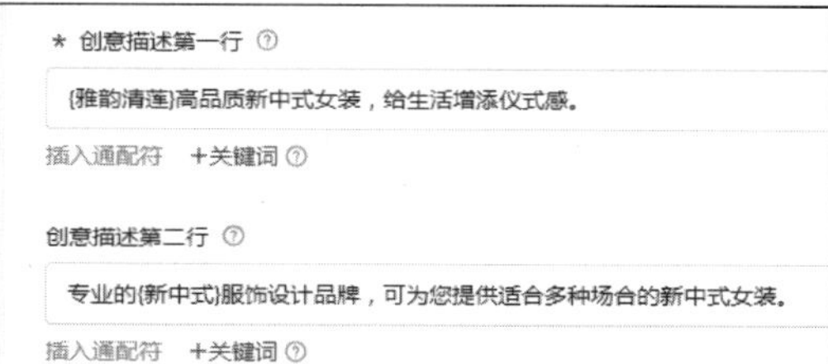

图 3-26 新建创意

（11）落地页配置。输入计算机最终访问网址、移动最终访问网址，默认自动生成应用调起网址，如图 3-27 所示。

（12）添加创意素材。单击添加图片按钮，在打开的对话框中上传图片，单击“图片主题”超链接，在打开的面板中填写图片主题，确认后图片主题将显示在图片下方；单击“查看预览”超链接预览广告效果，单击保存当前创意按钮保存创意，如图 3-28 所示。待审核通过后便可投放。

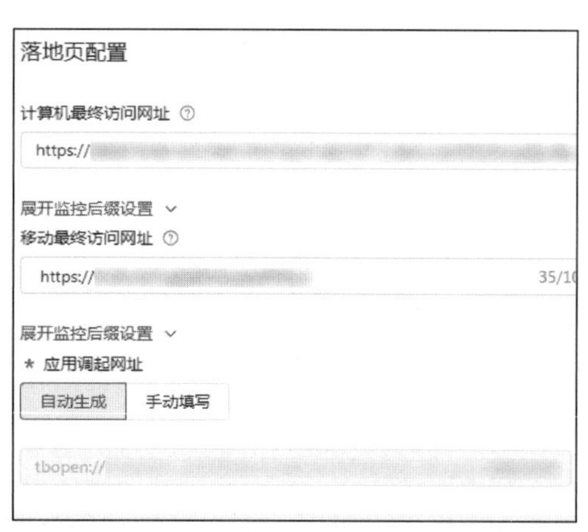

图 3-27 落地页配置

图 3-28 添加创意素材

提示

在百度营销中，创意是指广告的具体内容和展现形式，如创意文案的具体内容、选择的是图片还是视频等展现形式。

技能练习

使用 AI 视频制作工具制作创意素材。

任务二 公域流量运营

任务描述

小赵引流到淘宝和抖音的都是公域流量，接下来，他需要转化这些公域流量，或者直接实现变现，以发挥流量的最大价值（见表 3-5）。

表 3–5 任务单

任务名称	公域流量运营	
任务背景	雅韵清莲的淘宝网店主要用于销售产品，其抖音账号主要用于开展短视频、直播营销和电商运营，小赵将根据两个渠道的情况确定具体的公域流量转化路径和变现方式	
任务阶段	□流量获取 ■公域流量运营 □私域流量运营	
工作任务		
任务内容		任务说明
任务演练：确定线上公域流量转化路径和变现方式		先分析两个渠道的情况，然后确定具体的转化路径和变现方式
任务总结：		

知识准备

一、公域流量转化

随着流量获取成本的增长，直接将公域流量变现的难度也在增加，越来越多的企业/品牌开始深入挖掘老用户的价值，选择通过“公域流量→私域流量”这一转化路径实现公域流量的转化，为公域流量的长期变现做准备公域流量转化路径具体如图 3-29 所示。

公域流量的转化需要重构“人货场”。“人货场”是零售行业中经常使用的概念，在公域流量中，“人”泛指所有用户；“货”指企业/品牌提供的产品或服务；“场”是一个开放性的空间，任何平台都可以称为一个场。在公域流量转化过程中，这 3 个元素中的某些方面将会发生变化。

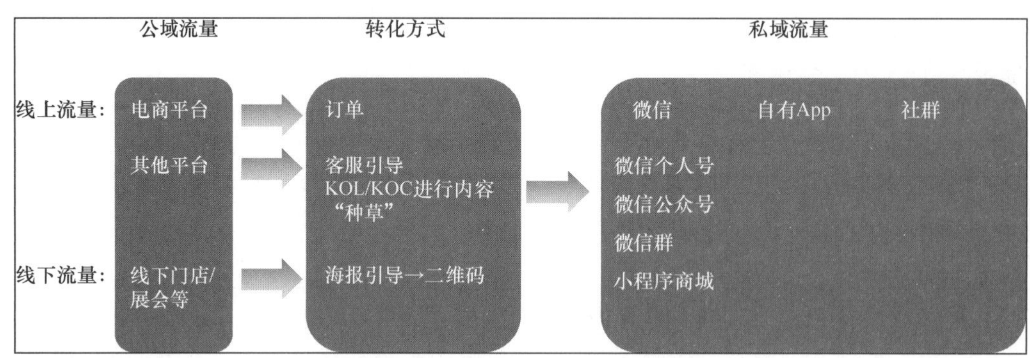

图 3-29　公域流量转化路径

（一）线上流量转化

线上流量是通过线上渠道引入的流量。将线上公域流量导入私域流量池（即承接私域流量的渠道，典型的私域流量池有微信、自有 App、社群等），有助于与用户建立长期稳定的关系，使流量持续发挥价值。

1. 导流至私域的核心逻辑

将公域流量导流到私域流量池，首先要明确实现这一过程的核心逻辑，即用户认为企业/品牌提供的内容或产品有价值→用户想要获取该内容或产品→用户联系企业/品牌。因此，在导流时，需要解决以下 3 方面的问题。

（1）价值提供。找到能够满足用户需求或解决用户痛点的内容或产品，如知识干货、优惠信息、实物奖品等。

（2）需求引导。用户在观看企业/品牌提供的内容或使用产品后，可能不会受需求驱使而立即采取联系行动。此时，企业/品牌就需要通过文案强调这一内容或产品的价值，以及该内容或产品可以解决的问题，引发甚至放大用户的需求，引导用户立即采取行动。

（3）触点准备。这里的触点指用户可以联系企业/品牌获取内容或产品的渠道。为方便用户获取内容或产品，企业/品牌需要提前准备好触点，常见的触点有个人主页、评论区等，其导流方式分别如图 3-30（提供粉丝团信息）、图 3-31（提供粉丝群信息）所示。

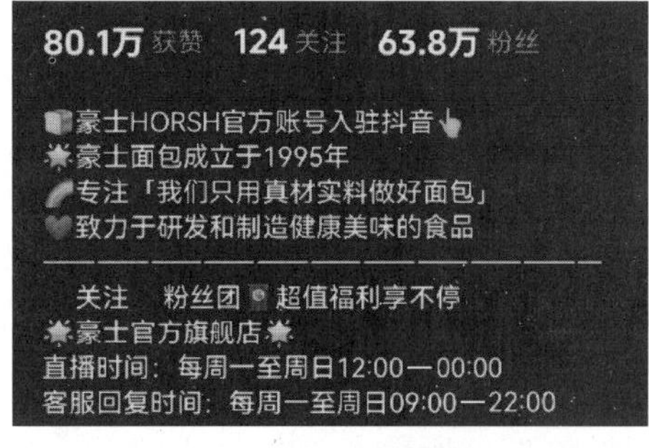

图 3-30　个人主页导流

图 3-31　评论区导流

2. 转化路径

根据平台属性的不同，线上流量的转化路径也有所区别。

（1）电商平台的流量转化路径

淘宝、京东、拼多多等电商平台的流量转化路径主要有以下两种。

① 电商平台→在包裹中放置宣传单或卡片→提示添加微信（企业微信或微信个人号）→持续发布产品或活动信息引导复购。

② 电商平台→直播引导进入淘宝粉丝群/微信群→持续发布产品或活动信息引导复购。

（2）社交媒体平台的流量转化路径

微博、微信等社交媒体平台的流量转化路径主要有以下 3 种。

① 微博→提示关注账号→发布产品信息并提供产品购买方式。

② 微信公众号→提示添加微信（企业微信或微信个人号）→企业微信营销/微信朋友圈营销。

③ 微信公众号→引导进入微信群（通过群二维码、微信公众号菜单等）/引导点击小程序。

（3）短视频平台的流量转化路径

抖音、快手、视频号等短视频平台的流量转化路径主要有以下 3 种。

① 短视频平台→提示添加微信（企业微信或微信个人号）→持续发布产品或活动信息引导购买。

② 短视频平台→提示添加微信（企业微信或微信个人号）→持续发布产品或活动信息引导购买→反哺自有平台（如官网、自有 App）或其他平台。

③ 短视频平台→注册登记→内部流量分发→微信号个人号引导加入社群→社群转化。

（4）新闻资讯平台的流量转化路径

今日头条、腾讯新闻、网易新闻等新闻资讯平台的主要流量转化路径为：新闻资讯平台→在内容中穿插品牌名称/图片中带微信账号水印/评论区留微信账号→引导添加微信。

（5）直播平台的流量转化路径

直播平台的主要流量转化路径为：直播内容导流（引导添加微信、评论区互动、直播视频二维码展示）→进入微信→引导复购。

（6）音频平台的流量转化路径

音频平台的主要流量转化路径为：音频平台→提示添加微信（企业微信或微信个人号）。

素养小课堂

运营人员在使用各种手段引导用户添加微信时，应当持真诚的态度，不应采取欺骗的行为，也不能强迫用户。

（二）线下流量转化

企业/品牌通过线下门店、活动等线下渠道，可以直接与目标用户接触，因此可以获得较为精准的线下流量。线下流量的转化通常是将线下公域流量引导至线上私域流量池，实现线上线下的有机结合。线下流量的转化路径主要有以下 6 种。

（1）线下购买→扫码支付→付款后推送微信二维码→关注送优惠→微信运营。

（2）线下购买→扫码进入小程序→小程序下单。

（3）线下购买→扫码添加企业微信/微信个人号→扫描企业微信/微信个人号提供的小程序→小程序下单→企业微信/微信个人号运营。

（4）线下购买→扫码进入微信群→进群领福利→通过图片/文字等链接进入小程序→小程序下单。

（5）线下地推→送福利引导关注→扫码关注企业微信/微信个人号→企业微信/微信个人号运营。

（6）线下会议/活动→扫码关注企业微信/微信个人号→引导进入微信群→社群运营。

> **提示**
>
> 在公域流量转化为私域流量的过程中，通常是多个私域渠道共同运作的，如小程序+企业微信+社群。

二、公域流量变现

流量转化可以为品牌带来深厚的用户基础，但公域流量不仅要能带来用户，还要能够变现，为品牌带来经济效益，从而维持品牌的持续运营。根据是否实现转化，公域流量主要有两种变现方式，如图 3-32 所示。

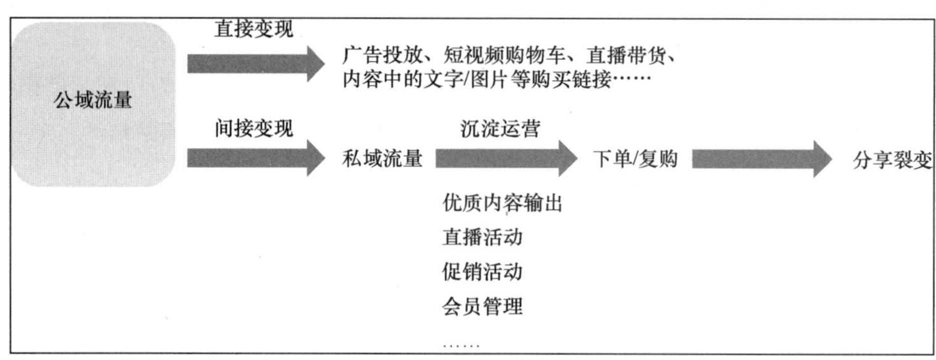

图 3-32　公域流量变现

任务实施

任务演练：确定线上公域流量转化路径和变现方式

【任务目标】

根据品牌的淘宝网店和抖音账号用途的不同，确定淘宝网店、抖音账号中的公域流量转化为私域流量的路径和变现方式。

【任务要求】

本次任务的具体要求如表 3-6 所示。

表 3-6　　任务要求

任务编号	任务名称	任务指导
（1）	确定淘宝网店流量的转化路径和变现方式	分析淘宝网店的用途以及流量转化的便捷性，确定流量转化路径和变现方式
（2）	确定抖音账号流量的转化路径和变现方式	分析抖音账号的用途以及流量转化的便捷性，确定流量转化路径和变现方式

【操作过程】

（1）确定淘宝网店流量的转化路径和变现方式。淘宝网店主要用于销售产品，其流量可以直接通过产品变现，具体方式有产品发布、直播带货等。但是，这些变现方式不利于储蓄流量，如果要将对品牌或产品感兴趣的留存用户转化为私域流量，需要借助其他渠道，如微信。在这种情况下可以借鉴电商平台的流量转化路径，设计以下流量转化路径。

① 雅韵清莲淘宝网店→在包裹中放置品牌及产品宣传单或卡片→在宣传单或卡片上通过福利引导用户扫描企业微信二维码→企业微信向用户发送进入微信群领取福利的消息和进群方式→企业微信发布促销活动引导复购+微信群持续发布产品或活动信息引导复购。

② 雅韵清莲淘宝网店→在带货直播中强调进入微信群可享受优惠、获取直播信息→用户搜索雅韵清莲微信公众号→通过微信公众号消息/菜单栏引导用户进入微信群。

（2）确定抖音账号流量的转化路径和变现方式。抖音账号主要用于短视频、直播营销，粉丝数量影响着营销效果，且抖音账号本身可以作为流量储蓄媒介，可以将引流来的用户转化为关注账号的粉丝。为留存粉丝、方便后续运营工作的开展，也可以将粉丝引流到微信。短视频、直播营销不仅可以用于流量转化，也可以用于流量变现。由此，雅韵清莲的流量转化路径和变现方式如下所示。

流量转化路径：

① 利用抖音 DOU+推广短视频→在评论区提醒关注抖音账号；

② 抖音直播营销→直播中主播提醒关注抖音账号；

③ 提供包含高价值内容的抖音短视频→在评论区告知加入微信群可获得的福利和进群入口。

流量变现方式：

① 雅韵清莲抖音小店直接销售产品；

② 发布推广产品的短视频，提供产品购买链接（如购物车），引导用户进入雅韵清莲抖音小店产品详情页；

③ 直播销售产品。

任务三　私域流量运营

任务描述

小赵在顺利地将公域流量引入私域渠道后，紧接着制订私域流量运营计划，合理安排各私域渠道的大致运营操作，以持续激活用户、增强用户黏性（见表 3-7）。

表 3-7　　任务单

任务名称	私域流量运营
任务背景	在私域流量运营中，抖音账号、企业微信、微信公众号、微信群不仅用于承接雅韵清莲的私域流量，而且承担着塑造品牌形象的重任，因此需要明确这 4 个私域渠道各自的职能分工、内容规划、营销转化策略，以确保管理有序、效率倍增。由于抖音账号早已有明确的定位，小赵只需做好企业微信、微信公众号、微信群的运营
任务阶段	□流量获取　□公域流量运营　■私域流量运营
工作任务	
任务内容	任务说明
任务演练：制订私域流量运营计划	合理安排企业微信、微信公众号、微信群的工作内容，形成私域运营矩阵

任务总结：

知识准备

一、私域流量运营的本质和底层逻辑

在公域流量转化为私域流量的过程中，企业/品牌与用户的关系得到不断强化，在此过程中，企业/品牌需要做好用户关系管理，建立长期稳定、可信任的用户关系。从这一角度来说，私域流量运营实际上是用户关系经营。为有效经营用户关系，企业/品牌需要做好精细化的用户运营，力求以更低的成本实现用户资源的高效触达与广泛覆盖，进而推动多层次、深层次的转化与增长，这是私域流量运营的底层逻辑。用户运营的相关内容会在项目五中详细阐述，这里不展开介绍。

二、私域流量运营的关键环节

在私域流量中，“人货场”概念中的“人”“场”相较于公域流量中的“人”“场”有着显著区别。私域流量中，“人”大多是对企业/品牌有一定的兴趣或认可度的用户，有的用户甚至已经做出过购买行为；“场”是一个相对封闭的空间（如微信群，只有加入该微信群的人才可以在群内交流分享），用于培养企业/品牌和用户的亲密关系。企业/品牌如果想长期与“场”中的“人”建立良好关系，就需要掌握私域流量运营的关键环节。

（一）引流和裂变

私域流量运营不能只依靠原有的流量，还需要持续引入新的流量。在引流的过程中，可以借助原有的流量，通过邀请有礼、分享有礼等方式引导原有用户做出分享微信群、分享品牌自有 App 等行为，实现流量的“一变十、十变百”。

（二）内容运营

价值是用户愿意维持关系的动力，而内容是传递价值的载体。私域流量运营要求企业/品牌持续输出高质量的内容，为用户提供价值，包括通过提供专业知识带来的专业价值、通过引起精神共鸣带来的情感价值等。

（三）营销转化

营销转化是在流量变现前的重要工作，主要涉及3个方面。

1. 产品/服务

企业/品牌应选择与用户需求、消费能力和偏好相匹配的高质量产品，并做好用户服务（如以良好态度对待用户、及时回复用户咨询/解答用户疑问等），打造良好的口碑。

2. 运营策略

私域流量运营中，常见的运营策略有：通过会员制度和积分系统（如下单金额中的1元对应1积分）搭建会员体系，利用会员权益激励用户下单或兑换服务；开展差异化、个性化营销，为不同类型的用户提供不同的产品或服务。

3. 营销手段

企业/品牌应借助拼团、直降、免费试用、满减、满赠等优惠活动刺激用户下单，并通过小程序、社群、企业微信等向用户推送优惠活动的信息，方便用户参与活动。

提示

提升私域流量的质量，可以有效提高私域流量的营销转化效率，这需要运营人员持续提供优质内容，并综合多种营销策略和手段，通过多渠道激活用户，与他们形成长久的互动关系，甚至鼓励他们参与品牌建设。

知识拓展

流量有公域和私域之分，但这并不意味着二者是相互对立的。在数字化时代，企业/品牌不仅需要从公域中获取流量进行私有化运营，很多时候也需要将私域中的流量引导到公域中以重复激活用户，甚至需要整合线上、线下流量，开展全域运营。全域运营是当前的一大趋势，是企业/品牌借助数字化手段，以用户为中心，整合线上线下场景、整合公域和私域触点而开展的一体化运营。全域运营能够充分发挥公域和私域的优势，实现公域的精准化运营和私域的精细化运营，也能够打破线上和线下的壁垒，实现流量互通。

任务实施

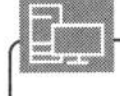

任务演练：制订私域流量运营计划

【任务目标】

根据企业微信、微信公众号、微信群的特点，做好职能分工、内容规划和营销转化。

【任务要求】

本次任务的具体要求如表 3-8 所示。

表 3–8　任务要求

任务编号	任务名称	任务指导
（1）	职能分工	明确企业微信、微信公众号、微信群的定位和用途
（2）	内容规划	明确企业微信、微信公众号、微信群主要输出的内容
（3）	营销转化	明确企业微信、微信公众号、微信群的营销转化方式

【操作过程】

（1）职能分工。企业微信是企业的专业办公管理工具，侧重于建立与维护品牌与用户之间的一对一深入连接。因此，企业微信的职能在于深化用户关系，促进用户转化与复购。微信公众号作为品牌内容营销的重要平台，承担着构建品牌形象、传播品牌价值和导流的重任，其职能可确定为粉丝沉淀、品牌宣传、各平台导流。微信群作为运营私域流量的核心社群，是用户交流、分享与反馈的聚集地，其职能在于活动预告、用户交流及售后服务。

（2）内容规划。根据企业微信的职能，明确其内容应侧重于用户服务、产品咨询及个性化推荐。根据微信公众号的职能，明确其内容应兼具深度与广度，既展现品牌的专业性，又贴近用户的生活场景，如品牌故事、服装设计与工艺解析、穿搭指南、生活美学、优惠活动、用户故事等。根据微信群的职能，明确其内容应更加注重互动性与参与感，如预告品牌官方活动、组织微信群内的话题讨论和主题活动等，激发用户的参与热情，营造良好的社群氛围。

（3）营销转化。企业微信可以实现与用户的一对一交流，也可以开展朋友圈营销或将用户引流到微信群，因此，其营销转化方式包括一对一产品推荐、朋友圈营销、微信群营销等。微信公众号可以利用推文、菜单栏等推荐产品、服务、活动等，因此，其营销转化方式可以是在推文中内嵌产品购买链接、在推文末尾提供其他平台的入口等，或在菜单栏中设置会员积分商城（小程序）、官方商城（小程序）、活动速递菜单等。微信群通过与成员的沟通实现营销转化，因此，其营销转化方式可以是优惠活动分享、带货直播预告、产品推荐等。

综合实训

实训一　投放食品品牌广告获取流量

实训目的：掌握流量的来源、类别，能够制订流量投放方案，并使用推广工具获取流量。

实训要求：使用抖音 DOU+加热食品品牌食乐的直播间，以提高直播间人气，推广预算为 500 元；使用百度营销为食乐官方网站引流，推广人群、地域、时段不限，每日预算为 100 元，关键词为“食乐、健康零食、休闲食品、便携食品”，创意文案中须包含品牌名称，使用 AI 制图工具制作创意素材图片。

实训思路：在 DOU+设置界面按照顺序依次设置各项目；先在百度营销中设置营销目标为“网站链接”，然后按照顺序依次设置各项目。

实训结果：本次实训完成后的部分参考效果如图 3-33 所示。

图 3-33　部分参考效果

实训二　做好食品品牌流量转化

实训目的：通过练习为食品品牌食乐设计公域流量转化路径，提升公域流量运营能力。

实训要求：食品品牌食乐不仅在抖音推广直播间、在百度推广官方网店，还在线下门店开展活动推广品牌，现需要将各渠道的公域流量转化为私域流量。

实训思路：先明确可以承接来自抖音、官方网站、线下门店公域流量的私域渠道，然后确定各渠道具体的流量转化路径。

实训结果：本次实训完成后的参考效果如图 3-34 所示。

私域渠道：抖音粉丝群、企业微信、利用企业微信创建的微信群
抖音转化路径：
抖音直播营销→直播中主播提醒关注抖音账号/直播账号简介提示加入抖音粉丝群
官方网站转化路径：
官方网站→添加客服→客服引导添加企业微信→企业微信引导加入微信群
线下门店转化路径：
线下门店→印有微信群二维码的海报→引导用户扫描二维码进群领福利→在线下门店使用福利

图 3-34　参考效果

巩固提高

1. 流量的来源有哪些？
2. 流量的类别有哪些？
3. 制定流量投放策略的步骤有哪些？
4. 什么是全域运营？
5. 按照平台属性的不同，线上流量的转化路径主要有哪些？
6. 公域流量的变现方式有哪些？
7. 私域流量运营的本质是什么？需要注意哪些关键环节？

8. 某箱包品牌需要为淘宝网店引进更多流量，请使用万相台的人群推广功能推广该淘宝网店。要求场景投放为“人群推广”、营销目标为“店铺人群运营”、优化方向为“提升兴趣新客数量”、选品方式为“智能选品”、优选集合为“全店宝贝”、投放周期为“7 天”，周期预算为“1000 元”、出价方式为“最大化拿量”，投放的基础属性人群为 18～34 岁，一、二、三线城市，女性用户。

项目四

内容运营

学习目标

【知识目标】

1. 掌握搜集创意素材的方法，能够熟练运用各种创意思维策划内容创意营销方案。
2. 掌握内容创作的流程，能够创作一篇符合规范的文案。
3. 掌握内容营销变现的方法，能够做好内容和评论的维护。

【技能目标】

1. 具备较强的创新能力，能够策划出新颖的内容创意营销方案。
2. 具备较强的内容创作能力，能够独立完成文案的创作。
3. 具备较强的营销能力，能够通过合理渠道放大内容的商业价值。

【素养目标】

在新时代的背景下，内容运营面对新形势、新变化、新机遇，既要守正，又要创新，运营人员需要不断激发新灵感，与时俱进，创作出更多更优秀的内容。

项目导读

内容运营是指利用各平台，将品牌或产品相关的内容呈现在用户面前，并激发用户参与、分享、传播的运营过程。在全媒体运营中，内容运营扮演着重要的角色。通过内容运营，企业/品牌不仅可以增强用户黏性、促进销售转化，还可以塑造品牌形象。因此，全媒体运营必须高度重视内容的质量和创新性，以优质内容打动用户。近期，雅韵清莲各平台的用户活跃度明显下降，连带产品销量下跌。老李通过调查，发现问题的根源在于内容的吸引力不足，难以调动用户的互动兴趣。为解决这一问题，老李决定重新策划有新意的内容，并指派小赵负责创意策划工作，给出新的内容创意营销方案，并根据内容创意营销方案发布新内容来提升用户活跃度。

任务一　创意策划

微课视频
创意策划

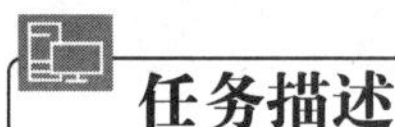

任务描述

小赵查看雅韵清莲发布的内容和用户的评论后，发现雅韵清莲发布的内容没有切中用户需求。找到问题症结后，小赵围绕“雅韵清莲与用户需求”展开联想，寻找创意，并形成初步的内容创意营销方案，为后续内容的创作提供依据（见表 4-1）。

表 4–1　　任务单

任务名称	策划内容创意营销方案
任务背景	雅韵清莲发布的内容多围绕品牌和产品展开，讲述许多与品牌和产品相关的故事，但是却很少讲到用户与品牌、用户与产品背后的故事，缺少人情味，无法让用户产生共鸣。并且这些内容多以文字为主，图片较少，不足以满足当下用户对“文字+图片”、图片、短视频等多样化内容的需求
任务阶段	■创意策划　□内容创作　□内容营销
工作任务	
任务内容	任务说明
任务演练：策划新中式女装品牌的内容创意营销方案	【营销目标】提高用户活跃度 【内容创意】故事征集、故事盲盒

任务总结：

知识准备

一、搜集创意素材

素材是指从生活、工作中搜集的分散的原始材料，简而言之，凡是能引发思考的所见所闻都可以视作素材。素材是创意的来源，也是内容创作的基础。素材越丰富，就越有利于激发创意。

（一）素材的类型

素材的类型丰富，不同类型的素材有不同的特点和功能。按照表现形式不同，素材可以分为以下 4 种类型。

1. 文字类素材

文字类素材指创作内容时可供利用的各种文本，如产品属性信息、竞争对手的营销文案、产品相关的销售话术、广告内容等。文字类素材的内容广泛、题材不限，而且搜集、保存和使用非常方便。图 4-1 所示为搜集到的部分品牌的儿童节营销文案。

2. 图片类素材

图片类素材指企业/品牌自行拍摄或设计的图片（图 4-2 所示为某品牌的产品宣传海报），以及来源于网络、书籍、影视作品后期制成的截图、拼图等。图片类素材以其丰富的色彩、形状、纹理等视觉元素，激发人们对美的感知和追求，使人产生联想和想象，从而催生出独特的创意和灵感。

冷酸灵：
心怀童真，
用味蕾去探索世界
美团：
元气，就是孩子气
百草味：
"吃心"不改
就是小孩

图 4–1　部分品牌的儿童节营销文案

图 4–2　产品宣传海报

3. 音频类素材

音频既可以烘托气氛，又可以起到解释说明的作用，是比较常见的创意素材。音频类素材主要来自音乐或音频文件，一般作为背景音使用，可以通过网络下载或自己录制。

4. 视频类素材

视频集文字、图像和声音等元素于一体，可以直观地展示抽象的内容，易于理解。视频类素材多为截取自电影、电视剧、综艺和其他网络视频的片段，也可以自己拍摄。图 4-3 所示为某品牌利用自己拍摄的视频类素材创作的视频广告。

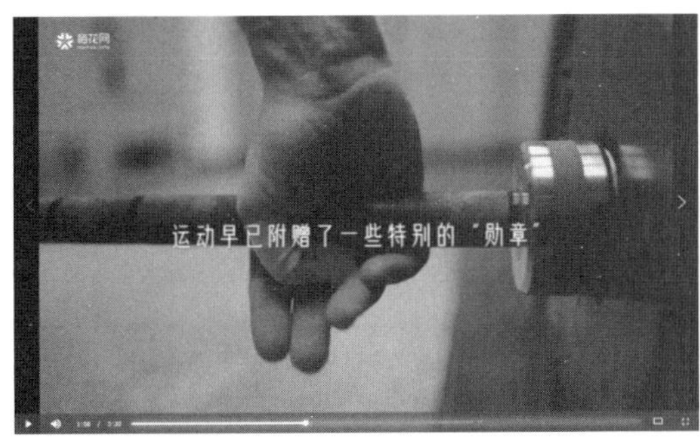

图 4–3　视频广告

（二）素材的获取

素材类型的多样也意味着素材来源的多样。运营人员只有了解素材的多种来源渠道，才能获取需要的素材。素材的来源渠道主要有以下两种。

（1）外部渠道：如报纸、杂志、书籍、门户网站、新媒体平台、广告牌、影视作品等。

（2）内部渠道：主要指运营人员自己拍摄、绘制（一般为原创作品）。

不管素材来源于哪种渠道，都具有一定的参考价值，运营人员可以通过复制与粘贴（文本或链接）、收藏、分享、下载、截图、拍照、录制视频等操作获取、保存。此外，运营人员还要善于利用各种现代信息技术和渠道查找信息，积累原始素材。

（三）建立素材库

搜集素材较为容易，但是如何科学、有效地整理素材，并在需要时快速调用素材比较困难。

因此，建立一个完善的素材库就显得尤为重要。素材库可以简单理解为容纳素材的“仓库”，运营人员需要在有限的时间内快速进行创意策划时，就可以从素材库中查找相关的素材，并根据运营需求进行组合和调整，从而有效提高工作效率。

1. 筛选素材

搜集的素材并不一定都适用于创意策划，因此，在建立素材库时，运营人员应根据运营需要，秉持有用、易用的原则，有选择性地筛选素材。若遇到目前不需要但很有价值的素材，要分析其是否有长久留存的价值、能否给自己带来灵感，从而做出取舍。

2. 归类整理素材

完成素材的筛选后，就需要分门别类地归纳整理素材。运营人员可以在计算机中建立一个专门的素材库文件夹，并按照类别建立子文件夹，将素材保存在对应的子文件夹中，如图 4-4 所示。

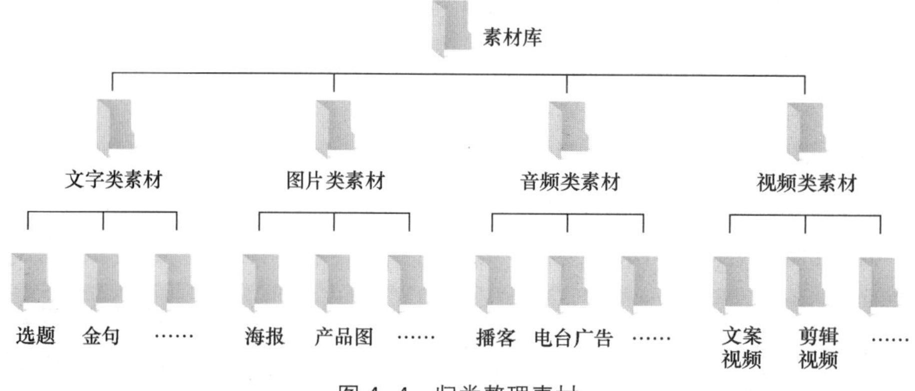

图 4-4　归类整理素材

二、运用创意思维

在策划时，运用一些创意思维有助于激发灵感，为内容策划、营销策划等提供新的思路。

（一）要点延伸法

要点延伸法是将描述主体的特点以单点排列，再针对单点进行延展的方法，如图 4-5 所示。该方法有助于理清观点脉络、丰富创意素材和细化内容。

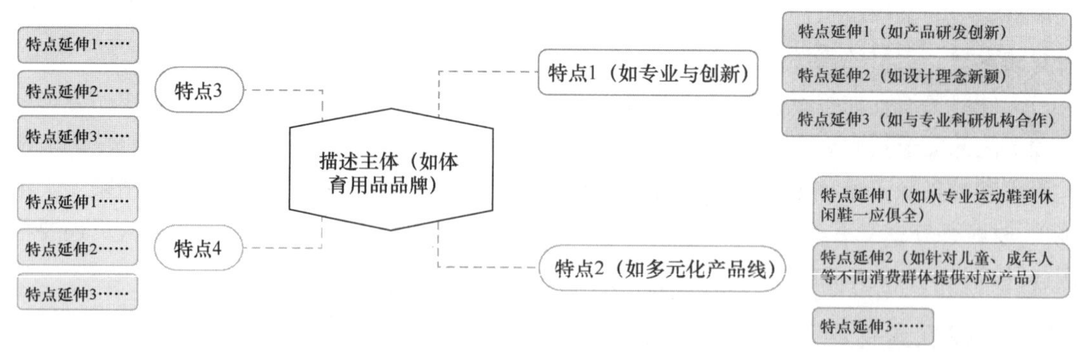

图 4-5　要点延伸法

（二）发散思维

发散思维亦称扩散思维、辐射思维，指从已有信息出发，不受已知或现存的方式、方法、规则和范畴的约束，尽可能向各个方向扩展思考，从而得出多种不同的设想或答案。例如，针对同一节日主题，不同品牌可以将其与自身产品联系起来，或者同一品牌能创作出多种符合主题的内容，这都是思维发散性的体现。

（三）聚合思维

聚合思维也称求同思维、辐合思维，指从已知信息中产生逻辑结论，从现有资料中寻求正确答案的一种有方向、有条理的思维方式。在创意策划中，运营人员可以在众多资料的基础上，把握问题的要点，从而找准产品的核心卖点或内容的中心思想等。

例如，在产地、品质、检测流程、包装、营养元素等众多优势中，特仑苏聚焦于品质这一点，提出“不是所有牛奶都叫特仑苏”的宣传语（蒙语中“特仑苏”有“优质牛奶”的意思），打造差异化的品牌形象。

（四）逆向思维

逆向思维即反其道而行之，从常规思维的对立面着手，打破原有规则，提出新的想法与创意。例如，在其他品牌开展促销活动时，某品牌打出主题为“别买我”的服装广告，鼓励用户维修旧物，成功树立起良好的品牌形象，使其“拒绝过度消费”的品牌理念深入人心，并与其他快时尚品牌形成差异。

（五）元素组合法

元素组合法的本质是通过不同元素的组合生成创意，这种组合可以是多方面的。例如，可将企业/品牌、产品或服务与经典传说/故事、艺术作品、节日、热点事件等相结合，从而产生意想不到的效果。例如，某乳品品牌在巴黎奥运会期间，借助奥运会宣传产品，将产品与奥运会、知名影视人物等结合起来，设计出一系列具有新意的宣传海报，让人在欣赏海报之余也对产品产生深刻印象。

> **提示**
>
> 在运用创意思维激发灵感的阶段，运营人员要尽可能运用多种思维方法激发更多创意，并记录下在此阶段生成的所有创意，以免有所疏漏。然后集思广益，不断修正创意，并分析比较创意，从中选择较为出色的创意。

三、策划内容创意营销方案

内容创意营销方案通常配合营销使用，围绕营销目标展示，是创意落地的具体实施方案，具有系统性和指导性等特点。内容创意营销方案的策划主要包括创意内容构思、内容形式选择等。

（一）创意内容构思

创意内容是内容创意营销方案的核心。在此阶段，运营人员需要重点思考 4 个方面的问题：

围绕创意生成哪方面的内容，创意怎么达成营销目标，创意可以为用户创造哪些利益点，以及可以采用哪些材料或证据支撑利益点。

（二）内容形式选择

在此阶段，运营人员需要充分分析目标用户的特点、需求和喜好等，选择符合目标用户特点、需求和喜好的内容形式，如图片、文字、音频、视频等形式。为吸引更多目标用户的注意，运营人员可以综合采用多种内容形式，丰富呈现形式，改善用户体验。

（三）内容发布和推广

在此阶段，运营人员需要解决两个方面的问题。一是选择内容传播渠道，这需要根据目标用户的使用习惯，灵活运用各种传播渠道，通过全渠道传播，提升内容的传播效果和影响力。二是决定推广内容的方式，如与用户互动、开展活动等。

（四）时间规划/媒体排期

在此阶段，运营人员需要规划好开展各项工作的具体时间，或各渠道宣传的具体时间，以便有条不紊地发布和推广内容。

任务演练：策划新中式女装品牌的内容创意营销方案

【任务目标】

根据目前内容存在的问题，先运用创意思维激发创作灵感，然后构思创意内容，最后生成可行的内容创意营销方案。

【任务要求】

本次任务的具体要求如表 4-2 所示。

表 4–2　任务要求

任务编号	任务名称	任务指导
（1）	创意激发	根据雅韵清莲当前内容存在的问题，运用聚合思维和发散思维生成创意
（2）	创意内容构思	按照创意内容的 4 个思考重点形成创意内容
（3）	内容形式选择	根据用户需求选择内容形式
（4）	内容发布和推广	选择用户使用频率高的平台作为传播渠道，并明确推广方式
（5）	时间规划/媒体排期	明确各项工作的大致开展时间
（6）	内容创意营销方案形成	完善方案细节，形成最终方案

【操作过程】

（1）创意激发。雅韵清莲内容问题的根源是没有切中用户需求，这些需求多样，主要包括物质需求和精神需求。此时需要运用聚合思维找到核心点，然后运用发散思维围绕该核心点展开创意思考，如表 4-3 所示。

表 4-3 创意激发

创意思维	创意思考
聚合思维	从雅韵清莲发布的具体内容来看，其中缺乏关于用户与品牌、用户与产品背后的故事，可将此作为突破口，以故事征集为初步创意
发散思维	思考具体征集哪方面的故事，如品牌/产品“安利”故事、用户购买产品的故事、用户穿着产品的故事等。对于品牌来说，不论是哪方面的故事，都是用户的反馈，都有利于拉近与用户的距离，因此可以不限故事类型

（2）创意内容构思。围绕创意内容的 4 个思考重点进行构思，确定创意内容，如表 4-4 所示。

表 4-4 创意内容构思

创意内容思考重点	思考详情
内容生成	内容应当是真实的用户故事
营销目标达成	营销目标是增强用户互动，提高用户活跃度。就故事征集而言，其本身就是一个互动性较强的活动，可以达成营销目标。但是，目标用户不会无故讲出自己的故事，这就需要一些趣味性措施或利益点来激起目标用户参与的积极性，如故事盲盒等
利益点	可以给用户一些福利，如不同的故事盲盒代表不同的福利，用户可通过观看直播、积分兑换等方式抽取故事盲盒，并获得相应的实物奖品或虚拟奖品
利益点支撑	可以将品牌的影响力作为支撑，如通过官方微博账号等官方渠道发布活动和福利信息

（3）内容形式选择。雅韵清莲以前的内容形式以文字为主，过于单一。此时结合用户偏好，可以采用文字、图片、短视频等相结合的形式，丰富内容表达。

（4）内容发布和推广。结合之前的调研结果，雅韵清莲的目标用户使用频率高的平台有微博、微信、抖音、小红书等。此时可在这些平台上发布内容，并开展故事征集活动、发布相关话题，借助活动和话题的影响力推广内容。

（5）时间规划。明确故事征集活动的实施细则，并规划好时间。

（6）内容创意营销方案形成。完善方案细节，形成最终的内容创意营销方案，如下所示。

营销目标：提高用户活跃度，增强用户互动

创意内容：

（1）故事征集：征集用户“安利”品牌/产品、购买产品、穿着产品的故事。

（2）故事盲盒的展示与获取：通过直播、促销、积分兑换等方式提供故事盲盒。

内容形式：文字、图片、短视频等相结合

内容发布：微博、微信、抖音、小红书等平台

内容推广：活动推广、话题推广

时间规划：

（1）活动预热：活动开始前 3 天在微博、微信、抖音、小红书等平台发起“故事雅集，倾听一万种声音”故事征集活动，用户可通过带话题#倾听一万种声音#参与活动，分享自己的趣味故事。

（2）活动开展：活动持续 10 天，在用户发布内容后积极回应，做好舆情管理。选取活动热度排名前 10 的故事作为灵感（需要标明灵感来源）制作故事盲盒，故事盲盒内的物品即为提供给用户的福利。用户购买产品、直播观看时长达到要求或使用积分兑换可抽取故事盲盒。

任务二　内容创作

微课视频

内容创作

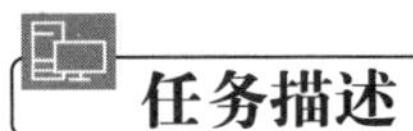

根据内容创意营销方案，小赵需要在多个平台发布活动相关信息。由于不同平台适合发布的内容类型不同，如有的平台适合发布精简的内容，有的平台适合发布篇幅长的内容，因此，小赵将创作不同类型的内容（见表 4-5）。

表 4-5　任务单

任务名称	内容创作
任务背景	为方便操作，小赵进一步明确活动和内容相关信息。其中，故事征集活动的预计开展时间是 2025 年 3 月 3 日—3 月 13 日，活动内容的形式统一为“文案+活动海报”，海报设计工具为创客贴，排版工具为 135 编辑器
任务阶段	□创意策划　■内容创作　□内容营销
工作任务	
任务内容	任务说明
任务演练 1：使用 AI 工具写作故事征集活动文案	设计包含活动信息的活动文案
任务演练 2：使用 AI 工具设计故事征集活动海报并排版图文	使用创客贴设计活动海报，使用 135 编辑器排版图文

任务总结：

一、明确内容创作规范

内容创作需要遵循一定的规范，以保障内容质量、内容风格和品牌调性统一，避免因内容违规引发的法律风险。常见的内容创作规范如下所示。

（一）符合品牌定位

内容是品牌宣传的重要载体，因此要确保内容风格、内容表现形式等符合品牌调性，能够体现品牌的特点，辅助建立有辨识度的品牌形象。例如，故宫文化官方旗舰店微信公众号的内容就具有古典气息，符合其品牌定位。

（二）满足用户需求

内容创作需要从用户的需求（如精神需求、物质需求）出发，挖掘用户的痛点，并将其转化为文字、图片、视频等不同形式的内容，引起用户的共鸣。例如，某美食博主通过短视频分享美食制作方法，满足用户的学习需求，受到许多用户的喜爱。

（三）遵守运营平台规则

内容最终需要发布到不同的运营平台，借助运营平台传递给用户。但是，运营平台对内容是有一定要求的，这就要求内容创作遵守运营平台规则，以免违规招致处罚。在各运营平台的规则中心或服务使用协议中可查看内容创作的相关规则，以抖音为例，在浏览器中搜索“抖音”，进入抖音官网首页，在左侧列表中选择“业务合作”/“关于我们”/“规则中心”，进入规则中心，选择“抖音社区自律公约”选项，在打开的页面中查看规则详情，图 4-6 所示为《抖音社区自律公约》中与内容创作相关的部分规则截图。

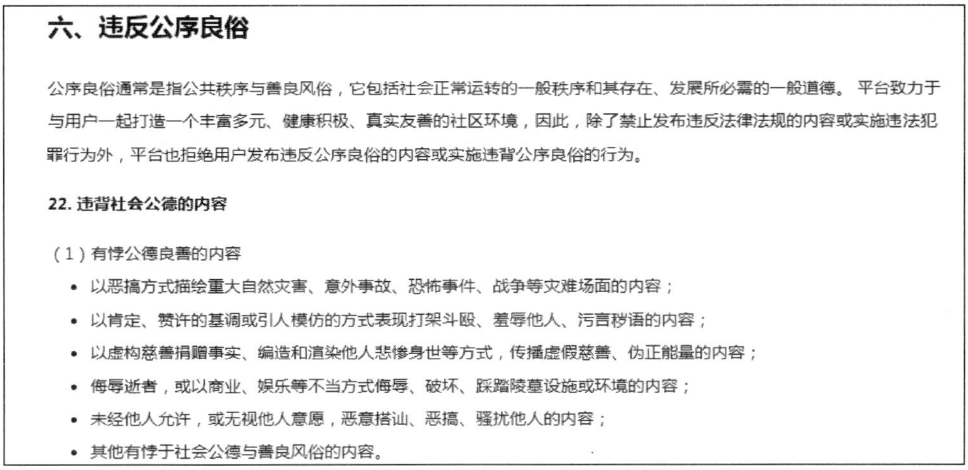

六、违反公序良俗

公序良俗通常是指公共秩序与善良风俗，它包括社会正常运转的一般秩序和其存在、发展所必需的一般道德。平台致力于与用户一起打造一个丰富多元、健康积极、真实友善的社区环境，因此，除了禁止发布违反法律法规的内容或实施违法犯罪行为外，平台也拒绝用户发布违反公序良俗的内容或实施违背公序良俗的行为。

22. 违背社会公德的内容

（1）有悖公德良善的内容

- 以恶搞方式描绘重大自然灾害、意外事故、恐怖事件、战争等灾难场面的内容；
- 以肯定、赞许的基调或引人模仿的方式表现打架斗殴、羞辱他人、污言秽语的内容；
- 以虚构慈善捐赠事实、编造和渲染他人悲惨身世等方式，传播虚假慈善、伪正能量的内容；
- 侮辱逝者，或以商业、娱乐等不当方式侮辱、破坏、践踏陵墓设施或环境的内容；
- 未经他人允许，或无视他人意愿，恶意搭讪、恶搞、骚扰他人的内容；
- 其他有悖于社会公德与善良风俗的内容。

图 4–6　《抖音社区自律公约》中与内容创作相关的部分规则截图

（四）符合运营目标

内容创作应能够促进运营目标的实现。例如，如果以个人品牌建设为目的，那么就要注重内容的质量与专业性，以累积个人品牌口碑；如果以销售产品为目的，那么就要注重引流和转化，在内容中提供有价值的信息、展示产品的优势和特点等，并提供购买渠道、购买链接，提高内容转化率。

二、确定内容选题

选题即内容的立意，一个好的选题能够促使用户转发内容，从而提高内容的传播度和影响力。

（一）挖掘用户痛点

在挖掘用户痛点时，如果用户调研结果中涉及这方面的内容，可以直接根据调研结果总结用户需求，确定用户希望解决的问题或者关注的问题，并以此作为选题。如果调研结果中涉及这方面的内容较少或不曾涉及，则可以通过“询问”用户的方式获取这方面的内容，如号召用户投票选择感兴趣的选题类型、发起话题讨论活动并引导用户留言、在粉丝群里发布群公告或私聊用户等。

（二）评估选题

用户的痛点很多，且每个用户迫切希望解决的痛点可能不同，此时，可以从有趣、有益、有价值观 3 个方面评估选题。

（1）有趣。有趣就是好玩，即选题能够给用户幽默、轻松的感觉。

（2）有益。有益指选题能给用户带来益处，如使用户掌握一定的知识和生活技能，甚至给用户带来直接的经济收益等。

（3）有价值观。选题要体现社会责任感，传递社会主义核心价值观以及运营人员的价值观，以引起用户的情感共鸣。

（三）测试选题

在确定选题之前，可以通过一定的测试来确定用户对选题是否感兴趣。测试时，可以挑选一批核心用户，将一些重要的选题展示给核心用户，与核心用户沟通、交流，然后由这些核心用户投票选出比较感兴趣的选题，再根据这些选题创作内容。

三、撰写文案标题

在全媒体运营中，带有营销性质的文字性内容通常被称为文案，文案通常由标题和正文组成。其中，标题是对正文内容的提炼和总结，其质量关乎用户对内容的第一印象。

（一）常见的标题类型及其特点

要想写出优质的标题，提高标题的点击率，运营人员需要了解常见的标题类型及其特点，以便创作出符合用户偏好的标题。

（1）故事型标题。故事型标题是一种运用故事性元素和情节来吸引用户注意的标题，注重情感和故事的表达。例如，“她，从小书迷到畅销书作家，一封家书改变了一切”“一个普通工程师，用一项发明成就了城市的未来”就是典型的故事型标题。

（2）观点型标题。观点型标题是以表达观点为核心的一种标题，通常会引用名人或专业人士的观点，以增强说服力。例如，“营养师解析：膳食多样性比单一饮食更有益于身体健康”“心理学家称成功的秘诀在于不断突破舒适区”。

（3）揭露真相型标题。揭露真相型标题是指为用户揭露一些不为人知的秘密的标题类型。写作这类标题时，要强调真相的重要性和价值，可运用一些醒目的关键词，如秘密、秘诀、真相、背后、爆料、绝招等。如“揭秘长寿村——××（地名）的秘密”。

（4）警告型标题。警告型标题是一种通过严肃、警示、震慑的语气来说明内容，以起到提醒、警告作用的标题，可以给予具有相同症状或某种担忧的用户强烈的心理暗示。如“不要再忽视了！这些小习惯正在不知不觉中损害你的视力！”。

（5）提问型标题。提问型标题是用反问、设问、疑问等提问方式引发用户思考的标题。写作这类标题时，要从用户关心的利益点出发。例如，“感觉学习效率不高？心理学家教你提升学习效率的方法！”“你知道如何有效管理时间，实现高效工作吗？看看这些建议！”。

（6）命令型标题。命令型标题是一种通过命令语气向用户传达某种指令或行动要求的标题。这类标题通常包括明显的利益点，以促使用户行动。例如，“马上订阅，每周获取精彩的旅行攻略和特价机票信息！”“新品低价，一定要锁定××抖音直播间！”。

（7）紧迫型标题。紧迫型标题通过渲染紧张气氛、制造紧迫感来刺激用户点击标题。这种标题中一般会加入能令人产生紧迫感的词汇，如“只有”“只剩”等。如“火热报名中！距离音乐节开场只剩 24 小时!”。

（二）标题写作技巧

在写作标题时，运用一些写作技巧可以提升标题的写作效率，或增强标题的吸引力。

（1）使用网络流行语。网络流行语是指在一定的时间、范围内被网民在互联网上或者现实生活中广泛使用的词、词组等，具有很高的热度。将网络流行语巧妙地融入标题中，既可以引起用户的关注，还可以增加标题的趣味性和潮流感，如“特种兵式旅行！教你 3 天玩转四川”。

（2）借力。借力是指利用外部（如政府、专家或新闻媒体）的资源或平台，推广营销自身产品或服务，达到快速销售产品或服务的目的。例如，“××（名人）都在用的乐器，很快就能学会啦!”“××电视台都在推荐的书，你还不读吗？”。

（3）借势。借势主要是借助社会热点，如世界杯、奥运会、热播电视剧等，将其作为标题创作的灵感，利用用户对社会热点的关注，引导用户点击标题，观看内容，提高内容的点击率和转载率。如“欧米茄：奥运赛场幕后的‘精准’赛事”。

（4）使用修辞手法。修辞手法可以很好地增加标题的吸引力和趣味性。写作标题时，常用的修辞手法包括比喻、拟人等。

四、撰写文案正文

有吸引力的标题可以引导用户继续浏览正文，然而，如果正文的吸引力不足，用户仍然有可能放弃阅读，进而达不到理想的运营效果。因此，运营人员需要掌握正文的写作方法。

（一）写作正文开头

正文开头直接决定用户对整篇文案的第一印象。一个精彩的正文开头能够迅速吸引用户的注意力，激发其阅读兴趣，促使其继续阅读。常见的正文开头写作方法如下所示。

1. 开门见山

开门见山是指在开头直接揭示主题或点明说明的对象，不拖泥带水。这种开头方式简单明了，让用户一目了然，但内容主题必须有足够的吸引力，且语言要朴实简洁、通俗易懂。此外，使用这种开头方式时，开头常与标题相呼应，以再次强调文案的核心内容。例如，某介绍消费券发放信息的文案，其开头开门见山地介绍了消费券的发放时间，与标题“明晚 20:00！新一轮消费券来了”相呼应。

2. 借助热点

热点即当前引起广泛关注和讨论的热门话题或事件。将热点作为开头，可以增强用户的阅读兴趣。借助热点写作开头时，要注意将热点与内容主题合理地联系起来，要从热点中找到与内容主题相关的、意想不到的关联点。例如，暑期期间，某景区借助高温这一热点引出自身，称这里是避暑的好地方。

3. 提出问题

提出问题是一种常见的引起用户兴趣的开头方式，它通过提出引发思考的问题来吸引用户的注意，促使他们思考并继续阅读文案。需要注意的是，以提问开头需要确保问题具有启发性和引导性，同时问题的表达要简洁清晰，并且问题能够在后续内容中得到充分的解答和论证。例如，某篇介绍无人驾驶汽车的文案，就通过该汽车品牌微信公众号账号主体的变更提出问题“看似只是账号主体的变更，其背后会不会有更深的含义？百度对于无人驾驶是坚持还是放弃呢？”

4. 结论先行

结论先行即直接在开头给出结论，再在后续内容中给出论据，证明开头给出的结论。这种开头方式的好处是可清晰地传达中心思想并引发用户的兴趣。需要注意的是，在使用这种开头方式时，后续的内容需要提供充分的论据和说明来支撑和证明开头给出的结论。否则，用户可能会对文案的可靠性产生怀疑。

5. 以故事引入

开头以故事引入，可以让用户代入某种情景，引发用户的联想，激发用户的阅读兴趣。故事可以是富有哲理或教育意义的寓言故事，或者其他有助于表现主旨的真实故事或虚拟故事，用于引出文案主旨。在开头讲故事，关键在于丰富故事细节，如时间、天气、地点、人物、事件、心理活动、动作等细节。

6. 描述痛点

在开头描述痛点，可以引发用户的强烈共鸣，吸引其继续阅读文案。这种开头方式要求从用户的角度出发，用生动、有画面感的语言描述用户对某些问题的负面感受，并强调这些问题给他们带来的影响（如产生负面情绪、浪费时间、遭受经济损失等）。例如，一篇推广免手洗拖把的文案，其开头就形象描述了擦地的烦琐不便，让经常擦地的用户感同身受并想要继续阅读文案找到解决办法。

7. 灵活引用

灵活引用是指引用名人名言、谚语、诗词、俗语或者某个行业的调查数据、分析报告、趋势研究等资料，并将其与文案主题相融合，丰富文案的内涵，以提升文案的可信度和说服力。这种开头方式既能吸引用户，又能提高文案的可读性。

（二）组织正文结构

完成开头的写作后，运营人员需要精心规划、合理组织正文结构，这部分是文案写作的重点，承载着传递主要信息的重任。

1. 并列式结构

并列式结构一般从描述主体的各方面特征入手，不分先后顺序和主次，各部分以并列平行的方式叙述事件、说明事物，且各部分相互独立、关系平等。并列式结构的文案正文各部分关系紧密，共同为彰显文案主旨服务，显现出广泛的知识覆盖面和清晰的条理性。

例如，大润发联合淘宝发布的“淘宝运动会×大润发超市啦啦队”系列海报就采用并列式结构，分别讲述鸡腿、牛肉丸、烤肉等“啦啦队队员”的运动态度，如图 4-7 所示。

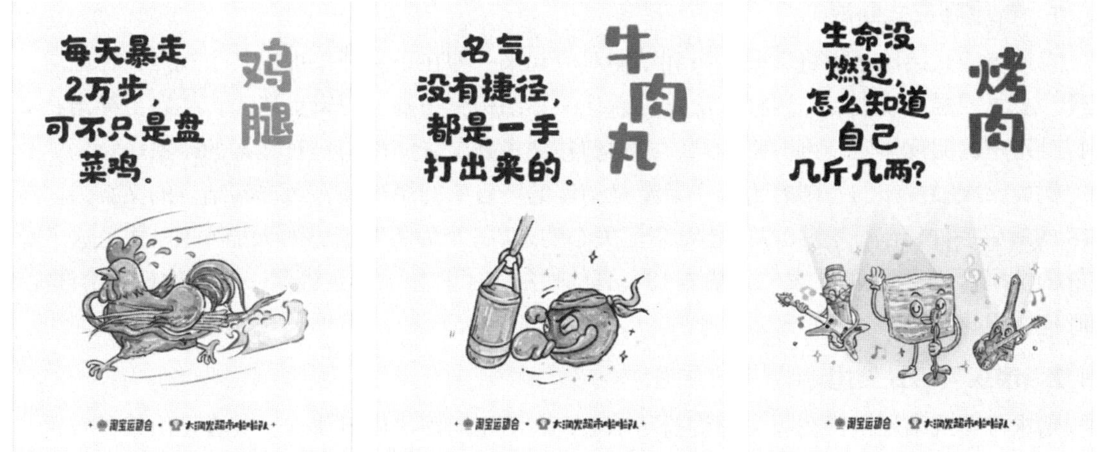

图 4-7　“淘宝运动会×大润发超市啦啦队”系列海报

2. 递进式结构

递进式结构是指按照事物或事理的发展规律以及逻辑关系，层层递进地组织材料的写作方式。写作时，往往后一个材料建立在前一个材料的基础上，文案具有纵深发展、逐层推进、逻辑严密的特点。递进式结构可以通过议论体或（对话）故事的方式来体现，其写作的重点往往聚焦于文案的后半段。这种结构的写作思路倾向于逻辑推理，即通过清晰的思维脉络引领用户阅读全文。

3. 总分式结构

总分式结构一般先总结或总起全文，点明文案主旨，再分层、分点叙述。采用总分式结构的文案逻辑鲜明、条理清晰，能够让用户快速找到所需内容。有些文案还会在结尾加一段总述性的文字，做必要的延伸、归纳总结或深化主题，形成总分总结构。

例如，江西浮梁文旅宣传片《瓷茶里 时光外》中的文案，就先用“浮梁　用一场烟雨 等来了歌词里的天青色 等来天青色的 除了浮梁 还有我”总领全文，然后分别讲述天青色中的瓷、茶、船、陌生人、墙、植物、慢、艺术、你等，最后以一句“在时光之外 把思绪 慢慢泡出来”结尾，深化主题。

4. 三段式结构

三段式结构由新闻学中的“倒三角”写法发展而来，这种结构比较适合长文案，主要将文案正文内容分为 3 段。

（1）第一段：用简洁的语言概述事件的主体、客体、时间、地点等，然后用一句话概括主旨。

（2）第二段：对第一段的内容展开描述，交代详细的背景、过程和相关的细节，重点在于描述事件的前因后果。

（3）第三段：提出观点，升华主题。

（三）写作正文结尾

俗话说，有始有终，方得始终。一个好的结尾不仅能够为文案画上一个圆满的句号，还能为文案增添色彩。

1. 首尾呼应式结尾

首尾呼应式结尾是指将文案开头和结尾对应起来，即在正文开头提出某个观点，在结尾再次解释、总结或强调该观点。这种方法既可以让文案结构更完整，逻辑更严谨，主题更突出；又可以提升用户的阅读体验，再次将用户注意力转移到主题上，加深用户对文案的印象。

例如，天猫发布的一则名为《一条全是结尾的广告》的短视频，短视频结尾的文案为“这个 6·18 的最后一件，给值得关心，但差点忘记关心的人。一个你不留遗憾的天猫 6·18，才是这个 6·18 最好的结尾”，与开头的文案“天猫 6·18，真的快结束了。如果再买最后一件，你想买给谁呢？”相呼应，强化主题。

2. 请求号召式结尾

请求号召式结尾是指在前文铺垫的基础上，在结尾向用户提出请求，或者发出某种号召，促使用户采取某种行动，如关注账号、购买产品、在评论区留言互动、实践前文所讲的道理等。为有效促使用户采取行动，可以强调行动的好处，如享受优惠或提升技能等，并适当制造紧迫感，促使用户尽快采取行动。图 4-8 所示的文案结尾就采用请求号召式结尾，向用户发出扫描二维码的号召。

扫描下方二维码
添加运营指南官方增长官微信
回复“卡片消息”
即可**免费试用**~
快去试试吧！

图 4–8　请求号召式结尾

3. 总结式结尾

总结式结尾即基于前文的阐述和分析，在结尾用简洁的语言归纳总结全文，得出一个高度凝练、有启发性的结论，起到深化文案主题的作用。例如，快手在成立 12 周年时发布了一则短视频文案，正文内容为 6 位快手创作者对生活的理解，结尾用“生活是什么？是一步步往前走，跨过一条条坎，闯过一道道关；是成千上万人的温暖，化成了一颗颗执着坚毅的心。一起笑着闹着，去生活里找生活。快手 12 周年，生活一直向前”总结全文，点出“生活就是一直向前”的主题，加深用户对文案和品牌的印象。

4. 抒情式结尾

抒情式结尾通过情感化的表达来强调文案的观点和情感态度，它在总结文案内容的同时，通过情感的渲染和情绪的激发，来引起用户的共鸣。此外，抒情式结尾还可以通过向用户提问，发出呼吁，激发用户思考和引导用户行动。

例如，某手机品牌发布的一则名为《去附近 重新发现生活的层次》的宣传短片，短片结尾句“就像热汤面 等一个深夜归来的胃 我们忙 它们无声流淌 我们不忙 它们微微发光　去附近 用影像重新发现生活的层次”，鼓励人们多出门走走，发现生活中熟悉而又细微的美，传达出一种闲适、乐观的人生态度。

知识拓展

根据篇幅的长短，可以将文案划分为短文案、长文案、系列文案等。其中，短文案由于追求信息的精准传达，必须紧扣诉求重点和创意，使用精炼的语言，可能不会严格按照标题、正文开头、正文结尾等组织内容。系列文案是围绕同一创意、同一主题写作的多篇文案。

五、设计文案配图

文案配图指搭配文案使用的图片，如宣传海报中除文案以外的部分、微博文案中搭配使用的图片、微信公众号文案中插入的图片等。图片具有直观、视觉冲击力强等特点，搭配文案使用不仅可以提升文案的视觉呈现效果，还能辅助说明文案内容，加深用户的理解，共同为信息传递服务。

（一）配图选择原则

文案与配图要相得益彰，不能过于突出任意一方，以免破坏整体效果。因此，在选择配图时，要特别注意以下原则。

1. 相关性原则

配图不仅要清晰美观，更重要的是还要与文案内容紧密相关，保证文案内容的连贯性和逻辑性，如作为示例展示以提升文字表达效果、作为事实性证据材料展示以增强内容说服力、用于渲染气氛或展示态度等。

2. 统一性原则

文案中的配图应保持主色调、风格、类别、尺寸等的统一，从而保证视觉体验的连贯性。

（1）主色调统一：配图的主要颜色保持一致，如统一以黄色为主要颜色。

（2）风格统一：统一采用文艺风格、清新风格、时尚风格或黑白风格等的配图，且配图风格要与文案风格相统一。

（3）类别统一：统一采用实拍类图片、写实类图片、动漫类图片、表情包类图片或纯文字类图片等。

（4）尺寸统一：配图的长度、宽度尽量保持统一，这样能让整体看起来更加美观和谐，给人舒适的视觉感受。

3. 适当性原则

配图的大小、插入位置等要适当。就大小而言，配图既不能过大，喧宾夺主；也不能过小，易被忽视。就插入位置而言，配图应尽可能均匀地分布在整篇文案中，且与上一段文字有关联。

（二）配图设计工具

文案配图通常需要经过处理才能使用，此时就需要借助一些设计工具，如创客贴、稿定设计、Photoshop 等。

1. 创客贴

创客贴是一款图片在线处理和平面设计工具，提供大量免费的图片模板，包括封面图、宣传海报、长图、宣传单、品牌标志等，操作简单，运营人员只需选择模板，替换背景或其中的图片元素，更改文字并下载改动后的图片即可。同时，创客贴也提供 AI（Artificial Intelligence，人工智能）功能，可以实现智能设计、一键抠图、文生图、图生图等，创客贴的部分 AI 功能如图 4-9 所示。

图 4-9　创客贴的部分 AI 功能

2. 稿定设计

稿定设计同创客贴一样，也是一款图片在线处理和平面设计工具。利用稿定设计中的模板，运营人员可完成微信公众号封面图、电商海报、H5 页面、动态二维码等的设计。另外，稿定设计也有 AI 功能，可根据文字描述自动生成图片。

3. Photoshop

Photoshop 是一款专业的图像处理与设计软件，运营人员利用该软件可以高效地完成图片编辑和设计工作，包括调色、编辑文字、创建蒙版、应用滤镜、抠取图像等。该软件可用于设计品牌标志、表情包、宣传海报、产品图片、App/网页界面、图片广告、微信公众号文案封面图等。Photoshop 作为一款功能强大的软件，要求运营人员具备一定的图像设计基础、软件功能使用知识、基本的图像处理技能等。

六、图文排版

图文排版即利用排版工具有序排列、组合文案和配图，提升整体内容的美观度。

（一）图文排版技巧

图文排版不是简单地排列文案和配图，而是需要合理布局，将二者融合为统一的整体，这就需要运用一些技巧。

1. 海报类图文布局

宣传海报、活动海报等以图片为主的图文，其排版要注重版式布局，可以运用骨骼式布局、对称式布局等布局方式，规划图文重点，建立起各要素之间的联系，提升图文的吸引力。

（1）骨骼式布局。骨骼式布局即将所有的元素用框架框起来，使各元素排列规范、有序，给人以和谐理性之美。常见的骨骼式布局有通栏布局、横向布局和竖向布局 3 种。其中横向布局和竖向布局均可分为双栏、三栏、四栏等，运营人员可根据内容、信息量、图片与文字的比例等进行确定。例如，图 4-10 所示的海报就采用横向布局的方式排版图文。

（2）对称式布局。对称式布局将版面分割为左右或上下相等的部分，使整体画面呈现出和谐稳定的效果，如图 4-11 所示。

（3）上下/左右分割式布局。上下分割式布局将版面分为上、下两个部分，采用上文下图或上图下文的方式布局图文，如图 4-12 所示。上下分割式布局要注意体现层级关系（可通过调整文字大小、颜色等体现），以免过于呆板。左右分割式布局将版面分为左、右两个部分，采用左文右图或左图右文的方式布局图文，从而造成视觉上的左右不对称或不平衡。

图 4-10 骨骼式布局

图 4-11 对称式布局

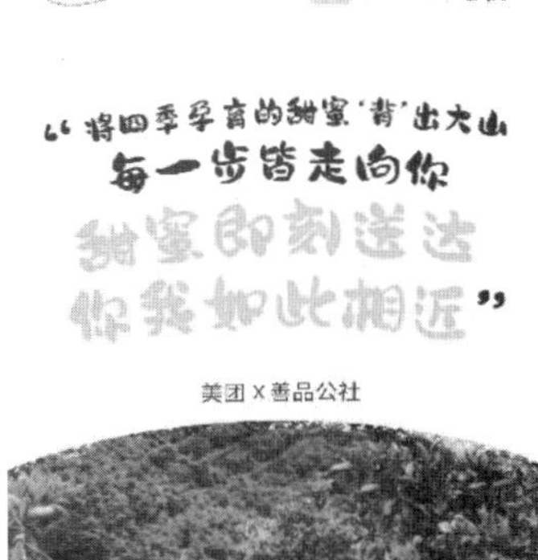

图 4-12 上下分割式布局

知识拓展

此外，流程式布局、S 形曲线布局、居中布局等也是常用的布局方式。其中，流程式布局以流程图的方式来展示信息，能清楚展示步骤、各个节点以及整体流向；S 形曲线布局将文字、图形等以 S 形曲线贯穿，适合元素多的图文，具有灵活自由的特点；居中布局将主要元素放置在版面中间，能够突出重点，具有较强的视觉冲击力。

2. 文章类图文排版技巧

文章类图文中的文字部分占比较大，在排版时需要特别注意文字颜色、文字字号、文字间距等的设置，同时还要注意图文间距。

（1）文字颜色。同一篇文章中不应出现太多种颜色，颜色一般不超过 3 种，对于文章中的主要内容，一般建议将文字设置为灰黑色，如#7f7f7f、#595959、#3f3f3f（分别表示颜色的符号），不建议设置为纯黑色（#000000）。对于一些比较重要的文字，可以使用其他暖色系的颜色（如橙色、红色等）突出显示。

（2）文字字号。文字字号建议设置为 14px～16px，正文标题的字号可以比正文内容的字号稍大一些。

（3）文字间距。文字间距既包括字间距，也包括行间距、段间距。就字间距而言，一般建议设置为 1.5px 或 2px。就行间距而言，一般建议设置为 1.5 倍行距或 1.75 倍行距。段间距需要比字间距和行间距大一些，以免过于拥挤。

（4）图文间距。配图与前后文字的间距要适宜，排版时，尽可能在图片两侧和前后留白，将图片与文字区别开，以提升用户的阅读体验。

（二）常用的图文排版工具

常用的图文排版工具有 135 编辑器、秀米编辑器、i 排版等，其中，135 编辑器和秀米编辑器的使用人数较多。135 编辑器、秀米编辑器提供大量的模板，运营人员应用模板后，再复制粘贴文案、插入配图，并调整配图大小等，即可完成排版。与 135 编辑器不同的是，秀米编辑器还可用于制作 H5 页面和设计图片，并提供丰富的 H5 页面模板和图片素材。排版完成后，运营人员还可以将排版后的图文同步到微信公众号后台的素材库中，再登录微信公众号后台，直接发布图文；或者复制排版好的图文，粘贴到其他网站发布。

七、制作短视频

短视频的制作方法比较多样，有一键成片、图文成片、视频剪辑等。一键成片是指导入视频素材或图片素材，剪辑软件会智能识别素材内容，自动匹配模板生成短视频。一些剪辑软件的图文成片功能支持 AI 创作文案、智能匹配素材、智能生成视频。视频剪辑即按照剪辑流程剪辑视频素材，最终形成逻辑清晰、主题明确的短视频。

任务实施

任务演练 1：使用 AI 工具写作故事征集活动文案

【任务目标】

使用 AI 工具写作包含故事征集活动必要信息的活动文案，用于后续的发布，以吸引更多的用户参与活动。

【任务要求】

本次任务的具体要求如表 4-6 所示。

表 4-6　任务要求

任务编号	任务名称	任务指导
（1）	使用 AI 工具写作短文案	文案包含活动必要信息，如活动主题、活动名称、活动内容
（2）	使用 AI 工具写作长文案	文案包含标题和正文
（3）	使用 AI 工具写作短视频文案	文案包含活动主题、奖品等，并呼吁用户参与活动

【操作过程】

（1）确定文案类型。根据内容创意营销方案，小赵需要写作文字式文案和短视频文案。就文字式文案而言，根据不同平台对文案长度的需求，其可分为短文案和长文案。其中，短文案用于发布在微博、小红书等适合发布精简内容的平台，长文案用于发布在微信公众号等适合发布长篇幅文案的平台。

（2）使用AI工具写作短文案。短文案通常比较简短，可能没有明确的标题和正文之分，为强调活动主题，可以把活动主题作为文案标题，并作为文案第一句呈现，然后结合活动话题设计正文，示例如下。

【故事雅集，倾听一万种声音】

过去，我们向您讲述了许多发生在雅韵清莲身上的故事，却不曾认真聆听过您的声音，了解那些发生在我们之间的故事。今天，就让我们以字为证，聊一聊有你、有我的故事。带话题#倾听一万种声音#参与活动，分享您与雅韵清莲之间的故事。热度前10的故事将作为故事盲盒中周边的制作灵感，故事提供者将免费获得故事盲盒一个。

这里有奖，您是否有故事呢?

（3）使用AI工具写作长文案。长文案介绍的内容较多，内容元素较为完整，有完整的标题和正文。

① 写作长文案标题。长文案的标题应当能够促使用户做出参与活动的行为，因此可以采用命令型标题的写法，通过福利引导用户参与活动，讲出自己的故事，如“有奖征集丨‘倾听一万种声音’故事征集活动开始啦，快来说出你的故事吧”。

② 写作长文案正文。长文案篇幅较长，可以更为详细地介绍故事征集活动信息，包括征集主题、征集时间、征集对象、征集内容、参与方式、活动奖励等。这些要素之间的关系平等，因而适合采用并列式结构排列这些要素。为加深用户对活动的印象，并促使用户参与活动，可以在文案开头开门见山地介绍活动，并采用请求号召式结尾号召用户参与。

（4）使用AI工具写作短视频文案。故事征集类短视频通常采用图文合成的形式，文案内容比较精简，可简单说明活动主题及奖品，并呼吁用户参与活动，如“#倾听一万种声音#有奖故事征集活动开始啦！快来说出你的故事吧”。

任务演练2：使用AI工具设计故事征集活动海报并排版图文

【任务目标】

结合活动信息，使用创客贴设计活动海报，并使用135编辑器排版图文，为后续内容的发布准备好图文素材。

【任务要求】

本次任务的具体要求如表4-7所示。

表4-7　任务要求

任务编号	任务名称	任务指导
（1）	设计活动海报	使用创客贴中的海报模板设计活动海报
（2）	排版图文	利用135编辑器排版长文案，设置字体、字号等，并插入图片

【操作过程】

（1）设计活动海报。登录创客贴官网，搜索“活动海报”，在搜索结果中选择一个比较文雅的竖版海报模板，将其中的文字更改为“征集令”，并删除其他多余文字，将该海报用作图文短视频的第一张图片，参考效果如图 4-13 所示（配套资源:\效果\项目四\故事征集活动海报 1.png）。再选择一个骨骼式布局的海报模板，将其中的文字更改为故事征集活动信息，并修改相关的图片元素（可在编辑页面左侧列表中选择“素材”选项，在打开的列表的搜索框中输入想使用的元素，在搜索结果中选择元素），将该海报作为图文短视频的第二张图片和活动宣传海报，参考效果如图 4-14 所示（配套资源:\效果\项目四\故事征集活动海报 2.png）。

图 4–13　活动海报 1 参考效果

图 4–14　活动海报 2 参考效果

（2）排版图文。登录 135 编辑器，打开编辑界面，在其中复制粘贴长文案（配套资源：\素材\项目四\故事征集活动长文案.docx）。单击按钮设置文字颜色为“3f3f3f”，单击按钮设置行间距为“1.75px”，单击按钮设置字间距为“1.5px”；在左侧列表中选择“标题”选项，设置“一、征集主题”等小标题的样式；将鼠标指针定位在文本末尾，按【Enter】键换行，单击按钮插入制作好的活动海报 2，设置对齐方式为“居中对齐”，单击保存同步按钮。图 4-15 所示为图文排版效果（部分）。

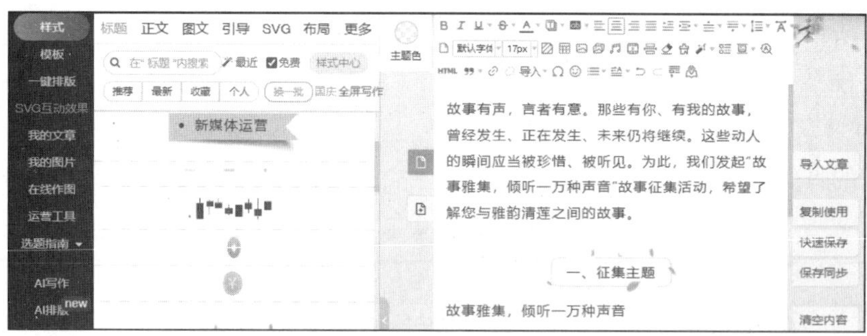

图 4–15　图文排版效果（部分）

任务三　内容营销

微课视频

内容营销

任务描述

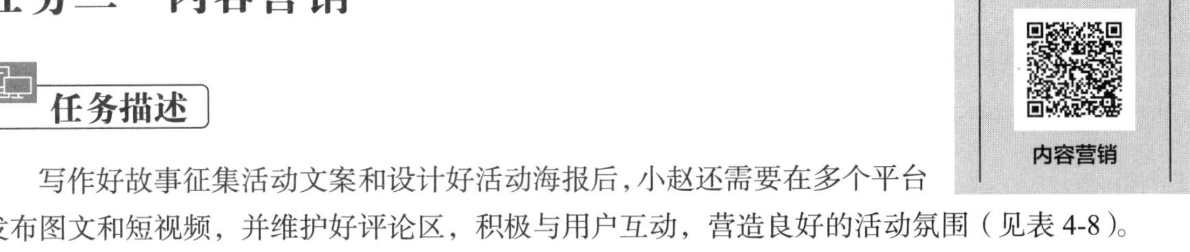

写作好故事征集活动文案和设计好活动海报后，小赵还需要在多个平台发布图文和短视频，并维护好评论区，积极与用户互动，营造良好的活动氛围（见表 4-8）。

表 4-8　任务单

任务名称	内容发布和评论管理
任务背景	内容发布后，很多用户在评论区分享自己的故事，其中好评率较高的故事类型有令人感动的故事、令人啼笑皆非的故事，小赵在浏览后，准备从好评率高的故事中筛选一些回复，并通知故事被选为故事盲盒设计灵感的用户
任务阶段	□创意策划　□内容创作　■内容营销
工作任务	
任务内容	**任务说明**
任务演练 1：发布故事征集图文和短视频	在多个平台发布故事征集图文和短视频
任务演练 2：故事征集活动评论互动	设计回复内容和通知内容

任务总结：

知识准备

一、内容传播

内容传播可以让创作的内容呈现在用户面前，内容传播的速度越快，内容的时效性越强，内容就越能够快速吸引用户的注意力，抢占市场先机。促进内容快速传播的方法主要有以下两种。

（一）利用平台推荐机制

很多平台都有内部的内容推荐机制，深入了解各大平台的内容推荐机制，创作出与之契合的高质量内容，将显著提升内容被优先展示的概率，从而增加内容的曝光度与传播力。例如，今日头条会根据每个用户的数据进行个性化内容推荐，其内容推荐流程包括内容审核、冷启动、正常推荐、复审 4 个环节。如果首次推荐后内容的点击率较低，系统会减少二次推荐的推荐量。每一次的推荐量均以上一次推荐后内容的点击率为依据，且每一环节都有推荐时效期，时效期过后推荐量将明显下降，时效期通常为 24 小时、72 小时和一周。

（二）多平台联动

全媒体运营中，运营人员通常不只在一个平台发布内容，而是会联动多个平台发布内容，扩大内容的传播范围，如采用“社交媒体平台+短视频平台+直播平台”的联动方式。

提示

企业/品牌如果拥有好口碑，也可以利用口碑引发用户的自发传播行为。此外，在评论区与用户互动、与名人合作，也可以促进内容的传播。

二、内容营销变现

优质的内容可以创造无尽的价值，为企业/品牌带来营收，从而实现运营的可持续发展。实现内容营销变现的方法很多，不同方法的具体实现路径会有区别。

（1）广告变现。广告变现是指通过发布广告来获取收益，主要有直接变现和间接变现两种实现方式。

① 直接变现。直接变现主要指直接在广告中展示推广的品牌或产品，并提供购买链接，引导用户点击链接购买。例如，淘宝、京东等电商平台在App开屏界面投放的广告大多都附有进入平台的链接，方便用户进入平台购买产品。

② 间接变现。间接变现主要指发布宣传品牌或产品的广告，但不直接提供购买链接，用户观看广告后如果对其中的品牌或产品感兴趣，可以自行前往对应平台或网站等购买。

（2）版权变现。版权变现即深挖内容的版权价值，通过创新开发和销售IP衍生品和文创产品获取收益。例如，很多博物馆的展品本身就是文化IP，具有深厚的历史和文化韵味，这些博物馆通过开发并销售与展品相关的文创产品获取收益。

（3）付费业务变现。付费业务变现即基于企业/品牌资源的稀缺性，打造付费内容，用户需付费订阅后才能查看这些内容。例如，网易云音乐是一款专注于发现和分享的音乐产品，不仅提供免费的音乐，还推出会员付费业务，为会员提供更高品质的付费音乐。

（4）电商变现。电商变现是指在淘宝、抖音、快手等平台开设店铺，销售与品牌定位相符的产品，实现变现，如在淘宝开设线上书店并通过直播带货变现。

三、评论维护

在内容传播的过程中，用户评论成为运营人员了解用户对内容的看法、与用户互动的关键渠道。用户评论中有正面评论，也有负面评论，如何有效利用正面评论、管理负面评论是内容营销的一大重点。

（一）利用正面评论

很多用户在看完内容后，会前往评论区查看其他用户的反馈，进而会被其他用户的观点或意见所影响，此时可以采用一些小技巧，如打造优质评论或引导正面评论。

（1）打造优质评论。运营人员可以在评论区强调或补充说明内容中的核心要点，或通过提供福利的方式打造优质评论。例如，强调文中所讲产品的使用场景和品牌特色，并置顶该评论，提高产品的识别度；总结概括内容的主要观点、事件等，便于用户了解。

（2）引导正面评论。运营人员可以根据用户需求，结合内容设置话题，并引导用户在评论区就话题展开讨论，发表意见或建议。

（二）管理负面评论

负面评论不利于塑造品牌形象，如果发现负面评论，运营人员就需要采取控评措施。常见控评措施有设置评论权限、筛选优质评论等。微博、抖音、小红书等平台都有设置评论权限功能，如“允许所有人评论”“允许粉丝评论”“关闭评论”等权限，运营人员可根据负面评论的影响力自行设置权限。此外，优质评论可以提高对话的质量，运营人员可以找出评论区中的优质评论并将其置顶，或与发表该评论的用户互动，减少其他用户对负面评论的关注。

任务实施

任务演练 1：发布故事征集图文和短视频

【任务目标】

在多个平台发布故事征集图文和短视频，促进内容的传播。

【任务要求】

本次任务的具体要求如表 4-9 所示。

表 4-9　　任务要求

任务编号	任务名称	任务指导
（1）	发布图文	在微信、微博、小红书等平台发布图文
（2）	发布短视频	在抖音等平台使用一键成片功能发布短视频

【操作过程】

（1）发布图文。登录微信公众平台，在草稿箱中找到由 135 编辑器同步到微信公众号的图文内容，并进行发布；登录微博网页版，在首页打开“快速发布”，并在文本框中输入短文案，并点击 按钮上传图片，然后发布；在小红书首页点击 按钮打开图片选择界面，选择故事征集活动海报 2 后在编辑界面输入短文案，适当插入表情符号后发布。微信公众号发布效果如图 4-16 所示，微博发布效果如图 4-17 所示。

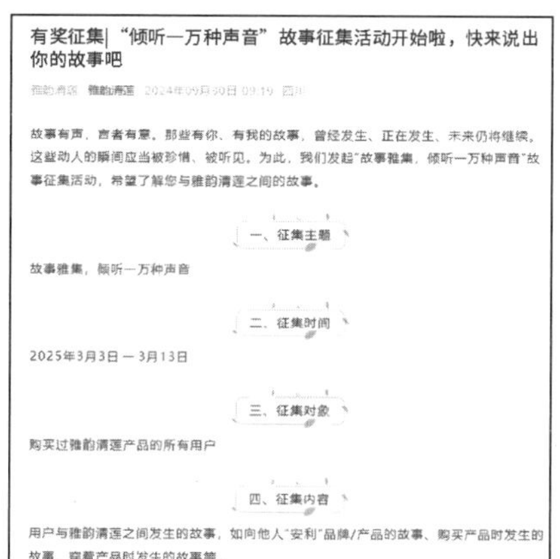

图 4-16　微信公众号发布效果

（2）发布短视频。在抖音等短视频平台以两张故事征集活动海报为视频素材，利用平台的一键成片功能生成短视频并发布。短视频发布效果如图 4-18 所示。

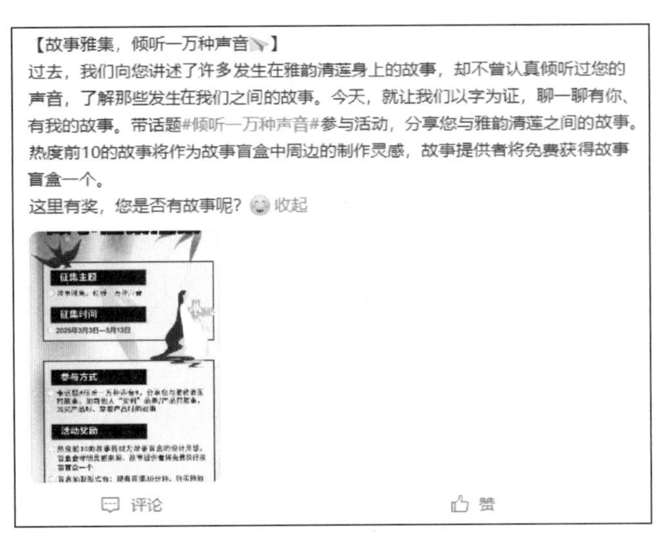

图 4-17　微博发布效果

图 4-18　短视频发布效果

任务演练 2：故事征集活动评论互动

【任务目标】

分别设计感人故事、搞笑故事的回复内容，以及故事被选中者的通知内容，通过与用户互动，营造良好的互动氛围。

【任务要求】

本次任务的具体要求如表 4-10 所示。

表 4-10　任务要求

任务编号	任务名称	任务指导
（1）	设计故事回复内容	根据故事的类型设计回复内容
（2）	设计通知内容	通知内容中需表达对用户分享故事的感谢，以及其故事被选中这一结果

【操作过程】

（1）设计感人故事的回复内容。这类内容要表达运营人员感动的心情，并感谢用户的分享，如“亲爱的××，您的故事如同涓涓细流，温柔地触动着人性中最温柔、最真挚的部分，非常感谢您愿意分享这份感动”。

（2）设计搞笑故事的回复内容。这类内容要表达运营人员观看故事时的开心，并感谢用户的分享，如“哈哈哈，亲爱的，您的故事真是令人忍俊不禁，一瞬间感觉所有烦恼都消失了，非常感谢您的分享”。

（3）设计通知内容。这类内容要先表达对用户的恭喜，然后告知用户盲盒发放事宜，最后表达对用户的祝愿，如“恭喜您，您的故事被选中，届时将以您的故事为灵感设计故事盲盒，设计完成后您可免费获得故事盲盒一个。后续我们将通过站内私信与您联系，安排故事盲盒的发放事宜，请注意查收。再次感谢您对雅韵清莲的支持，祝您生活幸福美满！”

综合实训

实训一　使用 AI 工具策划品牌夏日内容创意营销方案

实训目的：掌握内容创意营销方案的构成，能够自行完成内容创意营销方案的策划。

实训要求：冷饮品牌冷柠堂计划在 7 月 1 日—7 月 3 日开展营销活动，以吸引更多用户前往门店购买冷饮，提高冷饮销量。使用文心一言为冷柠堂策划夏日内容创意营销方案，内容创意营销方案应包含营销目标、创意内容构思、内容形式选择、内容发布与推广、时间规划等。

实训思路：在文心一言中输入策划背景、策划要求，然后查看生成结果。

实训结果：本次实训完成后的部分参考效果如图 4-19 所示。

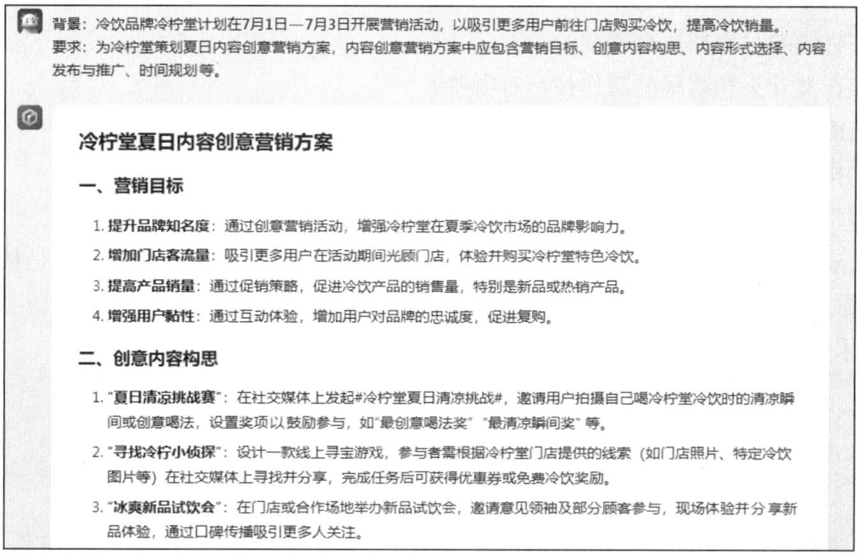

背景：冷饮品牌冷柠堂计划在7月1日—7月3日开展营销活动，以吸引更多用户前往门店购买冷饮，提高冷饮销量。
要求：为冷柠堂策划夏日内容创意营销方案，内容创意营销方案中应包含营销目标、创意内容构思、内容形式选择、内容发布与推广、时间规划等。

冷柠堂夏日内容创意营销方案

一、营销目标

1. **提升品牌知名度**：通过创意营销活动，增强冷柠堂在夏季冷饮市场的品牌影响力。
2. **增加门店客流量**：吸引更多用户在活动期间光顾门店，体验并购买冷柠堂特色冷饮。
3. **提高产品销量**：通过促销策略，促进冷饮产品的销售量，特别是新品或热销产品。
4. **增强用户黏性**：通过互动体验，增加用户对品牌的忠诚度，促进复购。

二、创意内容构思

1. **“夏日清凉挑战赛”**：在社交媒体上发起#冷柠堂夏日清凉挑战#，邀请用户拍摄自己喝冷柠堂冷饮时的清凉瞬间或创意喝法，设置奖项以鼓励参与，如“最创意喝法奖”“最清凉瞬间奖”等。
2. **“寻找冷柠小侦探”**：设计一款线上寻宝游戏，参与者需根据冷柠堂门店提供的线索（如门店照片、特定冷饮图片等）在社交媒体上寻找并分享，完成任务后可获得优惠券或免费冷饮奖励。
3. **“冰爽新品试饮会”**：在门店或合作场地举办新品试饮会，邀请意见领袖及部分顾客参与，现场体验并分享新品体验，通过口碑传播吸引更多人关注。

图 4-19　部分参考效果

实训二　创作品牌夏日营销文案

实训目的：通过练习文案创作，提升内容创作能力。

实训要求：冷饮品牌冷柠堂最终确定开展“冷柠 DIY 大赛”，活动时间为 7 月 1 日—7 月 3 日，活动期间用户可在店内或线上参与冷饮制作创意比拼，有创意的创作者可获得该款冷饮的命名权，并有机会入驻“DIY 大赛荣誉堂”。为该营销活动写作微博文案并发布。

实训思路：可以“冷柠 DIY 大赛”为活动主题，并作为话题放置在段首，然后围绕活动时间、活动参与规则设计文案正文，文案风格尽量轻松活泼。

实训结果：本次实训完成后的参考效果如图 4-20 所示。

#冷柠DIY大赛#

敲黑板啦！ 活动时间为7月1日 — 7月3日！

参与规则超简单，动手又动脑，冷饮大师就是你！不管是在店内亲自动手，还是在线上晒出你的创意配方，只要够新奇、够美味，都能来一场清凉的较量！

快来发挥你的想象力，创造出属于你的创意冷饮！记得拍下你的得意之作，@冷柠堂官方账号，并加上#冷柠DIY大赛#话题，让我们见证你的创意火花！

有创意的创作者，不仅可以获得该款冷饮的命名权，更有机会入驻“DIY大赛荣誉堂”！

快来加入这场创意大比拼，让我们一起“冷”出新高度！ 收起

图 4–20　参考效果

巩固提高

1. 素材的类型有哪些？
2. 素材的来源渠道有哪些？
3. 文案标题的写作技巧有哪些？
4. 文案正文开头和结尾的写作技巧有哪些？
5. 如何确定内容选题？
6. 图文排版技巧有哪些？
7. 内容营销变现的方法有哪些？

8. 假设某旅行博主计划策划一期主题为“你好，导游”的短视频。初步想法是从粉丝中筛选出愿意当导游的粉丝，让粉丝来策划旅游路线，完全按照粉丝的安排旅行，且该博主全程保持对旅行计划的未知状态。请为该计划写作微博文案，邀请粉丝报名参与策划。

项目五

用户运营和活动运营

学习目标

【知识目标】

1. 熟悉用户分类，掌握划分用户层级的方法，能够针对不同价值的用户开展营销。

2. 掌握常见的营销活动类型，能够自行策划和开展营销活动。

【技能目标】

1. 具备较强的用户管理和维护能力，能够将普通用户转化为粉丝，并与之建立长期稳定的良好关系。

2. 具备较强的活动策划和执行能力，能够通过活动达成营销目标。

【素养目标】

用户运营和活动运营涵盖多项工作，需要运营人员具备良好的沟通协调能力和统筹执行能力，以适应复杂多变的市场环境和用户需求。

项目导读

用户运营是指以用户为中心，通过搭建用户体系，针对目标用户开发产品、策划运营内容和活动等的一系列运营工作。活动运营是指企业/品牌为实现特定的运营目标，系统地开展一项或一系列活动。作为全媒体运营的核心，用户和活动始终是全媒体运营的两大重点。经过努力，雅韵清莲在各平台的账号的粉丝数量大幅增长，购买产品的用户也在不断增加。为更好地维护用户，与用户建立良好关系，雅韵清莲准备优化会员计划，为贡献值高的会员提供更多的权益；同时，还将创建粉丝微信群，增强粉丝黏性和提升粉丝对品牌的忠诚度。老李在明确品牌诉求后，让小赵为雅韵清莲搭建会员营销体系，并创建粉丝微信群，在合适的时机开展营销活动，增强与会员和粉丝的互动。

任务一　用户运营

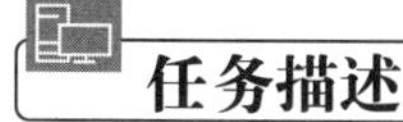

任务描述

小赵在分析雅韵清莲原有会员计划中存在的问题后，有针对性地为其搭建起全新的会员营销体系，然后创建了粉丝微信群（见表 5-1）。

表 5-1　　任务单

任务名称	用户运营	
任务背景	雅韵清莲原有会员计划中，凡是购买过品牌产品的用户都可以成为会员。但随着贡献值差距不断拉大，这些会员之间缺乏明显的等级划分和明确的升级要求，导致贡献值高的会员无法享受到更优质的服务。同时，雅韵清莲的粉丝多使用微信，他们希望能够在第一时间接收到品牌最新信息，包括上新信息、优惠信息、活动信息等，且能够在第一时间联系到品牌售后服务人员，解决售后服务问题。因此，小赵搭建起了全新的会员营销体系，并提前帮助雅韵清莲开通了企业微信，为粉丝微信群的创建做好了账号准备，同时根据粉丝的这些诉求创建了粉丝微信群并规划了发布内容	
任务阶段	■用户运营　□活动运营	
工作任务		
任务内容		任务说明
任务演练 1：搭建新中式女装品牌会员营销体系		【会员等级制度设计维度】消费金额、消费频次、入会时长 【会员积分系统设计维度】积分获取途径、积分有效期、积分使用规则
任务演练 2：创建粉丝微信群		【创建平台】微信 【设置项目】群名称和结构、群规则、群发布内容规划
任务总结：		

知识准备

一、用户分类

用户分类是指根据用户间的相似特征，将用户分为不同的类别。这一过程的最终目的是根据不同类别用户的需求和偏好，有针对性地制定营销策略，从而更好地为用户服务。根据用户生命周期、用户级别、交易时长、用户活跃度等的不同，可以将用户划分为不同的类别。

（一）根据用户生命周期分类

用户生命周期是指从用户首次接触企业/品牌，到停止与企业/品牌交易的整个过程。根据所处周期，用户可以分为引入期用户、成长期用户、成熟期用户、休眠期用户和流失期用户。其中，引入期用户为首次接触企业/品牌产品或服务的用户；成长期用户是开始体验产品或服务并初步形成对品牌或产品认知的用户；成熟期用户对产品或服务有深入的了解且频繁购买产品或服务；休眠期用户为开始远离品牌或产品的用户；流失期用户为长期未购买产品或服务的用户，如 90 天或半年。

（二）根据用户级别分类

根据级别的不同，用户可以分为普通用户、会员，会员又可细分为普通会员、超级会员等。不同级别的用户所享受的权益通常是不同的，如网络视频 App 的普通用户不可跳过广告、不可提前观看节目，而会员可享受跳过广告、提前观看节目的权益。

（三）根据交易时长分类

根据与企业/品牌交易时间的长短，用户可以分为新用户、老用户和忠实用户。其中，新用户通常指首次与企业/品牌发生交易行为的用户，老用户是指已经与企业/品牌发生过多次交易行为的用户，忠实用户是指长期与企业/品牌保持交易关系且对企业/品牌有很高的认同感和忠诚度的用户。

（四）根据用户活跃度分类

根据活跃度的不同，用户可以分为潜在用户、活跃用户、沉睡用户、流失用户等。其中，潜在用户指还没有购买过企业/品牌产品或服务，但存在购买需求、可能购买的用户；活跃用户指近期购买过企业/品牌产品或服务的用户；沉睡用户指以前购买过企业/品牌产品或服务但近期没有购买的用户；流失用户指长期未购买企业/品牌产品或服务的用户。

二、用户分级与维护

根据用户的价值的不同，可以将用户划分为不同的层级，从而搭建起用户管理体系，分级维护用户。

（一）借助 RFM 模型划分用户层级

RFM 模型是通过最近一次消费时间（Recency）、消费频率（Frequency）和消费金额（Monetary）3 个指标，综合评估用户价值的模型。具体使用时，3 个指标的判断依据如下所示。

（1）最近一次消费时间。最近一次消费时间间隔越小，R 指标分值越高。

（2）消费频率。消费频率越高，F 指标分值越高。

（3）消费金额。消费金额越大，M 指标分值越高。

根据 RFM 模型，用户可以划分为表 5-2 所示的 8 个级别。

表 5-2 使用 RFM 模型划分用户层级

R	F	M	用户层级
高	高	高	重要价值用户
高	低	高	重要保持用户
低	高	高	重要发展用户
低	低	高	重要挽留用户
高	高	低	一般价值用户
高	低	低	一般保持用户
低	高	低	一般发展用户
低	低	低	低价值用户

提示

RFM 模型适用于大多数企业/品牌，但其划分不是绝对的，运营人员可以根据企业/品牌的现实情况进行细节上的调整。

（二）分级维护用户

完成用户分级后，运营人员可以针对不同层级的用户采取不同的维护措施，强化与用户之间的关系，如表 5-3 所示。

表 5-3 分级维护用户

用户层级	维护措施
重要价值用户	重在提高忠诚度，可为其提供个性化服务，定期向其推送优惠信息，开展专享活动
重要保持用户	重在增强黏性，可向其推送品牌活动信息、提供专属服务、发放专属权益等
重要发展用户	重在引导消费升级，可开展关联营销，并加大优惠力度
重要挽留用户	重在提高留存率，可通过提高服务质量或采取促销手段提升其购买兴趣
一般价值用户	重在增加单次消费金额，如向其销售价值更高的产品，并提供一定的权益、折扣优惠等
一般保持用户	重在激活，可以向其推送折扣热门产品，或推送促销信息、折扣信息，与其重新取得联系
一般发展用户	重在保持品牌形象，可与其定期沟通，了解其需求变化，并向其推荐相关产品
低价值用户	需要考虑是否继续维持与其的关系，可向其提供基础服务以降低服务成本或直接放弃

三、粉丝维护

当普通用户转化为粉丝后，用户的忠诚度会有所提高，此时运营人员需要采取一些措施，维护好与粉丝之间的关系，持续发挥粉丝的价值。常见维护方法如下所示。

（一）会员营销

会员营销是为维持与粉丝长期、稳定的关系，通过构建会员营销体系，为高忠诚度粉丝提供个性化服务的一种营销方式。

1. 设计会员等级制度

构建会员营销体系首先需要设计会员等级制度，以便依据不同的会员等级为会员提供差异化的服务和权益。

（1）划分等级。根据会员的入会时长、消费金额、消费频次、累积积分等的不同，将会员划分为不同的等级，如普通会员、白银会员、黄金会员等。

（2）设定权益。为不同等级的会员设定不同的权益，如不同等级的会员在购买产品或服务时享有不同的折扣力度、获得不同的积分等。这些权益应具有吸引力和明显的差异，以激发会员的升级欲望。

2. 设计会员入会与招募机制

构建会员营销体系需要设计合理的会员入会与招募机制，以便将更多的粉丝转化为会员。

（1）设置入会门槛。在构建会员营销体系的不同时期，可设置不同的入会门槛。一般而言，在构建会员营销体系初期，为吸收更多的会员，可采用免费入会策略；在构建会员营销体系成熟期，可适当提高入会门槛，如达到一定消费金额才能入会，以保证会员质量。

（2）确定招募渠道。为增加会员数量，运营人员可通过线上线下多种渠道招募会员，如社交媒体平台、线下活动等。同时，可设置相应的奖励机制，如会员邀请好友入会可获得奖励积分等，以鼓励现有会员邀请新会员加入。

3. 实施会员营销策略

实施会员营销策略的主要目的是提高会员忠诚度、增强会员黏性、提高会员重复购买频率等。

（1）建立会员积分系统。会员积分系统应具有灵活性和多样性，以满足不同会员的需求。例如，会员可通过消费、签到、参与活动等方式获取积分，积分可用于兑换礼品、优惠券或抵扣现金等。

（2）提供会员专属优惠。根据会员等级提供会员专属优惠，激励会员下单，增加会员的消费金额。

（3）开展会员专享活动。定期举办会员日、会员专场等活动，为会员提供更多的优惠和福利，提高会员的参与度和活跃度。

（4）提供会员生日礼遇。向会员发送生日祝福并附上优惠券或礼品，展示品牌的人文关怀，提升会员的满意度和忠诚度。

（5）关注会员反馈。通过线上问卷调查、会员观察等方式，收集会员的反馈信息，以优化会员服务，提升会员的满意度。

（二）社群运营

从流量的角度来看，粉丝是重要的私域流量，很多企业/品牌会将粉丝导流到社群这一私域流量池中，通过社群运营提升粉丝活跃度，增强粉丝黏性。

1. 创建社群

社群是基于共同的需求和爱好，将志同道合的人聚起来形成的一种关系圈子。在粉丝维护中，运营人员可以通过社群把具有相似性的粉丝聚集起来，实现集中管理。例如，分别为偏好福利、同为会员的粉丝创建粉丝福利群、会员群，并在这两个社群中发布社群成员感兴趣的内容。在创建社群时，需要做好以下 3 个方面的工作。

（1）明确社群定位。在创建社群前，运营人员应该明确社群的定位，简单来说，就是确定社群的用途。具体确定社群定位时，可以从 6 个方面来思考，即为什么要创建社群、社群可以给社群成员提供什么价值、社群成员是谁、在什么时间创建社群、在哪个平台创建社群、如何变现。

（2）设置社群名称。社群名称是粉丝对社群的第一印象，是粉丝了解社群的首要途径。一个好的社群名称可以有效吸引粉丝，给粉丝留下良好的印象。给社群命名时，既可以从形成社群的主要因素命名，也可以根据粉丝的需求命名，还可以将二者结合起来。

（3）明确社群结构。社群中，不同的角色共同构成社群结构，社群结构是否合理影响着社群的运营效果。一个相对完整的社群结构通常包含 4 类角色，分别是负责策划和执行运营策略的群管理员（如群主、群助理）、具有一定影响力的社群意见领袖、负责活跃群内气氛的活跃成员、普通成员。

2. 制订社群规则

制订合理的社群规则可以规范社群成员的行为，确保社群可以长期为粉丝提供服务。

（1）引入规则。引入规则有助于提高社群的质量，延长社群的生命周期。引入规则主要有 4 种：邀请制（指由群管理员邀请入群）、任务制（指完成任务后才可入群）、付费制（指付费入群）

和举荐制（指由社群成员推荐入群）。

（2）日常规则。日常规则是对社群成员日常行为的一系列规范，一般展示在群公告中，主要包括名称规则和内容发布规则。其中，名称规则指社群成员的名称设置规则，统一规范的名称可方便识别社群成员和管理社群；内容发布规则指在社群中发布内容时需要遵守的规则，包括可以发布的内容和禁止发布的内容。

3. 规划社群发布内容

根据粉丝需求的不同，社群中发布的内容会有所区别，具体操作时，可以根据社群定位来规划内容。

（1）干货型内容：能够给粉丝提供价值的、与粉丝利益相关的内容，如美食教程、穿搭教程、旅行攻略等。

（2）营销型内容：与产品或服务营销转化相关的内容，如产品优惠信息、新品上新信息、会员活动信息等。

（3）互动型内容：用来与粉丝互动，提升其活跃度的内容，如接龙、快问快答、拼手气红包等相关的内容。

（4）售后服务型内容：用于解决售后服务问题的相关内容，如物流咨询、退换货处理等。

（5）价值观型内容：与社群文化、社群价值观相关的内容，用于增强粉丝的归属感和黏性。

4. 开展社群活动

社群活动是提升粉丝活跃度和凝聚力的重要手段，常见的社群活动有社群分享、社群福利、社群打卡等。

（1）社群分享。社群分享活动通常围绕某一话题进行，如对某事的心得、体会、感悟、看法等。

（2）社群福利。社群福利可以有效提升粉丝活跃度。常见的社群福利有物质福利（如礼品）、现金福利（如红包）、优惠福利（如打折）、荣誉福利（如荣誉称号）、虚拟福利（如积分）等。

（3）社群打卡。社群打卡可以培养粉丝的良好习惯、行为，激励粉丝不断重复某种行为。为营造积极的打卡氛围，运营人员可以通过树立榜样、给予鼓励、设置竞争、提供惊喜等方式提升粉丝的打卡积极性。

> 提示
>
> 定期发布有吸引力、高价值的内容，满足粉丝的信息需求，开展抽奖和直播等线上活动，以及开展粉丝见面会和产品发布会等线下活动，都是维护粉丝的有效方法。

任务实施

任务演练1：搭建新中式女装品牌会员营销体系

【任务目标】

先设计会员等级制度，然后搭建积分系统配合会员营销体系使用，提高会员服务质量。

【任务要求】

本次任务的具体要求如表 5-4 所示。

表 5-4　任务要求

任务编号	任务名称	任务指导
(1)	设计会员等级制度	确定会员等级划分维度，明确各等级会员权益
(2)	搭建会员积分系统	确定积分获取途径，明确积分有效期和使用规则

【操作过程】

1. 设计会员等级制度

(1) 确定会员等级划分维度。会员等级既要具有公平性又要具有激励性，这一点正是雅韵清莲原有会员计划所缺乏的。从雅韵清莲已有会员的情况来看，不同贡献值的会员的消费金额、消费频次、入会时长不同，可以从这 3 个维度来划分会员等级，如划分为初级会员、中级会员、高级会员和超级会员。

(2) 设置不同会员等级的消费金额。就消费金额而言，不同会员等级的消费金额应当有区别，且与产品价格档位相关。雅韵清莲没有入会门槛，因此，初级会员的最低消费金额为 0 元。结合雅韵清莲的产品价格档位——200～500 元、700～1500 元，可以将第一档价格的最高价的 2 倍设置为中级会员的最低消费金额，将第二档价格的最高价的 2 倍设置为高级会员的最低消费金额，将高级会员的最低消费金额的 3 倍（为突出升级的不易，这里加大倍数）设置为超级会员的最低消费金额，如消费金额为 0～999 元的为初级会员、消费金额为 1000～2999 元的为中级会员、消费金额为 3000～8999 元的为高级会员、消费金额在 9000 元及以上的为超级会员。

(3) 设置不同会员等级的消费频次。服装产品一年中的更换频率较高，在设置各会员等级的消费频次要求时可以以年为单位，如一年中消费频次在 2 次及以下的为初级会员、消费频次为 3～6 次的为中级会员、消费频次为 7～11 次的为高级会员、消费频次在 12 次及以上的为超级会员。

(4) 设置不同会员等级的入会时长。入会时长反映会员的忠诚度，随着年份的增长，入会时长也会不断延长。因此，可以将初级会员的入会时长设置为较短时长，然后在此基础上叠加设置其他会员等级的入会时长，如会员时长在 6 个月及以下的为初级会员、7～24 个月的为中级会员、25～48 个月的为高级会员、49 个月及以上的为超级会员。

(5) 明确各等级会员权益。就初级会员而言，权益一般较少，其余等级会员的权益会依次增加。

(6) 建立会员等级制度。汇总以上内容，搭建起完整的会员等级制度，如表 5-5 所示。

表 5-5　会员等级制度

会员等级	消费金额	消费频次	入会时长	会员权益
初级会员	0～999 元	≤2 次	≤6 个月	基础积分累积比例、会员日基础折扣
中级会员	1000～2999 元	3～6 次	7～24 个月	积分累积比例增加、会员专属优惠、生日礼品
高级会员	3000～8999 元	7～11 次	25～48 个月	高级折扣、优先服务、专属活动邀请、定制化服务
超级会员	≥9000 元	≥12 次	≥49 个月	最高折扣、专属礼品、尊享客服、定制化体验

2. 搭建会员积分系统

（1）确定积分获取途径。雅韵清莲作为新中式女装品牌，其核心业务是产品销售，因此，购物成为积分的主要来源。除此之外，其开展的各项会员活动也可作为积分来源，如签到、分享等。

（2）明确积分有效期。为积分设置有效期可以激励会员尽快使用积分，提高积分的使用效率。积分有效期不宜过长或过短，为方便管理，可以以年为依据设置积分有效期。

（3）明确积分使用规则。积分应当具有实用性，可以给会员带来利益，如兑换礼品或服务、抵扣现金等。

（4）建立会员积分系统。汇总并完善以上内容，形成完整的会员积分系统，如表 5-6 所示。

表 5–6　会员积分系统

积分获取途径	购物：每消费 1 元积 1 分 签到：每日签到积 1 分，连续签到 7 天额外奖励 5 积分 分享：分享入会链接，每成功邀请一位新用户入会，双方各得 5 积分
积分有效期	积分有效期为一年，未使用的积分每年年底清零
积分使用规则	基础规则：积分可用于兑换礼品或服务、抵扣现金等，不可直接提现或转让 兑换规则：会员日，用 500 积分可兑换特定会员礼品 抵扣规则：日常购物期间，用 1000 积分可抵扣 50 元现金，用 2000 积分可抵扣 100 元现金

任务演练 2：创建粉丝微信群

【任务目标】

为雅韵清莲创建粉丝微信群，并设置群名称、规则，规划发布内容，做好对粉丝的维护。

【任务要求】

本次任务的具体要求如表 5-7 所示。

表 5–7　任务要求

任务编号	任务名称	任务指导
（1）	确定微信群名称和结构	根据建群的核心要素命名，根据微信群所处发展阶段确定社群结构
（2）	设置微信群规则	设置入群规则和日常内容发布规则
（3）	规划发布内容	根据粉丝诉求规划发布内容
（4）	创建微信群	利用企业微信创建微信群

【操作过程】

（1）确定微信群名称。雅韵清莲的微信群是围绕粉丝创建的，可以根据这一要素设置微信群名称，如“雅粉服务中心”。

（2）确定微信群结构。该微信群处于成立初期，不需要过多的角色，可以暂时只划分群管理员和普通成员两类角色，其中，群管理员细分为群主和群助理，根据微信群管理的需要再细分各群助理的职能，如图 5-1。

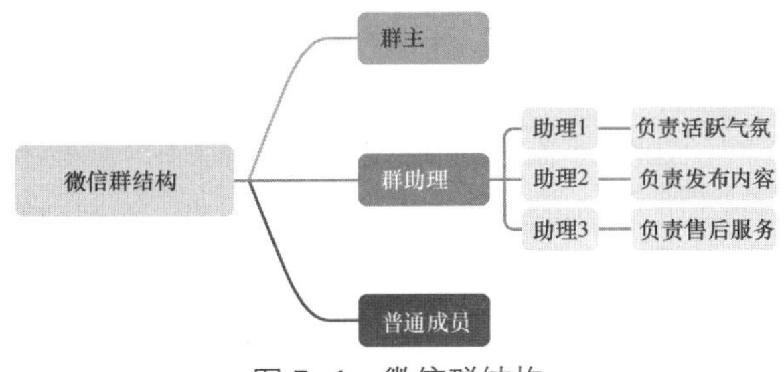

图 5–1　微信群结构

（3）设置微信群规则。微信群成员均为粉丝，因此需要设置引入规则，避免其他不相干人员进入。例如，采用邀请制，由群管理员邀请关注品牌官方账号的粉丝入群。同时，还要设置日常内容发布规则，规范粉丝在群内的言行，以便管理。例如，禁止粉丝在群内发布违反法律法规的内容，严禁骚扰、谩骂、攻击其他群成员或故意挑起争议，等等。

（4）规划发布内容。粉丝的诉求主要有两点：第一时间接收品牌最新信息、第一时间解决售后服务问题。根据粉丝的诉求，可以将发布内容分为两大类：营销型内容和售后服务型内容。其中，营销型内容主要由上新信息、优惠信息、活动信息等组成，售后服务型内容主要由用户反馈问题处理、退换货处理、投诉处理和用户回访等售后服务相关内容组成。

（5）创建微信群。打开企业微信 App，在主界面点击⊕按钮，在打开的列表中点击“发起群聊”选项，打开“发起群聊”界面，在其中选择担任群助理的工作人员，创建微信群。进入微信群，在聊天界面，点击按钮，在打开的界面中选择“设置群名”选项设置微信群名称，选择“群公告”选项，设置群规则，选择“群管理”选项，在打开的界面中点击“群聊邀请确认”选项对应的按钮（启用后，群成员需要群主或群管理员确认才能邀请成员入群，邀请微信好友和群二维码将同时停用），如图 5-2 所示。

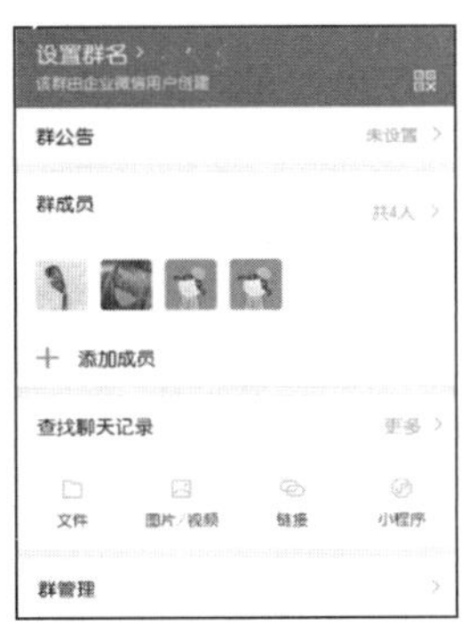

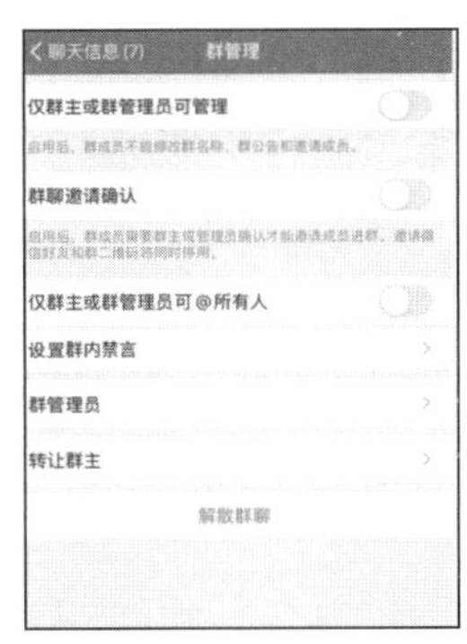

图 5–2　创建微信群

任务二　活动运营

任务描述

最近，小赵又接到新的任务，即为雅韵清莲开展营销活动，宣传推广品牌，提升产品销量（见表 5-8）。

表 5-8　任务单

任务名称	活动运营
任务背景	还有一个月就是春节，这样一个备受关注的节日，是一个非常好的营销时机。小赵与雅韵清莲团队商议后，选择在春节开展借势营销，并以红色为主色调设计了一组新衣，以营造出浓厚的节日氛围
任务阶段	□用户运营　■活动运营
工作任务	
任务内容	任务说明
任务演练 1：策划春节借势营销活动	【活动类型】借势营销 【策划项目】活动目的、活动主题、活动玩法、活动规则、预估活动成本
任务演练 2：开展春节借势营销活动	【开展依据】活动流程表 【开展事项】预热活动、发布活动、推进活动
任务总结：	

知识准备

一、营销活动类型

活动运营中可供选择的营销活动类型丰富，不同的营销活动类型具有不同的目的。

（一）日常促销类活动

日常促销类活动是指在日常运营中，通过降价、赠送礼品、提供折扣等方式吸引用户购买产品或服务的一类活动，其目的主要是促进销售。常见的日常促销类活动有打折、满减、买赠等。

1. 打折

打折即在原价的基础上以一定折扣销售，常见打折形式有指定购买数量享受一定折扣（如两件 7.5 折）、全场折扣（如全场 5 折）、特定单品折扣（如新品一件 8.8 折）、阶梯满折（如两件 8 折、3 件 7.5 折、4 件 7 折）等。

2. 满减

满减即用户在消费金额达到规定数额后可享受一定的减价优惠，常见满减形式有跨店满减（如淘宝的满 300 元减 50 元跨店满减）、店铺满减（如超市的满 70 元减 10 元）等。满减通常会根据消费金额设置不同的档位，如满 100 元减 20 元、满 200 元减 50 元、满 300 元减 80 元等，从而更好地提高客单价（每个用户平均购买产品的金额）。

3. 买赠

买赠即用户购买指定产品，或在指定渠道购买产品，或在消费金额达到规定数额后可获得赠品。例如，买方便面赠送碗、在直播间购买产品时备注暗号可获赠小礼品、消费金额满 500 元可获赠小包一个等。

（二）社交裂变类活动

社交裂变类活动的目的主要是通过用户之间的分享，促进营销信息的传播或产品的销售等，其核心思想是利他和共赢。常见的社交裂变类活动有分享裂变、拼团裂变、邀请裂变、助力裂变等。

1. 分享裂变

分享裂变即用户分享后可获得福利或奖品。例如，关注并分享账号，可免费领取学习资源。常见的分享裂变形式有文字分享（让用户分享文字式营销内容，通常以复制或转发的形式实现）、网页链接分享（让用户分享带有营销信息的网页链接，分享给一定数量的人后，用户可免费获得福利）、图片分享（让用户分享植入App、小程序、社群二维码链接等的图片，其他用户扫描二维码进入小程序、社群等后，分享者和被分享者均可领取福利）。

2. 拼团裂变

拼团裂变主要利用低价促使用户通过分享获利，常见的拼团裂变形式有普通折扣团、团长优惠团等。其中，普通折扣团中，用户可以自主参与拼团并享受优惠；团长优惠团中，只有开团者才能享受优惠，其余人员只能以原价购买。

3. 邀请裂变

邀请裂变主要借助老用户获取新用户，通常给予老用户一定的奖励，以激励老用户拉取新用户，同时也给予新用户一定的奖励。

4. 助力裂变

助力裂变可让用户利用好友的帮助获取利益，用户分享助力链接给规定数量的好友，待好友参与助力，用户就可享受优惠。助力裂变的形式主要有砍价助力、点赞转发等。其中，砍价助力的核心操作是用户通过邀请好友帮忙砍价，从而获得更加优惠的产品或服务，如拼多多的“砍一刀”活动。点赞转发主要通过两种方式实现，一种是用户转发内容，待内容获得规定数量的点赞后便可获得相应的奖励；另一种是企业/品牌指定可获奖的点赞数排名。

（三）营销推广类活动

营销推广类活动的主要目的是宣传推广品牌或产品，最终提高品牌或产品的竞争力和市场地位。常见的营销推广类活动有口碑营销、事件营销、借势营销、IP营销等。

1. 口碑营销

口碑营销是指利用各种手段，引发用户对企业/品牌的正面讨论，并激励用户主动向他人推荐企业/品牌的产品、服务等，以促进企业/品牌产品、服务的快速传播。其开展顺序通常为先利用口碑打造话题，激发用户的讨论欲望和好奇心，然后通过与其他优秀企业/品牌合作、利益和价值引导（如转发抽奖、低价促销等）等方式扩大口碑的传播范围。

2. 事件营销

事件营销是指利用具有新闻价值或营销价值的事件开展营销，从而促进产品或服务的转化。事件营销中的事件可以是自行打造的事件，也可以是已有的事件，常见的事件类型有新闻事件、名人事件等。

（1）新闻事件：对品牌产品或服务有价值、覆盖面广、影响大的新闻事件。

（2）名人事件：利用名人的影响力提升产品附加值，扩大影响范围，如更换某名人为代言人。

（3）热门事件：广受关注的社会热门事件，如微博热搜上的热门事件。

（4）体育事件：一般指重大体育赛事，如世界杯、奥运会等。例如，一些品牌会以赞助或冠名的方式借助体育事件开展营销。

（5）实事事件：一些突然的、特定发生的真实事件，可以是自然事件、政治事件，也可以是社会事件。

3. 借势营销

借势营销是指借助备受关注的社会新闻、热点事件等，宣传品牌或产品，以获取用户的关注。借势营销的关键是找准借势对象及借势对象与品牌或产品之间的关联。

（1）借势对象。常见借势对象有节气、节日、重大体育赛事、娱乐新闻、实时热点等。

（2）找准关联。寻找借势对象与品牌或产品之间的关联时，可以将品牌理念、用户生活方式和价值观、借势主题三者联系起来，找到三者之间的共通之处。

4. IP 营销

IP 营销是指通过打造独有的情感、情怀、趣味等品牌内容，持续输出价值，聚拢用户，使用户认同品牌的价值观，对品牌产生信任，从而获得长期流量的一种营销活动方式。IP 营销的开展通常分为 3 步。

（1）第一步——打造 IP。打造 IP 时，可以选择能够代表企业/品牌形象的卡通人物作为 IP，或者将产品或品牌打造成 IP。

（2）第二步——传播 IP。IP 传播的方法主要有持续发布与 IP 相关的内容、投放广告、鼓励用户创作与 IP 相关的内容、邀请名人帮忙宣传 IP 等。

（3）第三步——IP 变现。常见的 IP 变现方法有研发其他内容业态和综合业态、出售衍生品、将 IP 授权给第三方使用等。

（四）公关类活动

公关类活动是指企业/品牌通过各种手段与媒体、公众等建立良好的关系，进而塑造良好的企业/品牌形象、提升企业/品牌声誉的活动类型。常见的公关类活动有新闻发布会、赞助活动、公益活动等。

二、策划营销活动

活动运营是一项系统性的工作，其具体流程主要分为 3 个阶段，分别是活动策划阶段、活动执行阶段和活动复盘阶段。活动策划阶段是活动运营的第一个阶段，运营人员在此阶段需要搭建起完整的活动框架，规划好活动运营的实施步骤，为后续活动的开展做好准备。

（一）明确活动目的

活动目的是活动运营的出发点和落脚点，明确活动目的对活动策略和行动方案的拟定具有指导作用。常见的活动目的主要有 4 种，分别是拉新/引流、促进转化/销售、提升用户活跃度、宣传推广品牌/产品/活动等。

（二）明确活动主题

活动主题是指活动的中心思想，好的活动主题能加深用户对活动的印象。运营人员可以借助活动主题吸引用户的注意，通过清晰、明确的传达方式，向用户传递活动信息，调动用户参与的积极性。一般来说，好的活动主题都具有一些共性，例如，易于理解、富有趣味、富有情感，或者直接说出活动可给予用户的利益。

（三）明确活动玩法

活动玩法是引导用户完成提前设定好的动作，最终达成活动目的的运营手段。不同目的的活动有不同的玩法，如以拉新为目的的活动玩法有分享裂变、邀请裂变等，以促进销售为目的的活动玩法有打折促销、满减等。

（四）制定活动规则

活动规则是用户参与活动所需要遵守的基本原则和规范。活动规则通常包含活动时间、参与条件、参与方式、领奖方式及注意事项等。在设计活动规则时，应该注意以下 3 点。

（1）全面、简单。活动规则应包含所有必要信息，包括活动时间、参与条件等。同时活动规则的描述要尽量简单、直白，便于用户理解。

（2）重点展示核心规则。在设计活动海报以展示活动规则时，应当重点展示核心规则，并将其余规则折叠起来，放入专门的活动规则解释页面。这种方法可以便于用户获取重要信息，激发用户参与活动的积极性。

（3）复杂规则使用示例。在解释较为复杂的活动规则时，尽量增加示例的展示，帮助用户理解活动规则，特别是一些涉及计算的活动规则。

明确合理的活动规则是活动顺利开展的依据。

（五）预估活动成本

一般来说，企业/品牌给予一个活动的预算是有限的，因此，运营人员在开展活动运营时需要考虑活动成本，在活动开始前罗列出活动中可能产生的所有花费。活动成本一般包括活动宣传推广费用、购买奖品或发放红包等所需的费用、物料费用、场地租赁费用、主持人或活动相关人员的费用等。在预估活动成本时，要同时考虑成本的控制，尽量减少不必要的开支。在保证活动效果的前提下，思考预算中的每一项支出是否有可替代的低成本方案。

三、开展营销活动

开展营销活动对应活动运营的第二个阶段——活动执行阶段，在此阶段，运营人员需要按照活动策划中的规划逐步推动活动落地，保证活动的顺利进行。

（一）活动准备

活动准备主要包括制定活动流程表，准备活动物料等工作，通常需要花费较多的时间，对于活动的顺利开展有重要意义。

1. 制定活动流程表

活动流程表可以明确每个活动阶段的具体工作，是有序推进活动的重要保障，活动流程表如表 5-9 所示。

表 5–9　　活动流程表

序号	工作项目	工作细节	所需物料	完成时间	负责人
（1）	确定活动细节	包括活动形式、活动可调用人员等		9 月 25 日	小文
（2）	活动现场设计	确定活动场地布置方案	场地资料、设计稿	9 月 25 日	小文
（3）	基础物料采购	采购抽奖箱、抽奖球、气球等；确定活动宣传海报设计方案、宣传单的印发等	活动成本预算表	9 月 27 日	小文
（4）	人员分工安排	收银：2 人； 店内引导用户选购和讲解活动：3 人； 抽奖：1 人； 宣传：1 人； 宣传单分发：2 人	活动宣传话术、活动宣传海报、宣传单	9 月 28 日	小包
（5）	布置活动场地	使用气球装饰店门口（呈拱门状），并在店门口放置好抽奖箱	气球、抽奖箱、抽奖球	9 月 29 日	所有员工
（6）	发布活动预告	在微博、微信群同步发布活动预告	活动预告文案、活动宣传海报	9 月 29 日	小张
（7）	宣传活动并与用户互动	在微博、微信群宣传活动并与用户互动	互动文案	10 月 1 日—10 月 7 日	小张
（8）	活动监测	监测各项活动数据	后台数据	10 月 1 日—10 月 7 日	小张
（9）	宣布活动结束	在所有渠道宣布活动结束，感恩用户	活动结束话术	10 月 7 日	小张

2. 准备活动物料

活动物料是活动过程中所需的各种资料，常见的活动物料有以下 4 类。

（1）宣传物料。宣传物料是指在活动中需要向用户展示的所有资料，包括活动宣传海报、宣传单等。

（2）活动话术。话术是指说话的艺术或技巧。活动中需要向用户介绍活动详情及与品牌或产品相关的信息，这种情况下就要使用宣传话术。此外，用户对活动可能会产生疑问，这就需要提前整理出用户可能咨询的常见问题，并准备好回复话术。

（3）营销工具。在线上宣传时，运营人员可能需要使用一些营销工具来提升活动的热度（如微博的抽奖工具等），并提前设计和准备好相应的奖品、优惠链接等。

（4）引流账号和流量池。活动过程中有时需要在线上宣传，这就需要提前准备好宣传用的引流账号，以及承接、储蓄流量的流量池。例如，要将线下用户引流到微信群中，需要提前准备好引流用的企业微信，并创建好承接和储蓄流量的微信群。

（二）活动预热

活动预热的作用主要有两个，一是让更多的用户了解活动的相关信息，二是引发用户的互动和讨论，为活动造势。全媒体运营中，常见的活动预热手段主要有以下 3 种。

（1）全渠道宣传预热：在所有企业/品牌开通账号的平台上宣传活动，借助渠道的广泛性提升活动声量，如通过微博、微信、抖音等联合宣传活动，并通过免费或付费方式扩大活动信息的传播范围。

（2）签到奖励预热：在预热期间，给连续签到打卡的用户发放奖励，以激发用户自发宣传的积极性。

（3）转发奖励预热：给转发活动信息的用户奖励，通过奖励刺激促进活动信息的扩散。

提示

活动的预热周期不宜过长，具体可视活动大小而定，一般建议将活动预热周期控制在 3～5 天，大型活动可适当延长预热周期。

（三）活动发布

活动发布需要注意发布的时间、渠道，以确保活动能够引起较多用户的关注。

1. 活动发布时间

活动发布时间的选择会影响活动前期的热度，最终影响活动的效果。一般来说，在以下时间节点发布活动更容易提高活动的曝光度。

（1）传统节日。春节、端午节、中秋节等传统节日一般具有很高的热度，是活动发布的好时机。

（2）电商活动日。随着电子商务的发展，很多电商平台也推出大型促销活动日，如“6・18”“双 11”等。在电商平台的宣传下，这些活动日的热度也很高，因此，在活动日期间发布活动也可以大幅提高活动的曝光度，但要注意活动最好与电商活动日有关。

（3）品牌自有节日。品牌可以自创节日，如周年庆、会员日等，这些日子具有特殊意义，对于品牌用户来说是值得关注的日子，在这些日子发布活动也容易吸引用户的注意。

（4）其他发布时间。除以上日期外，企业/品牌也可自行根据营销需求选择活动发布时间，一般来说，大型活动在有特殊意义的日期发布效果更好，小型活动可配合营销计划发布。

2. 活动发布渠道

活动发布渠道的选择影响活动触达效果，具体选择时，应重点考虑两个方面的因素。

（1）渠道用户。渠道用户与活动的目标用户匹配度越高，活动信息触达的用户就会越精准，活动信息的有效性就会越强。

（2）活动发布成本。活动发布需要一定的成本，包括时间成本、资金成本等，运营人员在选择发布渠道时需要衡量不同渠道的活动发布成本，评估活动发布效果，以使效益最大化。

提示

在一天中的各个时间段，不同渠道的流量存在差异，因此，在发布活动时，应选择各渠道流量最佳的时期，以达到良好的传播效果。

（四）活动跟进

活动正式发布后，需要运营人员持续跟进活动进展，包括宣传造势、数据监控、收集用户反馈信息、调整和优化活动方案等。

（1）宣传造势。活动开展过程中，运营人员一般需要持续宣传活动，包括在多个平台同步更新活动开展情况，发布活动现场照片、视频、趣味事件等，引起用户持续参与活动的兴趣，同时不断提升活动的热度。

（2）数据监控。数据监控是活动跟进过程中非常重要的环节，主要包括基本数据的监控和与活动相关的用户行为数据的监控。其中，基本数据主要有订单量、产品销量、总销售额、活动宣传页或产品详情页的访问量等，与活动相关的用户行为数据主要有微博等社交媒体平台转发用户总数、会员充值人数等。

（3）收集用户反馈信息。收集用户反馈信息是活动跟进过程中的一项重要任务，它能反映数据分析无法反映出的问题，包括用户在微博、微信群等的留言及咨询时常问的问题等。因此运营人员一方面需要提前预留用户反馈渠道，如微博评论区、微信群、咨询电话等，方便收集用户反馈信息；另一方面需要提前确定用户常问的问题的答案，以及安排接待人员，以便快速反应，提升用户的满意度。

（4）调整和优化活动方案。活动方案不是一成不变的，因为它不能准确预知活动过程中发生的所有事情。这时就需要运营人员根据数据监控中收集的数据、用户反馈信息，发现活动方案中没有考虑周全的问题，然后根据实际情况调整和优化活动方案。

四、活动复盘

活动复盘以数据为核心依据，包括数据监控中收集的数据、用户反馈信息等。在此基础上，运营人员要从数据中总结亮点、发现问题，并思考问题成因和解决措施，避免类似问题的再次发生。活动复盘的完整的流程如下所示。

（一）回顾活动目标

在整个活动运营的过程中，各项工作大多是围绕活动目标开展的，因此，复盘时首先回顾活动目标更有利于判断活动效果是否达标。

（二）对比活动结果

活动结果的对比来自数据的准确对比，一般来说，活动目标可能不止一种。例如，通过一次活动期望同时达到“增粉××人、销售商品××件”的目标。因此，在对比活动结果时，应当将活动目标涉及的数据全部统计。例如，某企业策划了一场简单的微信公众号抽奖活动，活动目标为“参与人数超过 5000 人、涨粉 2000 人、转发量超过 2000 次”，活动结果为“参与人数 4500 人、涨粉 1538 人，转发量 1456 次”，对比后发现各项数据均未达到活动目标。

（三）深入分析原因

对比活动结果后，运营人员可以根据对比得出的差异，展开原因分析，如高估某个渠道的流量转化能力、广告投放时间点有误、宣传文案内容缺乏吸引力。随后，在假设的基础上进行验证，常用验证方法有回访用户等。

（四）总结经验和教训

总结时，要尽可能地发现问题的本质，并得出实际可行的解决办法。例如，总结微信公众号抽奖活动时得出一条经验：以后举办类似的活动，需增设“仅关注才可参与”的参与条件，从而增加微信公众号“涨粉”数量。

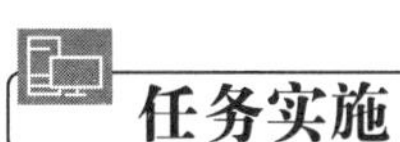

任务实施

任务演练 1：策划春节借势营销活动

【任务目标】

根据活动策划的工作内容及借势营销的开展步骤，完成春节借势营销活动方案的策划，包括活动目的、活动主题、活动玩法等的确定。

【任务要求】

本次任务的具体要求如表 5-10 所示。

表 5-10　　任务要求

任务编号	任务名称	任务指导
（1）	确定活动目的	根据活动开展背景确定活动目的
（2）	确定活动主题	围绕借势对象、品牌主张、用户想法确定活动主题
（3）	确定活动玩法	围绕活动主题确定活动玩法
（4）	制定活动规则	围绕活动玩法确定活动规则
（5）	预估活动成本	根据活动玩法明确各费用支出项目

【操作过程】

（1）确定活动目的。雅韵清莲开展本次活动的目的主要有两个：宣传推广品牌、促进产品销售。

（2）确定活动主题。活动在春节期间开展，可将春节团圆这一主题与品牌个性化的主张和用户回家团聚相结合，从情感上设计主题。

（3）确定活动玩法。根据活动主题，活动玩法应当围绕“如何不将就”展开。例如，采用“晒新年照，赢取新年大礼包”的玩法，将穿雅韵清莲新衣和展示个性化自我相结合，鼓励用户穿着新衣拍摄新年照，并发布至社交媒体平台，品牌根据照片创意和点赞数综合评选，每周评选出 10 名创意者，为其赠送新年大礼包，其中包含配饰、优惠券等。为扩大活动影响力，可先邀请时尚领域的达人率先参与活动，并在社交媒体平台投放广告推广活动。

（4）制定活动规则。活动规则围绕活动玩法展开，如让用户在发布照片时@雅韵清莲品牌官方账号，并附带话题#过年新衣不将就#。

（5）预估活动成本。根据活动玩法，活动主要涉及达人合作费、广告投放费、新年大礼包成本、运营和人力成本等，具体可根据品牌的预算和查询各费用支出项目的花费计算。

任务演练 2：开展春节借势营销活动

【任务目标】

制作活动流程表，清晰规划活动流程，确保活动能够顺利进行。之后在各平台预热和发布活动，推动活动有序进行。

【任务要求】

本次任务的具体要求如表 5-11 所示。

表 5-11　　任务要求

任务编号	任务名称	任务指导
（1）	做好活动准备	制作活动流程表
（2）	活动预热和发布	确定主流社交媒体平台的预热手段，并设计预热文案
（3）	活动执行和跟进	根据活动流程表推进活动

【操作过程】

（1）做好活动准备。春节是一个大型节日，在春节期间开展的营销活动通常规模较大，因此可以提前一个月准备、提前两周或者一周预热，然后根据活动方案开展活动。各活动阶段的工作可在活动流程表中明确，以把控活动节奏。由于雅韵清莲还没有确定最终的活动开展时间和活动参与人员，这里只给出大致的活动安排，如表 5-12 所示。

表 5-12　　春节借势营销活动流程表

活动阶段	工作安排	所需物料	时间规划	负责人
活动准备阶段	根据活动方案，筹备微博、微信这两大主流社交媒体平台所需的预热和推广文案、活动宣传海报等	活动方案、图文设计工具	第一周	××
	联系达人合作	时尚领域达人资料	第二周	××
	制作新年大礼包，设计新年大礼包包装	活动成本预算表	第三周	××
	培训运营团队，确保活动期间其能够快速回应用户咨询	咨询回复话术	第四周	××
活动预热和发布阶段	在微博、微信发布活动预告	活动预热文案、活动宣传海报	第一周	××
	与达人合作发布内容，提升活动预热效果	活动预热文案、活动宣传海报	第一周	××
活动执行和跟进阶段	与用户互动，评选并公布“晒新年照，赢取新年大礼包”获奖名单	互动文案、评选结果、结果公布文案	全程	××
	监测各项活动数据	后台数据	全程	××

（2）活动预热和发布。根据活动玩法，活动分为两个阶段，一个阶段是用户晒照，一个阶段是雅韵清莲公布获奖名单。运营人员可以将前一阶段作为预热阶段，围绕这一阶段设计活动预热

文案和活动宣传海报。活动预热文案需要根据平台的风格设计。就平台而言，雅韵清莲已开通微博官方账号，并开设有微信公众号、微信粉丝群，运营人员可分别为这 3 个细分渠道设计不同的文案，示例如下所示。

微博预热文案：

#过年新衣不将就#

亲们，春节的脚步越来越近啦！是时候给自己的衣橱添置几件充满年味的新衣啦！

雅韵清莲从心出发，为你设计了独一无二的红色春节战袍，给新衣一点新意！

穿上这份美丽，记录你的美好瞬间，晒出你的新年照，带话题#过年新衣不将就#分享至微博，并@雅韵清莲，就有机会赢取新年大礼包哦！

快来参与吧，让我们一起给新年一点意思看看！

微信公众号预热文案：

标题：过年新衣不将就，晒照赢好礼！

正文：亲爱的雅粉，春节将近，您是否也在烦恼新年穿什么呢？别着急，我们已经为您精心设计了一系列红色战袍，只为让您在新的一年里，以最美的姿态迎接这一重要时刻，让您的新年不将就！

挑选一件红色战袍，分享您的新年装扮，并截图发送至微信公众号后台，即有机会赢取我们精心准备的新年大礼包！内含多款礼品及超值优惠券，等您来拿！

快来晒晒您的新年照，开启您的新年时尚之旅吧！

微信粉丝群预热文案：

晒新年照，赢取新年大礼包！

亲爱的朋友们，快穿上雅韵清莲红色春节战袍，去微博、微信公众号参与“晒新年照，赢取新年大礼包”活动，就有机会获得我们精心准备的新年大礼包哦！

别犹豫了，快叫上你的小姐妹们，一起参与吧！

（3）活动执行和跟进。根据活动方案开展活动，根据活动流程表推进活动。例如，在微博、微信发布活动实时信息，在微博、微信后台监测用户转发、评论等数据，在评论区与用户互动，等等。

综合实训

实训一　制定会员营销策略

实训目的：掌握 RFM 模型的运用方法，能够使用 RFM 模型评估用户价值并划分用户层级。

实训要求：根据提供的鞋靴品牌会员数据（配套资源：\素材\项目五\会员数据.xlsx），在 Excel 中使用 RFM 模型划分该品牌会员的层级，并为不同层级的会员制定不同的营销策略。其中，RFM 模型中的 R、F、M 值都根据平均值而定，高于平均值的则判断为“高”，低于平均值的则判断为“低”。

实训思路：在 Excel 中打开“会员数据.xlsx”，先计算 R、F、M 的平均值，然后比较各个会员的 R、F、M 值与平均值，得到各数据维度的评价结果，将会员细分为 8 个层级，为每一层级的会员制定营销策略，具体操作可参照“操作提示.docx”（配套资源：\素材\项目五\操作提示.docx）。

实训结果：本次实训完成后的部分参考效果如图 5-3、表 5-13 所示（配套资源：\效果\项目五\细分会员类型.xlsx）。

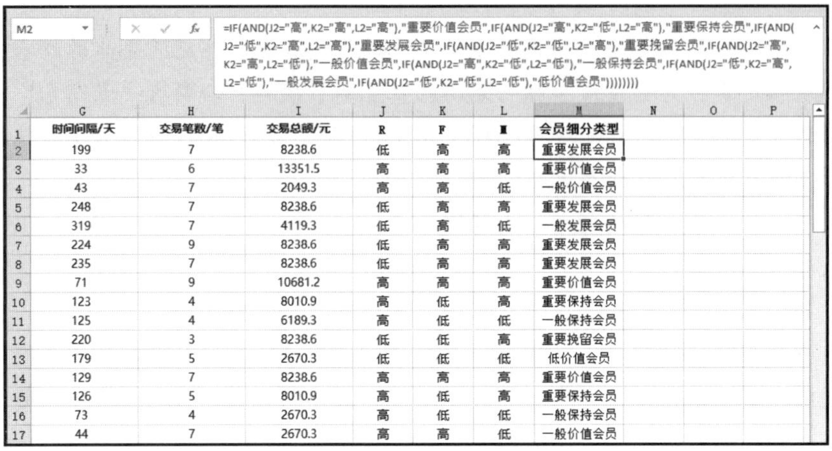

M2

=IF(AND(J2="高",K2="高",L2="高"),"重要价值会员",IF(AND(J2="高",K2="低",L2="高"),"重要保持会员",IF(AND(J2="低",K2="高",L2="高"),"重要发展会员",IF(AND(J2="低",K2="低",L2="高"),"重要挽留会员",IF(AND(J2="高",K2="高",L2="低"),"一般价值会员",IF(AND(J2="高",K2="低",L2="低"),"一般保持会员",IF(AND(J2="低",K2="高",L2="低"),"一般发展会员",IF(AND(J2="低",K2="低",L2="低"),"低价值会员"))))))))

	G	H	I	J	K	L	M	N	O	P
1	时间间隔/天	交易笔数/笔	交易总额/元	R	F	M	会员细分类型			
2	199	7	8238.6	低	高	高	重要发展会员			
3	33	6	13351.5	高	高	高	重要价值会员			
4	43	7	2049.3	高	高	低	一般价值会员			
5	248	7	8238.6	低	高	高	重要发展会员			
6	319	7	4119.3	低	高	低	一般发展会员			
7	224	9	8238.6	低	高	高	重要发展会员			
8	235	7	8238.6	低	高	高	重要发展会员			
9	71	9	10681.2	高	高	高	重要价值会员			
10	123	4	8010.9	高	低	高	重要保持会员			
11	125	4	6189.3	高	低	低	一般保持会员			
12	220	3	8238.6	低	低	高	重要挽留会员			
13	179	5	2670.3	低	低	低	低价值会员			
14	129	7	8238.6	高	高	高	重要价值会员			
15	126	5	8010.9	高	低	高	重要保持会员			
16	73	4	2670.3	高	低	低	一般保持会员			
17	44	7	2670.3	高	高	低	一般价值会员			

图 5-3　部分参考效果

表 5-13　会员营销策略

会员细分类型	营销策略
重要价值会员	重在提高忠诚度，可为其提供个性化服务，定期向其推送优惠信息，开展专享活动
重要保持会员	直接与其联系，为其提供有用的资源，通过新的产品与其保持联系
重要发展会员	交叉销售，提高其忠诚度，为其推荐其他产品
重要挽留会员	重点联系或拜访，提高其留存率
一般价值会员	向其销售价值更高的产品，通过好口碑吸引他们
一般保持会员	采用免费试用策略，提高其兴趣，提高品牌知名度
一般发展会员	采用积分制，分享宝贵的资源，以折扣推荐热门产品，与其重新取得联系
低价值会员	恢复其兴趣，或暂时放弃

实训二　策划鞋靴品牌事件营销活动

实训目的：掌握事件营销的特点及事件营销活动策划的相关知识，提升活动运营能力。

实训要求：该鞋靴品牌计划自主策划一场事件营销活动，通过活动将品牌理念（品牌理念为“步履不停，自在前行”）与用户生活态度（用户生活态度：我的人生我做主）紧密相连，在提升品牌知名度的同时促进产品销售。

实训思路：活动主题可围绕品牌理念和用户生活态度进行设计，活动玩法、规则可根据活动主题来设计。策划时，可参考同类型品牌的事件营销活动，激发策划灵感，形成最终的策划方案。

实训结果：本次实训完成后的参考效果如图 5-4 所示。

活动目的

提升品牌知名度、促进产品销售

活动主题

1. 主题

步履不停，共绘未来

2. 主题说明

邀请用户参与一场关于梦想与未来的创意徒步活动，用脚步绘制属于每个人的独特旅程。

活动玩法

1. 线上

（1）玩法一：发布 H5 互动小游戏，让用户在虚拟地图上选择自己的“梦想路线”，生成个性化海报并分享至微博，参与抽奖活动。

（2）玩法二：在微博开展#步履不停，共绘未来#话题讨论活动，鼓励用户分享自己的徒步故事、线下活动体验等，出色故事的分享者可获得品牌大礼包。

2. 线下

在风景优美的城市公园或景区举办创意徒步大会，设计多条不同难度和风景的徒步路线供参与者选择。沿途设置多个拍照打卡点、互动游戏区等，增加趣味性。

活动规则

1. 线上

用户需关注品牌并@品牌微博官方账号才能参与抽奖活动和话题讨论活动。

2. 线下

参与者需穿着品牌特定款式的鞋靴。

图 5-4 参考效果

巩固提高

1. 用户的类型有哪些？
2. 什么是 RFM 模型？它有什么作用？
3. 维护粉丝的方法有哪些？
4. 营销活动的类型有哪些？不同类型的营销活动有什么作用？
5. 策划营销活动的流程是怎样的？
6. 如何开展营销活动？
7. 什么是活动复盘？怎样进行活动复盘？
8. 某科技企业新推出一款 AIGC 工具，该 AIGC 工具能够根据指令快速生成文本、代码、图片、图表、视频等。该 AIGC 工具有普通版和会员版，会员版的功能较普通版更完善、更智能。为推广该 AIGC 工具，该科技企业计划开展邀请裂变活动。请为邀请裂变活动策划活动方案，并制作大致的活动流程表，说明活动如何开展。（提示：可结合版本信息，如邀请×人送×时长的会员）

项目六

短视频运营

学习目标

【知识目标】

1. 熟悉账号定位和账号矩阵搭建的方法。
2. 熟悉常见的达人类型，能够包装达人形象和制定达人发展策略。
3. 掌握短视频内容的创作方法，能够创作短视频脚本。
4. 掌握拍摄和剪辑短视频的方法，能够采用合适的方法推广短视频并实现变现。

【技能目标】

1. 能够完成短视频账号矩阵搭建，并创作出优质的短视频。
2. 能够打造和包装达人，形成个人品牌。

【素养目标】

具有使命感和责任感，能够创作出弘扬社会主义核心价值观和中华传统美德，传播社会正能量的短视频。

项目导读

短视频短小精悍，能够满足用户对碎片化内容的需求，因此受到越来越多用户的喜爱，同时也受到越来越多的企业/品牌的关注，利用短视频开展运营也逐渐成为常态。随着品牌的发展，雅韵清莲在抖音的短视频运营问题也逐渐浮现，单一的品牌官方短视频账号的引流效果有限，其急需搭建短视频账号矩阵，扩大运营规模，提高品牌的影响力。与此同时，雅韵清莲新推出了一系列新品，新品以诗、散文为源，以城市为主题，并融入诗和散文中对每座城市特点的描述。本次推出的新品，在设计理念上有前所未有的突破，不仅是对品牌既有风格的革新，更是向更高层次品牌形象的迈进，旨在通过产品升级直接促进品牌形象的全面提升。因此，雅韵清莲对本次的新品宣传高度重视，希望通过短视频宣传，深入传达品牌理念和价值观，助力品牌形象焕发新生。在与雅韵清莲团队沟通后，老李让小赵先在抖音进行尝试，根据雅韵清莲的业务需求搭建账号矩阵，并策划推广新品的宣传短片。

任务一 账号管理

任务描述

根据安排，小赵需要先根据雅韵清莲的业务需求确定需要增设的账号，并划分每个账号的职能定位，为雅韵清莲搭建抖音短视频账号矩阵（见表 6-1）。

表 6-1 任务单

任务名称	搭建账号矩阵
任务背景	与雅韵清莲相关的抖音账号只有两个，一个是创始人的短视频账号，一个是品牌的官方旗舰店账号。但是，品牌官方旗舰店账号的功能不明确，该账号既要展示品牌形象，又要推广品牌产品、负责售后等。此外，雅韵清莲还希望能够有窗口进行穿搭讲解，实现"产品种草"，通过解读新中式文化传递品牌价值观
任务阶段	■账号管理 □达人管理 □短视频策划 □短视频拍摄与剪辑 □短视频营销
工作任务	
任务内容	任务说明
任务演练：搭建新中式女装品牌短视频账号矩阵	【搭建平台】抖音 【搭建方法】按照业务需求搭建

任务总结：

知识准备

一、账号定位

账号定位是短视频运营的基础，清晰的账号定位有利于锁定目标用户，突出账号优势和特色。账号定位工作主要分为两部分，即用户定位和内容定位。

（一）用户定位

用户定位主要解决短视频给谁看的问题，以便开展精准营销。进行用户定位时，运营人员首先需要确定用户的基本需求（如休闲娱乐、获取知识技能、提升自我归属感、寻求消费指导等），然后根据用户的基本需求建立清晰的用户画像。

（二）内容定位

内容定位主要解决给用户看什么的问题。对于企业/品牌而言，其可以根据用户的基本需求、自身的定位或业务需求进行内容定位。对于个人而言，其可按照这样的流程进行内容定位：分析自身条件→根据特长和知识技能确定 2～3 个细分领域→搜索该领域优秀达人账号→模仿、学习→发布并测试不同细分领域的短视频→最终明确内容定位。

二、账号矩阵搭建

对企业/品牌来说，仅靠单一账号无法满足多个层面的运营需求，这时候就需要搭建账号矩阵，通过设立多个账号发布不同的短视频内容，这不仅能够满足用户多样化的需求，还能分散平台政策风险，提高运营效率。

（一）账号矩阵搭建模式

账号矩阵可按照一定的模式搭建，常见模式有蒲公英式、放射式、双子星模式等。

（1）蒲公英式。蒲公英式是指由一个核心账号统一管理旗下多个账号，比较适合拥有多个子品牌的企业，如苏宁等。

（2）放射式。放射式是比较常见的一种模式，主要由一个核心账号统领各分属账号，分属账号之间是平等的关系，信息由核心账号放射向分属账号，分属账号之间并不进行信息交互，腾讯等企业就采用这种模式。

（3）双子星模式。双子星模式下有两个或者多个核心账号。例如，某博主成立个人品牌，并为该品牌开设官方账号，博主的个人账号和品牌官方账号共同宣传品牌产品，形成良性互动。

（二）账号矩阵搭建方法

在搭建账号矩阵时，采取一定的方法可以提高账号矩阵搭建速度。

（1）按品牌/产品线搭建。大多数企业都拥有多个品牌或多条产品线，在此情况下可以为每个品牌或每条产品线单独开设账号，形成账号矩阵。例如，蒙牛基于旗下品牌，在抖音开设有蒙牛官方旗舰店、纯甄、蒙牛优梦星奶粉专卖店等多个子品牌账号。

（2）按地域搭建。这种方法常用于银行、网站、团购行业，便于企业进行区域化管理。例如，中国电信基于各地的电信营业厅，按照地域在抖音开设有中国电信四川旗舰店、大连电信、山西电信等账号，搭建起账号矩阵。

（3）按业务需求搭建。根据不同的业务需求，建立不同的子账号，赋予子账号不同的功能，形成账号矩阵。例如，京东根据业务需求，建立京东、京东五星电器、京东超市、JLD 京东物流等不同功能的子账号，分别用于发布京东官方消息、处理不同类目产品的问题等。

（三）账号职责划分

账号矩阵中，通常存在 3 类账号，这 3 类账号分别承担不同的职责。

（1）官方账号。官方账号是以企业/品牌名称注册的账号，代表企业/品牌，作用是让用户了解企业/品牌，并合规引流到私域。

（2）个人账号。个人账号是偏向于官方的账号，可以是企业/品牌中威信较高的创始人、合伙人等，也可以是在某一领域比较有影响力的个人。该类账号的主要作用是为企业/品牌造势，因此需要打造较为专业的人设，以提高账号所发内容的可信度。

（3）素人账号。素人账号即模拟目标用户真实使用状态的账号，其主要作用是输出“种草型”内容，从用户的角度帮助企业/品牌营销推广产品或服务。素人账号需要营造素人用户的真实感，不宜有过多的人设，发布的内容也应从用户的角度出发，采用生活化、口语化的表达方式。

提示

导流账号在一些账号矩阵中也比较常见，该类账号是用来给官方账号导流的账号，一般是小号。

（四）矩阵导流

账号矩阵中的各个账号之间可以互相导流，提高彼此的曝光度，实现矩阵营销。常见的导流方式如下。

（1）合拍视频。与有知名度的账号合拍视频，为其他账号引流，带动其他账号曝光。

（2）在评论区互动或@对方。有影响力的账号与其他账号的互动可以激发粉丝的好奇心，进而促使粉丝关注其他账号。

（3）在标题区@对方。在标题区@对方，可借助标题的自动跳转功能，吸引用户点击跳转，查看对方账号发布的内容。

（4）关注账号矩阵中的其他账号。这主要是利用各账号粉丝的好奇心，通过互相关注引流。

（5）在账号简介中标明矩阵账号。直接在账号简介中说明矩阵账号，能够证实其他账号的身份，表明账号之间的关系，方便用户查找。

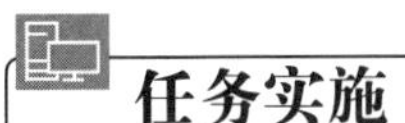

任务实施

任务演练：搭建新中式女装品牌短视频账号矩阵

【任务目标】

根据雅韵清莲的业务需求，在抖音建立账号矩阵，明确已有官方账号的职能划分，并确定新增的账号，明确新增账号的职能划分。

【任务要求】

本次任务的具体要求如表 6-2 所示。

表 6-2　　任务要求

任务编号	任务名称	任务指导
（1）	分析账号问题	分析雅韵清莲当前官方账号存在的问题
（2）	明确业务需求	根据问题和业务需求确定需要设置的账号
（3）	划分账号职能	详细划分每个账号的职能及发布的内容

【操作过程】

（1）分析账号问题。雅韵清莲的官方旗舰店账号功能不明确，职能混杂，定位模糊，不利于打造独特账号形象，需要重新规划职能。

（2）明确业务需求。结合雅韵清莲的官方旗舰店账号的原有职能，以及雅韵清莲的期望职能，明确业务需求。当前，雅韵清莲主要存在 4 个方面的业务需求：品牌宣传和产品销售、客户服务与售后、产品“种草”、品牌价值观传递。

（3）划分账号职能。整合业务需求，确定账号名称和职能，如表6-3所示。

表6-3 划分账号职能

账号名称	职能划分
雅韵清莲官方旗舰店	（1）品牌宣传：发布品牌最新资讯和活动动态等，开展营销活动 （2）产品销售：作为线上旗舰店，直接销售产品，进行直播带货，提供购买链接和优惠信息
雅韵清莲客服	解答用户疑问，处理订单问题，提供售后服务
雅式穿搭	（1）穿搭指南：发布穿搭教程，展示不同风格、场合的搭配方式 （2）产品“种草”：推荐品牌新品或热销产品，分享穿搭心得和购物体验 （3）文化解读：深入解读新中式文化的内涵，介绍相关历史背景、传统工艺等

任务二　达人管理

任务描述

小赵与雅韵清莲团队商议后，决定将雅式穿搭这一账号打造成新中式服装领域具有影响力的达人，借助达人的影响力为品牌引流，提升品牌口碑（见表6-4）。

表6-4 任务单

任务名称	打造短视频达人
任务背景	雅韵清莲的账号矩阵中，雅韵清莲官方旗舰店、雅韵清莲客服作为官方账号负责引流，分别由品牌运营人员、客服人员管理。雅式穿搭具备成为个人账号的潜质，可作为个人账号为品牌造势，将由穿搭能力强、熟悉新中式文化的设计人员负责
任务阶段	□账号管理　■达人管理　□短视频策划　□短视频拍摄与剪辑　□短视频营销
工作任务	
任务内容	任务说明
任务演练1：孵化达人账号	根据账号名称和职能明确账号人设和形象
任务演练2：规划达人账号成长路径	根据账号职能规划成长路径
任务总结：	

知识准备

一、达人类型

随着短视频行业的发展，短视频运营中的达人类型越来越多。根据不同的标准，可将达人划分为不同类型。

（一）根据短视频内容划分

根据短视频内容，可以将达人划分为美食达人、运动健身达人、旅行达人等，主要类型如表 6-5 所示。

表 6-5　　根据短视频内容划分的达人类型

达人类型	详细说明
美食达人	专门分享美食制作、测评等相关内容的达人，通常会录制各种美食制作教程、试吃视频等，向用户展示美食，或分享烹饪技巧
运动健身达人	专门分享健康、运动、健身知识的达人，通常会录制健身教程、分享健身经验、推荐健身器材等，帮助用户保持身体健康，塑造理想身形
旅行达人	专门分享旅游技巧、推荐旅游地或旅游攻略的达人，通过拍摄风景、介绍当地文化和美食等形式，带领用户了解各个城市，为用户提供旅游经验
影视娱乐达人	专门分享影视娱乐行业动态、趋势、作品及名人等的达人，通常对影视娱乐行业有深入的了解
时尚达人	专注于时尚穿搭的达人，通常会分享最新时尚趋势、穿搭技巧等，帮助用户更好地打造个人形象
演艺人员	在演艺圈已有知名度，拥有较为深厚粉丝基础的名人，通常会通过短视频分享自己的生活、经验、见解等
美妆达人	主要介绍美妆相关内容的达人，相关内容包括化妆教程、仿妆系列、化妆品或彩妆推荐、化妆品测评等
二次元达人	专门分享动漫、动画、潮流手办、配音漫剪、手绘插画等内容的达人，通常对二次元文化有浓厚的兴趣
萌宠达人	以展示自己与宠物的日常生活和趣事等内容为主的达人，通常会录制宠物护理、训练、搞笑时刻等相关的视频，借助宠物吸引用户
搞笑达人	通常会以幽默、搞笑的表演和段子吸引用户
三农达人	在三农（农村、农业、农民）领域有一定影响力、专业能力的人，通常通过短视频展示农村美景美食，传播三农知识，分享农业技术等
母婴达人	专门分享母婴生活的达人，通常会分享育儿知识、母婴好物、健康知识等

（二）根据粉丝数量划分

根据粉丝数量，可以将达人划分为头部达人、肩部达人、中腰部达人、小达人、尾部达人等。

（1）头部达人。头部达人的粉丝数量通常大于 500 万，其知名度高，变现能力也非常强。

（2）肩部达人。肩部达人的粉丝数量为 100 万～500 万，其能够实现品效协同，性价比高，变现能力较强。

（3）中腰部达人。中腰部达人的粉丝数量为 10 万～100 万，其在垂直领域的影响力大，粉丝黏性强。

（4）小达人。小达人的粉丝数量为 1 万～10 万，其行业垂直度高，专业性强。

（5）尾部达人。尾部达人的粉丝数量通常小于 1 万，这类达人的数量多，与其合作的价格比较低，因此这类达人适用于大范围宣传。

提示

以上粉丝数量数据来自蝉妈妈。在不同平台中，不同类型达人对应的粉丝数量可能会不一样。

二、达人培养

在短视频运营中，达人的影响力日渐显著，越来越多的企业/品牌意识到，通过达人推广品牌和产品已经成为一种趋势。在此情况下，如何培养优质达人、促进流量的高效转化至关重要。一般来说，优质达人具备以下特质。

（一）个人风格或人设鲜明

短视频平台商业价值的日渐提升，使得越来越多的人开始进入短视频领域，成为短视频达人，从而加剧了达人之间的竞争。在同一内容领域内，达人众多，同质化现象严重。只有个人风格或人设鲜明的达人才具有更高的辨识度，能够获得更多的流量，具有更大的竞争优势。

（二）粉丝基础深厚

粉丝情况反映出达人的影响力，是评判达人转化能力的标准之一。优质达人一般粉丝数量较多，具有较大的曝光量，且粉丝活跃度也较高，粉丝对内容的关注度高，容易打造热门内容，实现良好的营销效果。

（三）高质量内容创作能力

内容质量反映出达人在内容上的创新性，高质量的内容更容易吸引用户的注意，能够增强用户黏性。优质达人通常具备高质量内容创作能力和创新能力，能够持续产出有价值、有深度、有创意的内容，且其产出的内容原创度高，更容易被平台推荐，从而为用户带来独特的阅读体验。

（四）持续学习和提升自我

网络环境日新月异，优质达人需要具备较强的学习能力，能不断学习新的知识和技能，不断追求突破和创新，提升适应变化的能力，以应对行业的变化和挑战。同时，优质达人还应当保持开放的心态，勇于尝试新的创作方式和传播渠道，持续成长。

（五）强大的粉丝运营能力

与粉丝建立紧密的联系是优质达人成功的关键之一。优质达人通常具备良好的沟通能力，能够积极回应粉丝的反馈，与粉丝建立互信关系，并通过定期举办活动、发放福利、根据粉丝需求定制内容等方式，增强粉丝的黏性和提高粉丝的忠诚度。

（六）良好的职业道德与操守

作为公众人物，优质达人需具备良好的职业道德与操守、良好的精神素养、较强的执行力和心理承受能力，同时树立法律意识，尊重版权、遵守法律法规，不传播虚假信息或误导性内容。同时，优质达人还需积极履行社会责任，传递正能量和积极价值观。

（七）其他特质

除以上特质外，优质达人还需要做好形象管理，包括妆发设计和着装打扮等，突出个人特点。此外，镜头感、表现力也是优质达人应当具备的特质。其中，镜头感是指在镜头面前神情自然，使自己的表情、肢体语言等能够以理想的状态通过镜头展现出来；表现力是指在短视频中，能够通过肢体语言等显示自身潜在能力、特点，具备较强的感染力。

三、达人形象包装

细致的包装不仅可以让达人形象更加立体鲜活，还能够提升达人的辨识度，突出达人的人格魅力，从而让达人赢得更多的关注。

（一）达人人设定位

人设即人物的设定，达人人设就是呈现在用户面前的预设的达人形象，是用户识别达人的符号。运营人员可以从 5W 维度确定达人人设定位。

（1）我是谁（Who）。达人人设定位首先应明确达人身份，如创业者、职场人士、乐器爱好者等；其次要确定达人形象，提高达人的辨识度，如达人擅长美妆，则可将其人设定位确定为“美妆博主”。总体来看，达人身上的闪光点往往就是达人人设定位的突破口。

（2）面对谁（Whom）。达人人设定位应充分考虑达人面向的目标用户群体，这样才能打造出有针对性的人设。明确目标用户群体时，需要了解目标用户群体的性别、年龄、性格、受教育程度、收入水平、消费能力等。

（3）通过什么渠道（Which Channel）。达人需要通过一定的渠道奠定人设基础，让人设“上架”，如通过抖音、快手等发布短视频。

（4）提供什么（What）。这是指内容的价值输出，达人需要突出自身的核心竞争力，如提供优质好货、分享生活技能等。

（5）解决什么问题（With What Problem）。这是指达人能给用户带来的利益或好处，如烹饪技巧、现金红包等；或者能够解决的用户痛点，如个人形象改善、低价旅游等。

（二）达人账号设置

达人人设的展示需要借助一定的渠道，其中较为重要的渠道就是达人的短视频账号。运营人员需要按照既定的人设，设置达人的短视频账号的名称、头像、简介、背景图等。

（1）名称设置。账号名称不宜过于复杂，可采用网名、昵称+身份、兴趣+身份、昵称+兴趣等形式命名，如××环球探海记、××赶海等。

（2）头像设置。账号头像应符合人设，如可以使用符合人设兴趣爱好的图片、露脸或不露脸的真人图片等。不宜使用他人图片，以免侵犯他人肖像权。

（3）简介设置。账号简介中需要介绍 3 方面的信息：我是谁、喜欢什么、想分享什么。简介用于完善人设信息，同时增进用户对达人的了解，吸引具有相同爱好或存在这类需求的用户。

（4）背景图设置。账号背景图在账号主页非常醒目，相当于账号的封面，适宜放置与品牌宣传、人设定位、粉丝关注重点等相关的图片。

四、制定达人发展策略

达人的培养是一项复杂又具有挑战性的工作，运营人员需要进行全面而系统的规划，逐步提高达人在短视频平台的影响力。

（一）探索阶段

探索阶段的达人处于鲜为人知的时期，个人定位模糊，个人曝光度和认知度低。这一阶段的主要目标是明确达人的人设定位，进行人设规划。这一阶段的发展策略主要分为以下 3 个部分。

（1）人设定位。明确个人特色和优势，结合短视频平台中已有的账号类型和市场竞争情况等，明确达人的人设定位。

（2）内容创作。匹配与达人人设定位一致的运营需求，围绕达人人设定位确定内容定位，并策划选题、撰写脚本、拍摄短视频等。

（3）拉新。在多个平台发布短视频，扩大短视频宣传面，并通过蹭热点、合作推广、老带新（知名达人帮助推广新达人）等方式，在短时间内迅速为达人账号积累热度。

（二）成长阶段

成长阶段的达人已经积累了部分粉丝，有一定的粉丝基础，但影响力不足，粉丝黏性不强。这一阶段的主要目标是寻求增长空间，提高用户活跃度，扩大影响力。这一阶段的发展策略主要分为以下 4 个部分。

（1）增加分发渠道。增加短视频内容的分发渠道数量，以覆盖更多的用户。

（2）内容创新。不断尝试新的创意和表现形式，保持内容的新鲜感和吸引力。

（3）增强粉丝互动。通过在内容中设置讨论话题、定期策划活动、回复粉丝评论等方式，提升粉丝的参与感和归属感。

（4）尝试商业合作。尝试与品牌进行商业合作，通过广告植入、直播带货、短视频带货等方式增加收入。

（三）成熟阶段

成熟阶段的达人本身就是一个 IP，具有较高的商业价值，此时的主要目标是建立个人品牌、实现变现。这一阶段的发展策略主要分为以下 3 个部分。

（1）品牌塑造。通过持续的高质量内容输出、粉丝互动等，深耕专业领域，展现个人魅力，打造并维护一个充满活力的个人品牌。

（2）商业拓展。拓展商业合作范围，谋求多种变现方式，包括但不限于内容付费、直播带货、广告植入、电商变现、IP 衍生品开发、品牌代言、跨界合作等。

（3）内容升级。在保留原有内容特色的基础上，提升内容的制作水平和专业度，根据不同市场的特点和需求，制作多样化的内容，以满足不同用户的需求。

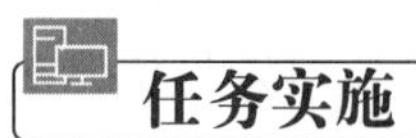

任务实施

任务演练 1：孵化达人账号

【任务目标】

根据达人账号的名称和职能，明确人设定位，并设置账号的头像、简介、背景图等，树立鲜明的达人形象。

【任务要求】

本次任务的具体要求如表 6-6 所示。

表 6-6　任务要求

任务编号	任务名称	任务指导
（1）	明确人设定位	从 5W 维度确定人设定位
（2）	设置账号信息	设置账号的头像、简介、背景图等

【操作过程】

（1）明确人设定位。结合账号信息，从 5W 维度确定账号人设定位，如表 6-7 所示。

表 6-7　任务要求

维度	详细说明
我是谁	该账号虽属于雅韵清莲，但明面上不作为官方账号使用，从其名称“雅式穿搭”和其职能（穿搭指南、产品“种草”、文化解读）来看，可用作新中式服装穿搭账号
面对谁	该账号面对的是雅韵清莲的目标用户，即 18～34 岁、生活在二线及以上城市、消费能力较高、追逐时尚潮流的年轻女性用户
通过什么渠道	该账号是雅韵清莲在抖音开设的账号，可通过抖音发布相关短视频
提供什么	结合账号职能，该账号可以给用户提供穿搭建议，解决用户的穿搭痛点，并提供新中式文化相关的知识，拓宽用户的知识面
解决什么问题	通过该账号提供的内容，用户的个人形象可以得到改善，知识经验得以增加

（2）设置账号信息。该账号的名称已经确定，还需要确定头像、简介、背景图。从人设定位来看，头像应该体现时尚穿搭或者新中式服装，恰好账号由对这两方面感兴趣的人员管理，可以将头像设置为管理人员穿着时尚或新中式服装的个人照；简介则可以直接表明身份及分享的内容，围绕“我是谁、喜欢什么、想分享什么”这 3 方面来设计，如“新中式服装爱好者，定期分享穿搭教程”；背景图也需要体现时尚穿搭或者新中式服装，但为与头像有所区别，可以是管理人员穿着新中式服装的远景图或者一张充满诗意的风景图，如图 6-1 所示。

图 6-1　设置账号信息

任务演练 2：规划达人账号成长路径

【任务目标】

根据达人账号的成长阶段，规划雅式穿搭达人账号的成长路径，并制定每一成长阶段的发展策略，帮助账号打造人设，使人物形象更加立体化。

【任务要求】

本次任务的具体要求如表 6-8 所示。

表 6–8　任务要求

任务编号	任务名称	任务指导
（1）	规划构想	根据达人账号的职能初步确定发展方向
（2）	明确达人发展策略	明确每一成长阶段的发展策略

【操作过程】

（1）规划构想。账号的成长需要经历一定的阶段，从探索阶段、成长阶段，到最后的成熟阶段，在这一发展过程中，账号的职能从单一到逐步完善。就雅式穿搭这一账号，其职能较多样，如果一开始就展现全部职能，会不便于运营，且在未获取用户信任的前提下，其推荐的产品也不容易为用户所接受。因此，可根据职能划分不同阶段的建设重点，如探索阶段主要打造穿搭达人人设；成长阶段可拓展人设深度，增添新中式文化相关内容；成熟阶段则可加强流量转化，通过产品“种草”实现变现。

（2）明确达人发展策略。根据不同时期的建设重点，明确不同阶段的发展策略，如表 6-9 所示。

表 6–9　达人发展策略

成长阶段	建设重点	发展策略
探索阶段	打造穿搭达人人设	（1）内容创作：围绕新中式服装穿搭教程策划短视频内容，包括根据不同身型选款、根据不同场合设计穿搭等，帮助用户解决穿搭难题 （2）内容分发：可根据策划，结合穿搭热点打造短视频，并通过抖音账号发布，或者“蹭”雅韵清莲官方旗舰店账号的热度，提升账号热度
成长阶段	拓展人设深度	（1）内容创新：从穿搭教程衍生到新中式文化科普，介绍新中式服装的由来、演变等，增加用户对新中式服装的了解 （2）粉丝互动增强：通过让粉丝在评论区留言想看的内容、开展话题讨论、抽奖等方式，增强与粉丝的互动 （3）商业变现初试：如果用户对短视频中的穿搭比较感兴趣，且询问穿搭来源，可以尝试为用户推荐，并提供购买途径，但不要过于刻意
成熟阶段	加强流量转化	（1）品牌塑造：持续发布穿搭相关的教程，以及新中式文化科普内容，不断强化人设，形成人设符号 （2）商业拓展：与其他新中式女装品牌合作，为这些品牌的服饰设计穿搭主题，通过植入软广告（将广告巧妙地融入其他形式的内容中，以隐晦的方式影响用户）的方式变现 （3）内容升级：内容可以从提供穿搭建议和文化科普升级为形象改造，如筛选粉丝，根据粉丝在穿搭上的问题为粉丝定制穿搭方案，助推其实现形象改造，并以此为主题设计短视频内容

任务三　短视频策划

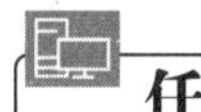

任务描述

接下来，小赵将重点放在新品宣传短视频的策划上，围绕新品的设计灵感策划短视频的选题、脚本等（见表 6-10）。

表 6-10　任务单

任务名称	策划新品宣传短视频
任务背景	本次共有 5 款新品，如果反响较好，后续将陆续推出更多款式。新品的设计灵感对应的城市有苏州、杭州、大理、成都、北京
任务阶段	□账号管理　□达人管理　■短视频策划　□短视频拍摄与剪辑　□短视频营销
工作任务	
任务内容	任务说明
任务演练：使用 AI 工具协助策划新品宣传短视频	【策划灵感】从新品的设计题材中挖掘 【策划内容】短视频选题、短视频脚本
任务总结：	

知识准备

一、明确短视频选题

短视频选题就是对短视频营销内容的设想和构思，好的选题是短视频营销内容的质量保证，能够有效提高短视频的播放量、点赞量和转发量等。

（一）选题类型

不同的选题类型可以吸引不同的用户、传递不同的信息，并产生不同的营销效果。

1. 常规选题

常规选题是指记录日常生活、工作技能、学习状态等内容的选题。常规选题的来源主要有两个途径：一是日常生活、工作、学习、娱乐时的记录，包括场景、技能和状态等；二是具有相似定位的账号，即观看它们的短视频并从中获得选题灵感。

2. 热点选题

热点选题一般是指与账号定位有关联的热点事件，可以在各大短视频平台的热搜榜单中找到。一般来说，根据热点选题创作短视频营销内容时，应尽量在热点出现后 2 小时左右就完成创作和发布，以获得足够高的热度。

3. 系列选题

系列选题一般是指围绕某中心选题连续策划多个短视频，不同短视频的选题不同（如进城卖农货系列短视频），但短视频之间具有关联性和连续性。策划系列选题时，应有完整的规划，既要确保每一个短视频营销内容的选题不脱离中心选题，又要确保短视频营销内容的选题具有新意。

（二）选题选择标准

选题的选择看似随意，实则有规律可循。一般来说，在选择选题时，可以从以下 5 个方面来衡量，从而找出优质选题。

（1）符合规则。优质短视频选题要符合短视频平台的规则，不涉及短视频平台明确禁止的违规内容。

（2）符合定位。短视频选题和账号定位相匹配，确保短视频内容和品牌形象的一致性，提高用户对品牌的认知度。

（3）具备互动性。好的短视频选题应能够引起用户的互动兴趣。参与门槛低、简单易理解的短视频选题更容易吸引用户参与互动，从而营造良好的互动氛围。

（4）用户匹配。短视频选题应与账号的目标用户相匹配，以切中目标用户痛点，引发目标用户的情感共鸣。了解作品的内容和评论，可分析出观看这类作品的用户特征，从而根据运营需求判断这些用户是否是本账号的目标用户。

（5）具备可延展性。可延展性是指短视频选题能否被复制、模仿。可延展性强的短视频选题可通过二次创作进行二次传播，具备“出圈”的可能性。

（三）讨论和审核选题

选题反映出短视频内容的主题思想，是短视频内容创作的方向，选题的最终确定主要分为讨论和审核两个步骤。

（1）讨论。组建选题小组，在选题会上，某个成员可以提出自己认为合适的多个选题，然后所有成员一起讨论。讨论的范围包括预测用户对该选题的喜爱程度、选题内容是否符合账号定位、短视频拍摄和剪辑的成本等。

（2）审核。讨论完成后，有问题的选题被直接剔除或者修改，而没有问题的选题则交给负责人审核，审核通过的选题则可作为最终选题。

二、搭建短视频内容框架

确定短视频选题后，就可以围绕选题搭建短视频内容框架。该阶段的主要工作是构思如何通过具体的内容细节及表现方式来展现短视频的选题，包括人物、场景、事件等。

（一）确定短视频内容表现方式

短视频内容表现方式多种多样，具体可以根据短视频制作方式和内容主体的不同来选择，常见的短视频内容表现方式主要有 6 种，如表 6-11 所示。

表 6-11 短视频内容表现方式

表现方式	说明
真人解说	由真人（可选择出镜或者不出镜）向用户讲解各种知识，包括特定领域的专业性内容或对热点事件的分析，为用户提供有价值的内容，并吸引用户关注和转发短视频，提升短视频的播放量
微纪录片	以真实生活为创作素材，以真人真事为表现对象，并对其进行艺术加工，以展现真实为本质，从而引发人们思考
图文拼接	通常使用短视频平台自带的视频模板，将图片和文字添加到模板中制作而成
故事	在短视频中通过讲述有创意的故事以吸引用户关注，特别是具备正能量且能够引起用户共鸣的故事
Vlog	目前热门的短视频内容表现方式之一，通过自然、实在的叙述来展示创作者自己的日常生活。Vlog 常见的内容主要有旅游见闻、日常饮食和工作等
产品展示	以展示产品样式、细节为主，常用于宣传产品

（二）确定短视频内容风格

短视频内容风格也是影响短视频吸引力的一大因素，当前较为流行且容易获得用户关注的短视频内容风格主要有 5 种，如表 6-12 所示。

表 6-12 短视频内容风格

内容风格	说明
幽默搞笑	主要通过诙谐幽默的内容来吸引用户的关注，可以满足用户休闲娱乐、释放压力、获得快乐的精神需求
轻松活泼	可以营造一种轻松愉悦的氛围，让用户在放松的状态下接收短视频内容
严肃稳重	一般通过真人出镜来营造一种严肃的氛围，使用户产生信任感
朴实自然	常以日常生活中的普通场景为基本素材，蕴含着人类质朴的情感，通过原生态、接地气的内容体现出市井烟火、人间百态，以满足用户精神上的需求
文艺清新	通常使用优美、浪漫、富有情感的语言进行描述，情感性和感染力强

（三）确定短视频内容主题

短视频内容通常都有一个明确的主题，这个主题是短视频的中心思想。例如，拍摄测评类的短视频，就要确定是以汽车测评为主题，还是以数码产品测评为主题。在有明确的主题后，才能进行下一步操作。

（四）搭建框架

有明确的主题后，就可以根据主题搭建基本的内容框架。同文案的写作类似，短视频内容框架可以由开头、中间、结尾构成，如图 6-2 所示。

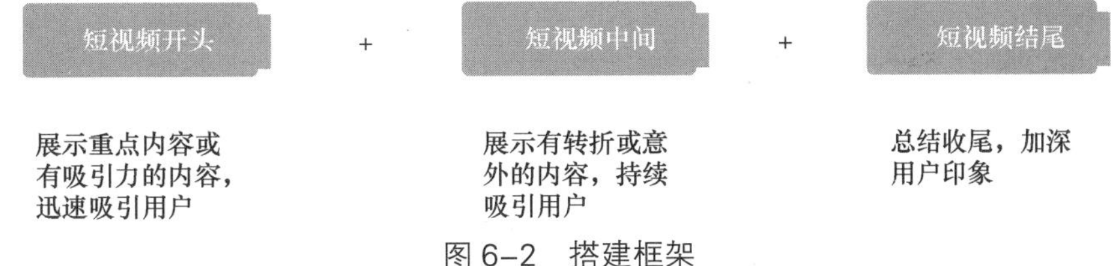

图 6-2 搭建框架

搭建短视频内容框架可以运用一些技巧，以提升搭建速度和短视频内容的质量。

（1）开头设置技巧。短视频开头要简短有力，快速吸引用户的注意力。常用技巧有：个人经历引入、提出疑问、开门见山抛出观点、摆出结果（即观看短视频可以获得的好处）、痛点展示等。

（2）中间设置技巧。短视频中间需要提供丰富的内容细节，并合理安排叙述逻辑。常用的技巧有：突出情节的反转和戏剧冲突、描绘细节、讲述事件或故事、解释说明或举例论证。

（3）结尾设置技巧。短视频结尾要简洁明了，并与开头和中间部分相衔接，确保短视频内容的连贯性和完整性。常用的技巧有：总结要点、号召行动、引导评论、引导关注、情感升华等。

三、创作短视频脚本

短视频脚本是介绍短视频的详细内容和具体拍摄工作的说明书。运营人员要设计出符合要求的短视频脚本，需要熟悉短视频脚本类型，掌握短视频脚本设计技巧。

（一）短视频脚本类型

短视频脚本主要分为提纲脚本、文学脚本和分镜头脚本3类，分别适用于不同类型的短视频。

1. 提纲脚本

提纲脚本涵盖对主题、题材形式、风格、画面和节奏的阐述，对拍摄只能起到提示作用，一般不限制团队成员的工作，可让摄像人员有较大发挥空间，适用于一些不容易提前掌握或预测的内容。提纲脚本主要包括提纲要点和要点内容两个项目。表6-13所示为打卡测评某干锅店的短视频提纲脚本。

表6-13　打卡测评某干锅店的短视频提纲脚本

提纲要点		要点内容
主题		××干锅店打卡测评
画面	入店	（1）城市夜景或街头热闹场景 （2）站在××干锅店门口，展示门口环境 （3）进入店内，展示店内环境
	点菜	（1）查看菜单，询问服务员推荐菜品或按照他人的推荐点菜 （2）介绍干锅，将镜头对准干锅，展示干锅的外观和其中的配菜 （3）用筷子夹起一块肉或蔬菜，展示食材细节
	测评	品尝干锅，详细点评食材的色泽、香味、口感等
	总结	结合口感、距离、价格等综合评价干锅，说明干锅是否值得推荐

2. 文学脚本

文学脚本是一种通过对话和场景等文字内容来描述故事情节的脚本类型，以故事的发展线为叙述线索。文学脚本通常需要写明短视频中主角需要做的事情或任务、所说的台词和整个短视频的时长等。文学脚本采用线性叙事，主要项目通常包括脚本要点和主要内容两个部分，其中脚本要点包括短视频的名称、演员和时长，以及3个重要的场景（这3个场景通常对应剧情的开始、经过和结尾）。

3. 分镜头脚本

分镜头脚本的内容较精细，可以将文字内容转换成用镜头直接表现的画面，其撰写比较耗费时间和精力。分镜头脚本的主要项目通常包括镜号（镜头编号）、景别、运镜方式（镜头运用）、画面内容、时长、台词/旁白、音效/背景音乐等，具体项目可根据需要而定。有些专业短视频团队撰写的分镜头脚本还会涉及摇臂使用、灯光布置和现场收音等项目。表 6-14 所示为《西瓜气泡水制作教程》短视频分镜头脚本。

表 6–14　《西瓜气泡水制作教程》短视频分镜头脚本

镜号	景别	运镜方式	画面内容	时长/秒
1	中景	固定镜头	展示操作环境，然后抱起一个西瓜走到桌边，将西瓜放到案板上，再拿起一把西瓜刀	8
2	近景	固定镜头	切西瓜	6
3	近景	拉镜头	将切好的西瓜块倒进透明玻璃碗里	5
4	近景	固定镜头	使用夹子将西瓜块夹到透明杯子里，并加入汽水	5
5	特写	移镜头	展示气泡随着汽水的增加而变多且慢慢上升的画面	5
6	特写	固定镜头	在杯子上方加入一片薄荷叶	3
7	特写	摇镜头	展示西瓜气泡水的最终成品	3
8	近景	固定镜头	拿起西瓜气泡水，喝一口，伸出大拇指表示味道不错	4
9	中景	固定镜头	将西瓜气泡水放在小书桌上，边喝边看书	4
总时长：43 秒				

（二）短视频脚本设计技巧

创作短视频就像盖房子一样，脚本就相当于施工方案，能够将创意转化成镜头语言。所以，创作者在创作短视频的过程中，一定要重视脚本的撰写工作。下面介绍 5 个撰写短视频脚本的实用技巧。

（1）内容安排有序。短视频内容应当节奏紧凑、过渡顺畅，可在脚本中通过建立因果关系、递进关系、并列关系等安排内容顺序，强化内容逻辑。

（2）故事情节简单易懂。短视频时长较短，没有过多的时间去铺垫。因此，短视频内容不应太复杂，要以简单的逻辑呈现。

（3）适当添加音效与背景音乐。背景音乐有助于引导用户的情绪，合适的音效则会增加短视频内容的趣味性，提升用户的观看体验。

（4）合适的时长。短视频的时长也需要在脚本中明确，目前主流短视频的时长通常在 1 分钟以内。

（5）借助热点。如果选题或主题与热点有关，短视频脚本中可以添加与热点相关的关键词，关联热点。注意在借助热点时要进行一定的创新，以免同质化内容过多导致用户产生审美疲劳。

素养小课堂

短视频的核心竞争力还是内容本身，运营人员在策划短视频时应当以提供有价值的优质内容为导向，积极传播正能量。

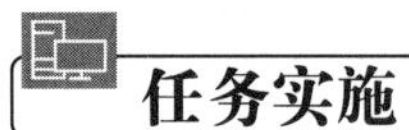

任务实施

任务演练：使用 AI 工具协助策划新品宣传短视频

【任务目标】

策划新品宣传短视频的选题、内容框架、脚本，打造突出产品特征的高质量宣传短视频，通过短视频传递品牌文化理念和价值观，助推品牌形象升级。

【任务要求】

本次任务的具体要求如表 6-15 所示。

表 6-15　任务要求

任务编号	任务名称	任务指导
（1）	确定选题和搭建内容框架	根据新品的设计题材确定选题，然后根据选题搭建内容框架
（2）	策划短视频脚本	根据选题和内容框架策划分镜头脚本

【操作过程】

1. 确定选题和搭建内容框架

（1）确定选题。新品以诗、散文为源，以城市为题材。大多数用户的心中都有一座诗意之城、一个唯美之乡，这种情感的连接可以引发用户的情感共鸣。基于此，可以确定选题方向，如“诗意霓裳之城市篇”。

（2）短视频内容的表现方式。本次宣传新品的短视频重在宣传产品，因此，采用产品展示这一表现方式可能效果较好。

（3）确定短视频内容风格。从短视频的选题来看，短视频内容更适合文艺清新风格。

（4）确定短视频内容主题。每一座城市都有自己的底色，因此可以将内容主题确定为“百色霓裳”等。

（5）确定短视频开头、中间、结尾内容。该短视频主要是为了宣传新品，开头可以直奔主题，中间可以并列介绍各款新品，结尾可以升华主题或者发出行动号召等。

2. 使用 AI 工具协助策划短视频脚本

（1）确定分镜头脚本的用途。为方便后续操作，可以将分镜头脚本的用途从单一的拍摄指导扩充到“拍摄+剪辑”指导。

（2）确定分镜头脚本的项目。根据分镜头脚本的用途，脚本中除了有指导拍摄所需的项目镜号、景别、运镜方式、画面内容、时长外，还需要有指导剪辑所需的台词/旁白、音效/背景音乐等项目。

（3）形成短视频脚本。根据短视频内容框架细化开头、中间、结尾的内容，并按照脚本中的各项目的顺序排列内容，短视频脚本示例如表 6-16 所示。除此之外，还可增添片头和片尾，丰富短视频内容，片头可以是古风的片头或黑幕，字幕为“百色霓裳”，片尾的字幕可以是“城市百颜，霓裳百色，雅韵清莲，邀您共赏诗意霓裳”。

表 6-16　短视频脚本示例

镜号	景别	运镜方式	画面内容	台词旁白	音效/背景音乐	时长/秒
1	中景转全景	移镜头	一位身穿青色服装的女子，打着一把油纸伞，穿梭于竹林间	在姑苏寒山中，它是青色的，不然怎是苍松翠竹真佳客	唯美的音乐	5
2	全景	固定镜头	一位身着绿色旗袍、打着油纸伞的女子，在湖畔走着	在杭州湖畔，它是绿色的，毕竟春风又绿江南岸		10
3	中景	固定镜头	一位穿着蓝白色服装的女子跑向湖边，抬头远望，右手举起遮阳	在云南大理，它是蓝白色的，那是一湖碧水洒玉盘倾洒的颜色		5
4	中景	固定镜头	一位穿着白色服装的女子，在林间起舞	在成都，它是白色的，昨夜才结万里空蒙白露霜，今日已成翻飞蝶		5
5	中景	固定镜头	一位穿着红色服装、怀抱古琴的女子，在草丛间走动，四处张望	在北京，它是红色的，那是红色烽火照边关透出来的底色		3
6	全景	固定镜头	一位穿着红色服装的女子沿着水边走动			3
		总时长：31 秒（仅指拍摄视频素材的时长）				

提示

在策划短视频脚本时，如果缺乏思路，可以利用 AI 工具寻找思路。

任务四　短视频拍摄与剪辑

微课视频

短视频拍摄与剪辑

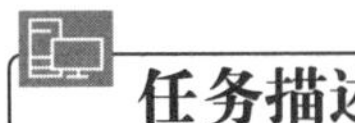

任务描述

完成短视频的策划后，小赵需要拍摄与剪辑短视频，并发布到抖音。同时，要在发布时设置好短视频封面和标题，增强短视频的吸引力（见表 6-17）。

表 6-17　任务单

任务名称	短视频拍摄与剪辑
任务背景	考虑到手机拍摄与剪辑的便捷性，小赵与雅韵清莲团队商议后，计划采用智能手机拍摄本次的新品宣传短视频，并使用剪映 App 剪辑，剪辑后直接通过剪映 App 发布
任务阶段	□账号管理　□达人管理　□短视频策划　■短视频拍摄与剪辑　□短视频营销
工作任务	
任务内容	任务说明
任务演练 1：使用智能手机拍摄新品宣传短视频	按照短视频脚本中的镜号依次拍摄短视频
任务演练 2：使用剪映 App 剪辑新品宣传短视频	按照剪辑流程剪辑短视频

任务总结：

知识准备

一、短视频拍摄

短视频拍摄是整个短视频生产过程中既繁忙又重要的阶段，既需要落实前一阶段的准备工作，完成脚本中的各项任务，又要为后面的剪辑工作提供充足的视频素材。

（一）拍摄准备

“工欲善其事，必先利其器。”短视频拍摄也是如此，只有做好充分的拍摄准备，才能拍摄出高质量的短视频。

1. 拍摄设备准备

常用的拍摄设备主要有3类，分别是智能手机、数码相机和无人机，这3类设备各有优势。其中，智能手机小巧轻便，不仅便于携带、操作方便，而且能够实现随想随拍、随拍随剪、随剪随发。数码相机的成像质量比智能手机高，可提高短视频画质。无人机可以在空中拍摄，能够轻易拍摄出极具视觉震撼力的短视频。

2. 辅助设备准备

辅助设备主要用于辅助短视频的拍摄，起到稳定、补光、收音等作用。常用的辅助设备包括稳定设备、灯光设备、收音设备等。

（1）稳定设备。稳定设备是指能够保持拍摄器材的稳定，避免视频画面产生不必要的抖动的设备。常见的稳定设备主要有手持稳定器、三脚架、滑轨等，其中，手持稳定器可以解决手持智能手机或相机拍摄时产生的画面抖动、模糊等问题；三脚架上可以放置智能手机、数码相机等；滑轨是直线或曲线的拍摄轨道，可实现移动拍摄。

（2）灯光设备。灯光设备可以构建短视频的布光环境，使短视频呈现出良好的光影效果。常见灯光设备有摄影灯、柔光箱、反光板、环形灯、便携补光灯等。

（3）收音设备。收音设备可以提升收音效果，常见的收音设备有领夹式话筒、电容麦克风等。

3. 场景准备

短视频拍摄场景不仅可以传递背景信息，丰富内容表达，还可以烘托氛围，引起用户的情感共鸣。所以，拍摄短视频前，运营人员还需要针对短视频脚本准备对应的场景。常见场景如表6-18所示。

表6–18　常见场景

场景	说明
居家住所	书房、卧室、客厅、厨房等居家住所场景贴近日常生活，适合拍摄一些展现日常生活的短视频。如果是知识科普类的短视频，在书房拍摄更好，可以给人一种专业的感觉
宿舍	宿舍场景贴近学生日常学习、生活，容易使学生群体或初入职场的年轻人产生较强的代入感
健身房	健身房场景适合拍摄运动日常、健身教学等相关的短视频

（续表）

场景	说明
人文景观	城市街道、路边等人文景观场景，适合拍摄社会热点相关的内容，或者 Vlog、采访类短视频，可以给人真实、生动的感觉
办公场所	员工工位、会议室、老板办公室等办公场景，可以给职场用户很强的代入感，适合拍摄真人口播、真人情景短剧等

（二）拍摄技巧

拍摄短视频时，巧妙运用一些拍摄技巧能显著提升短视频的质感与美感，如合理利用光线、改变拍摄角度，保持画面平衡等。

（1）合理利用光线。好的光线效果可以丰富画面，增添独特的美感。在拍摄时，可以留意拍摄场地的自然光线，观察自然光线的照射方向、明暗程度、颜色、作用在拍摄对象上的效果等，并合理利用这些光线辅助拍摄，增强画面的表现力和感染力。

（2）改变拍摄角度。拍摄角度是指摄像头与拍摄对象在水平面上的相对位置，包括正面、侧面和背面。使用固定的拍摄角度容易让用户感到乏味，因此，在拍摄时可以有意识地适当调整拍摄角度。例如，拍摄主角时，除了正面拍摄展示主角的正面形象和特征，还可以从侧面拍摄展示主角的细节特征。

（3）保持画面平衡。在短视频拍摄过程中可能会出现画面倾斜的情况，此时可以利用拍摄设备中的水平仪、参考线等功能来辅助矫正，并利用三脚架、稳定器等维持画面稳定。

二、短视频剪辑

短视频剪辑可以有效组接拍摄的视频素材，形成一个情节连贯、节奏紧凑的短视频。剪辑并不是简单合并视频素材，而是需要借助一定的软件，遵循基本的剪辑流程。

（一）常用的短视频剪辑软件

随着短视频行业的不断发展，短视频剪辑软件也层出不穷，不同的短视频剪辑软件具有不同的特色和操作要求。常用的短视频剪辑软件有剪映、快剪辑、Premiere 等。

1. 剪映

剪映由抖音官方推出，具有全面的剪辑功能，提供多种变速、滤镜、转场效果以及丰富的曲库资源和视频模板，是较为全面的短视频剪辑工具。剪映有多个版本，包括剪映 App、剪映专业版等，其中，剪映 App 的使用频率更高。剪映 App 不仅支持拍摄短视频，而且还支持剪辑短视频和一键发布短视频，可以实现“拍摄—剪辑—发布”的一体化操作。图 6-3 所示为剪映 App 的剪辑界面。

图 6-3　剪映 App 的剪辑界面

（1）预览区。在预览区可以查看短视频当前时长和总时长，预览短视频效果，还可以进行撤回操作、恢复操作、全屏预览。

（2）编辑区。编辑区中间为时间轴，其中包含多种类型的轨道，如视频轨道、音频轨道、文本轨道、贴纸轨道等，同一类型的轨道可添加多条。时间轴中间的竖线为时间线，左右拖曳时间线可以在预览区查看当前时间线的视频效果。此外，在编辑区左侧还可关闭原声或设置视频封面。

（3）功能区。功能区集合各种剪辑功能，包括剪辑、音频、文本、贴纸、画中画、特效、字幕、滤镜、比例、背景、调节等，点击对应的功能按钮后可显示对应的工具栏，进而可以调用各种功能。

2. 快剪辑

快剪辑是免费的视频剪辑软件，支持给视频添加字幕、调色等功能，具备操作简单、画质高清、运行速度快，以及特效和转场多样等优点，完成剪辑后就可以发布上传。快剪辑的操作界面简单、清晰易懂，而且每个按钮都有一目了然的功能标注。除此之外，快剪辑还分为专业模式和快速模式两种，专业模式适合精剪，快速模式适合粗剪，以快速完成剪辑。

3. Premiere

Premiere 是一款常用的专业视频剪辑软件，被广泛运用于电视节目、广告和短视频等视频的剪辑制作中。Premiere 能够完成剪辑、调色、美化音频、添加字幕、输出等一整套视频剪辑工作。同时，Premiere 不仅能够提升短视频剪辑的自由度，而且可以调节非常细致的参数，导出各种格式的高质量短视频。

（二）短视频剪辑流程

短视频剪辑的基本流程，涉及将整理好的大量视频素材导入剪辑软件，再进行剪辑和优化，最终形成一个连贯流畅、立意明确、主题鲜明并有艺术感染力的短视频。

（1）整理视频素材。根据镜头安排和需要的画面效果，按照时间顺序或者脚本中设置的剧情顺序排列视频素材，将所有视频素材编号归类。

（2）导入视频素材。将整理好的视频素材导入视频剪辑软件中，为后面的操作做好准备。

（3）剪辑视频素材。剪辑视频素材主要分为粗剪和精剪两个步骤。其中，粗剪是指观看所有视频素材，从中挑选出符合脚本需求、画质清晰的视频素材，然后按照脚本中规划的顺序组合视频素材，构成第一稿视频。精剪是指在第一稿视频的基础上，删除多余的画面，并为画面调色、添加滤镜、制作特效、设置转场、添加背景音乐和字幕等，增加视频的吸引力。

（4）优化短视频。经过以上流程，短视频已经基本制作完成，在此阶段可调整和优化短视频，如检查短视频中是否有错别字、违禁词等。

（5）导出短视频。在此阶段需要借助视频剪辑软件的导出功能导出短视频，以便传输至其他设备或在媒体平台上发布。

三、短视频封面和标题设置

短视频封面会影响用户对短视频的初次印象，好的封面可以提高短视频的点击率。在制作封面时，可以截取短视频中的某一画面，并添加文案，增强封面吸引力。短视频封面要吸引人，需要选择能够展示重点信息、效果精美或具有较强的感染力的画面。同时，短视频标题会影响流量的获取，要想获得更多的公域流量，就要注意标题的设置，比较吸睛的标题类型主要有以下 3 类。

（1）基础类标题。其特点是直观、一目了然，构成公式为：怎么做+用户可以得到什么好处/解决什么痛点。如"直接抄作业！一个视频教你如何利用好橱柜空间"。

（2）场景类标题。其特点是有画面感，多使用具象符号和数字，构成公式为：具象的场景画面/某名人或标志性符号/××个技巧+得到什么结果。如"沉浸式学习，挑战一天背完 100 页"。

（3）适当渲染类标题。其特点是可以制造悬念、营造稀缺感等，构成公式为：数字+反义词对比+达到某种效果、时间+做什么事。如"20 个普通人的低成本快乐爱好，收获自由变优秀"。

任务实施

任务演练 1：使用智能手机拍摄新品宣传短视频

【任务目标】

按照每一个镜号对应的画面内容，使用智能手机拍摄规定时长的画面，确保有充足的素材可以使用，为后期剪辑做好准备。

【任务要求】

本次任务的具体要求如表 6-19 所示。

表 6–19　任务要求

任务编号	任务名称	任务指导
（1）	拍摄准备	明确拍摄所需道具、人物等，核对镜号的拍摄景别、画面内容、时长等
（2）	正式拍摄	打开智能手机摄像界面，正式开始拍摄

【操作过程】

（1）拍摄准备。根据短视频脚本以及拍摄要求，需要提前准备好拍摄设备——高像素智能手机，辅助设备三脚架（用于拍摄固定镜头）和手持稳定器（用于拍摄移镜头）、摄影灯和反光板等（用于补光），出镜人物、油纸伞、新品服饰、古琴，以及化妆师和造型师等。

（2）拍摄镜号 1。将智能手机放置在手持稳定器上，让人物从镜头右侧缓慢入镜，智能手机跟随人物移动，但始终位于人物左后方，镜号 1 拍摄效果如图 6-4 所示。

（3）拍摄镜号 2。将智能手机放置在三脚架上，位于人物背后，人物撑着油纸伞缓缓往前走，镜号 2 拍摄效果如图 6-5 所示。

（4）拍摄镜号 3。将智能手机放置在三脚架上，正对着湖面，人物从镜头左侧入镜，奔向湖水，面朝阳光，镜号 3 拍摄效果如图 6-6 所示。

（5）拍摄镜号 4。将智能手机放置在三脚架上，位于人物右后方，从右往左移动，拍摄人物舞蹈的画面，镜号 4 拍摄效果如图 6-7 所示。

（6）拍摄镜号 5、6。将智能手机放置在三脚架上，人物从镜头右侧入镜，朝远处走去，镜号 5 拍摄效果如图 6-8 所示。保持固定镜头，拍摄人物在水边走动的画面，作为镜号 6。

图 6-4　镜号 1 拍摄效果

图 6-5　镜号 2 拍摄效果

图 6-6　镜号 3 拍摄效果

图 6-7　镜号 4 拍摄效果

图 6-8　镜号 5 拍摄效果

任务演练 2：使用剪映 App 剪辑新品宣传短视频

【任务目标】

将视频素材导入剪映 App，并组接和美化画面，提升短视频的美观度。

【任务要求】

本次任务的具体要求如表 6-20 所示。

表 6-20　任务要求

任务编号	任务名称	任务指导
（1）	整理视频素材	汇总视频素材并编号
（2）	导入视频素材	将视频素材导入剪映 App
（3）	剪辑视频素材	先组合视频素材，然后切割视频素材，调色、添加滤镜、设置转场、添加背景音乐和字幕等
（4）	优化短视频	检查短视频
（5）	发布短视频	导出并发布到抖音

【操作过程】

1. 整理和导入视频素材

（1）整理视频素材。根据拍摄的城市、服装或者脚本中的镜号顺序，将素材分门别类整理好，这里按照脚本中的镜号顺序整理，如图 6-9 所示。

图 6–9　整理视频素材

（2）导入视频素材。打开剪映 App，在主界面点击按钮开始创作；在打开的界面的“视频”选项卡中按照镜号顺序依次选择视频素材，选择界面底部的“高清”选项后，点击按钮，如图 6-10 所示。

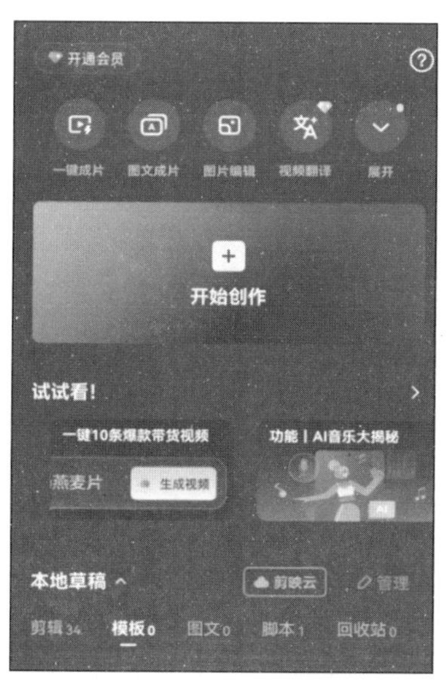

图 6–10　导入视频素材

2. 剪辑视频素材

（1）查看视频素材。点击预览区中的“播放”按钮，查看所有视频素材（配套资源：\素材\项目六\镜号文件夹）。

（2）调整视频素材显示时长。可以看到，镜号 2 的显示时间过长，这里在编辑区中点击镜号 2，按住视频素材左侧的白色方格，向右拖曳，缩短视频素材显示时长，如缩短至 5 秒，如图 6-11 所示。

（3）调整人物走动速度。可以看到，镜号 1 中人物的走动速度相对较快，这里在编辑区中点击镜号 1，点击工具栏中的“变速”按钮，在打开的子工具栏中点击“常规变速”按钮，打开参数设置栏，向左拖曳参数栏中的红色圆圈，设置为 0.7x，点击按钮完成设置，将人物走动速度变缓，如图 6-12 所示。使用同样的方法，将镜号 3 中人物的跑动速度变缓。

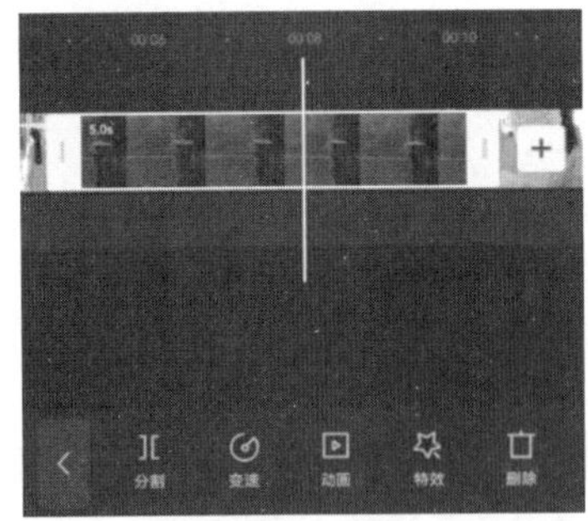

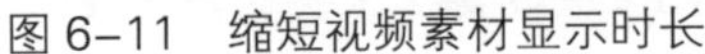

图 6-11　缩短视频素材显示时长

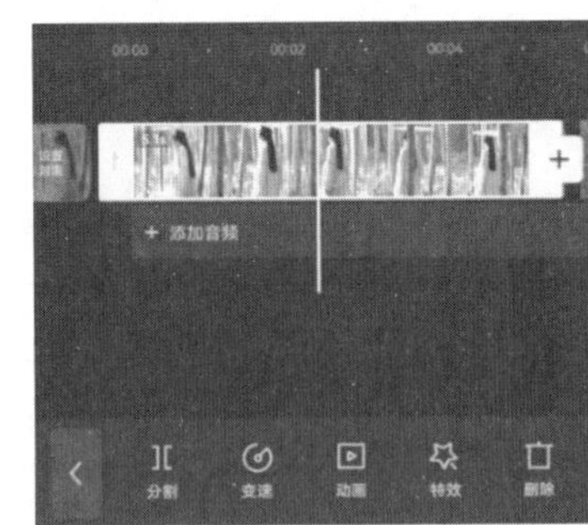

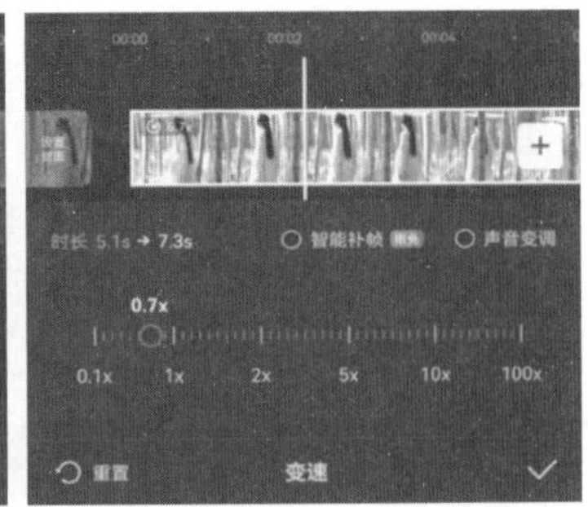

图 6-12　调整人物走动速度

（4）调整画面颜色。可以看到，镜号 2 的颜色偏暗，这里点击镜号 2，在下方工具栏中点击“调节”按钮（在工具栏中向左滑动屏幕，可看到该按钮）；打开参数设置栏，点击“亮度”按钮，向右拖曳白色滑块提高亮度；点击“HSL”按钮，打开“HSL”参数设置栏，点击绿色色块，向右拖曳“饱和度”和“亮度”对应的白色滑块，提高绿色的显色程度，点击按钮完成设置，如图 6-13 所示。

（5）添加文本。移动时间线至镜号 1 的开头，点击“文本”按钮，点击“新建文本”按钮，如图 6-14 所示。

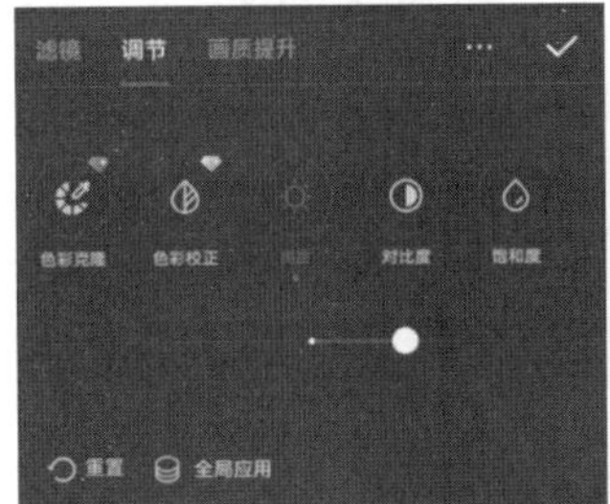

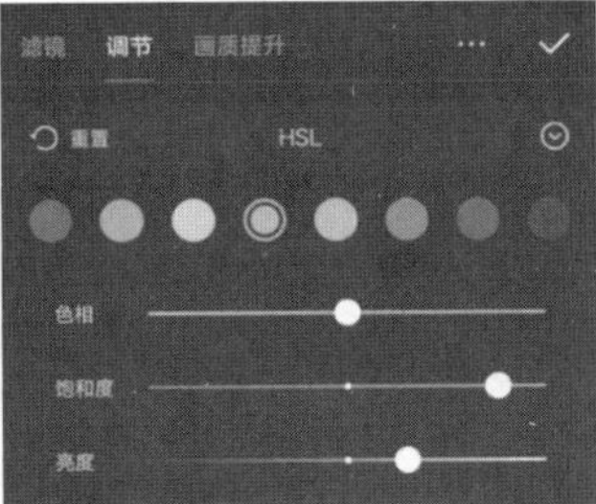

图 6-13　调整画面颜色

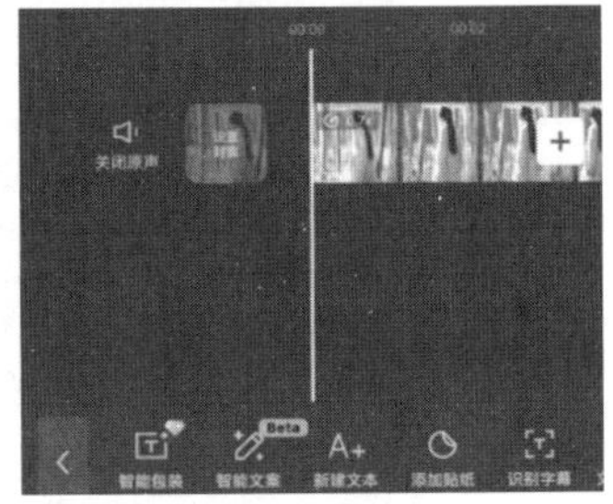

图 6-14　添加文本

（6）设置字体格式。在打开的文本框中输入“在姑苏寒山中”，在“字体”选项卡中选择“悠悠然”选项；在“样式”选项卡中设置字号为“10”，选择“排列”选项，调大字间距；点击“动画”选项卡，选择“向右擦除”选项，设置入场动画，点击按钮完成设置，如图 6-15 所示；然后在预览区中点击并拖动字幕，调整字幕位置。

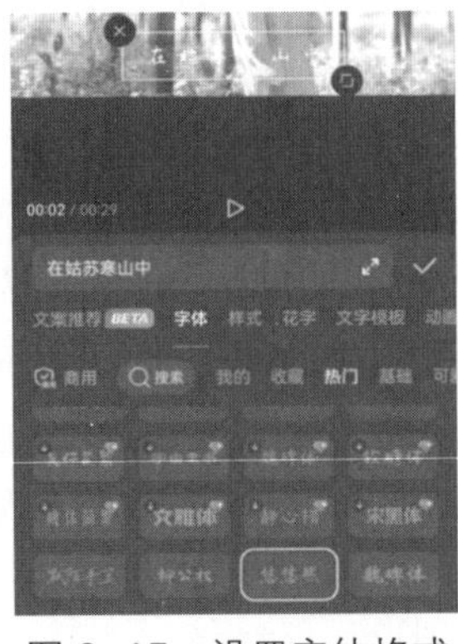

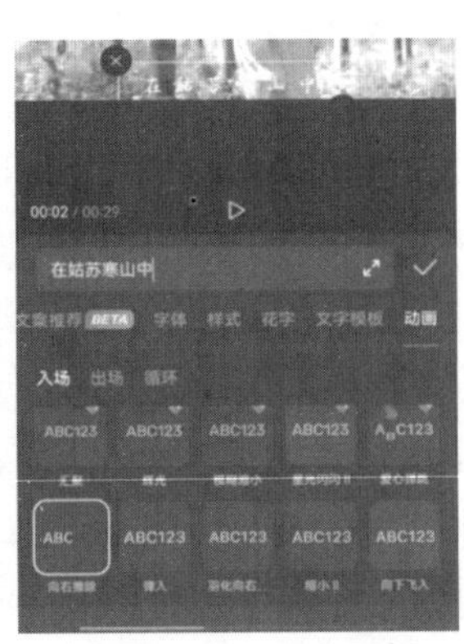

图 6-15　设置字体格式

（7）切割字幕。点击时间轴中的字幕条，通过向右拖曳视频素材右侧白色方格的方式延长字幕显示时长，使其与镜号 1 的时长保持一致。保持字幕条的选中状态，在适当位置点击“分割”按钮，将字幕条分割为 3 份，如图 6-16 所示。

（8）修改字幕内容。双击分割后的第 2 个字幕条，在打开的文本框中将文本修改为“它是青色的”，使用同样的方法修改第 3 个字幕条的内容为“不然怎是苍松翠竹真佳客”。

（9）复制字幕。点击第 3 个字幕条，点击工具栏中的“复制”按钮，复制后的字幕条将自动显示在原有字幕条的下方，按住复制后的字幕条不放，拖曳到第 3 个字幕条右侧（镜号 2 下方），与原有字幕条平行，使用与前面相同的方法修改字幕内容为镜号 2 对应的旁白，如图 6-17 所示。为其他镜号添加字幕，然后根据各个镜号的时长适当调整对应字幕的显示时长。

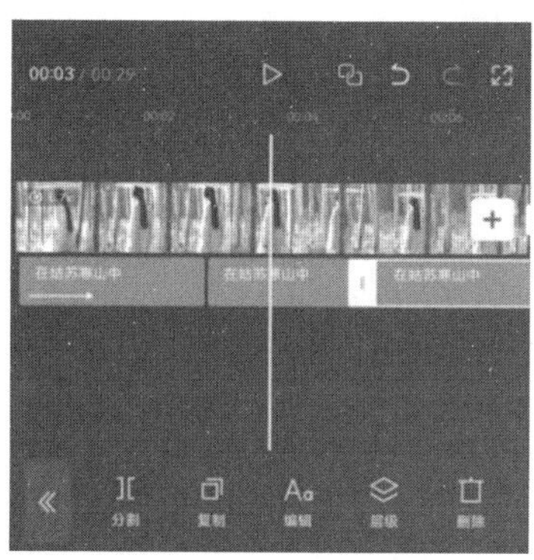

图 6–16　切割字幕

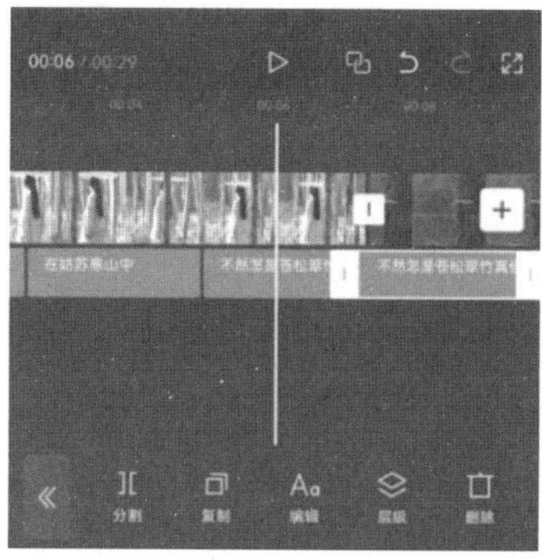

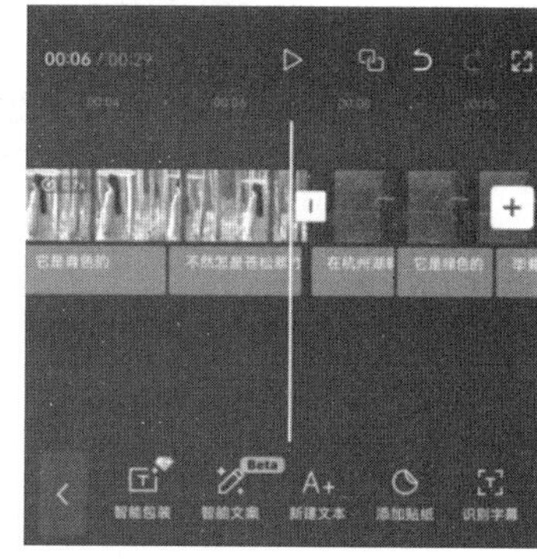

图 6–17　复制字幕

（10）设置转场。在未选中任何素材的情况下，点击镜号 1 和镜号 2 中间的白色方块，在打开的设置栏中选择“叠化”选项，如图 6-18 所示。为其他镜号设置同样的转场。

（11）添加片头。点击“添加素材”按钮，在打开的界面中选择“素材库”选项卡，然后选择“片头”选项卡，在其中选择合适的片头，并添加到时间轴中，如图 6-19 所示。新建片头文本“霓裳百色”，并设置文本的字体、字号、字间距，设置入场和出场动画，适当调整文本在画面中的位置。

图 6–18　设置转场

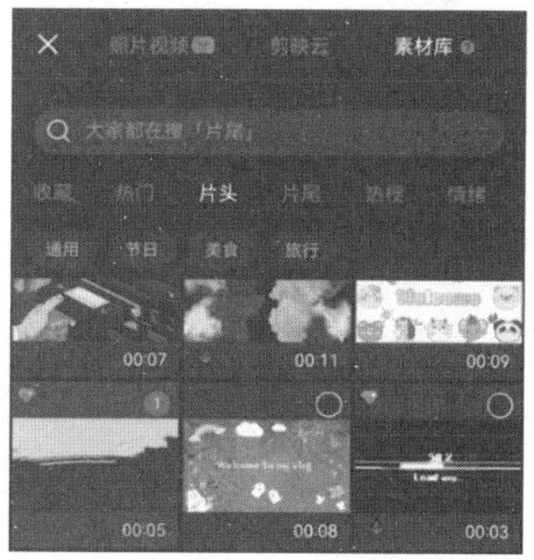

图 6–19　添加片头

（12）添加片尾。使用同样的方法，在末尾添加片尾，并新建片尾文本“城市百颜，霓裳百色，雅韵清莲，邀您共赏诗意霓裳”，设置文本的字体、字号，入场和出场动画。

（13）添加音频。点击时间轴中的“+ 添加音频”按钮，在打开的工具栏中点击按钮，在打开的界面中选择音乐，点击“使用”按钮添加音乐，如图 6-20 所示。

（14）调整音频。将音频拖曳到片头起始处，分割并删除音频多余的部分，如前奏部分和超出片尾的部分，并设置淡入时长和淡出时长，如图 6-21 所示。

图 6-20　添加音频

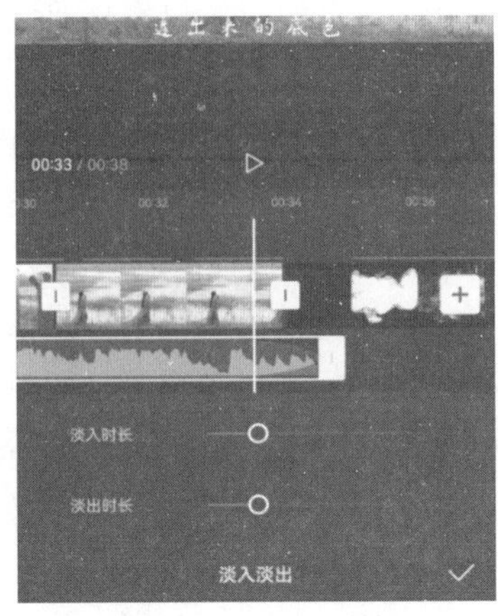

图 6-21　调整音频

3. 优化短视频

观看完整视频，检查短视频中是否有错别字、违禁词等，若有需要进行修改。

4. 发布短视频

点击导出按钮，待导出后选择“抖音”选项，在打开的界面中点击下一步按钮。打开发布界面，点击编辑封面按钮，在打开的界面中从作品中选择封面，并添加标题和作品描述，保存封面后，点击发布按钮发布，如图 6-22 所示。短视频发布效果如图 6-23 所示（配套资源：\效果\项目六\新品宣传短视频.mp4）。

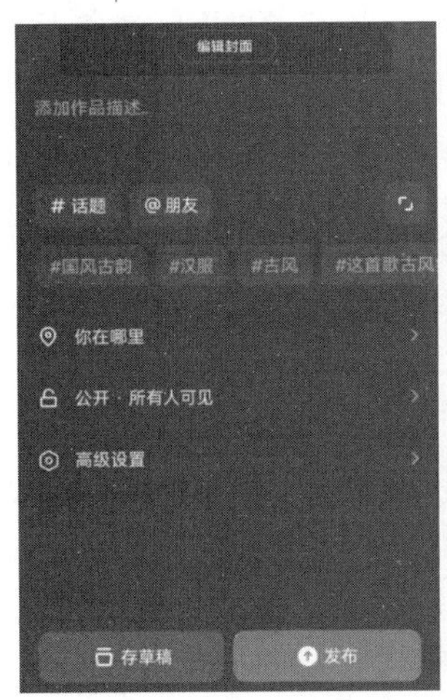

图 6-22　发布短视频

图 6-23　短视频发布效果

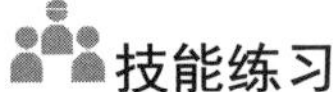技能练习

为短视频设计场景类标题，并使用剪映专业版剪辑短视频。

任务五　短视频营销

任务描述

完成短视频发布后，小赵需要在其他平台宣传推广短视频，扩大短视频的传播范围（见表 6-21）。

表 6-21　　任务单

任务名称	宣传推广短视频
任务背景	从雅韵清莲运营的平台来看，除抖音外，在微博、微信、小红书上都可以发布短视频，且这些平台都是开展短视频营销的重要渠道
任务阶段	□账号管理　□达人管理　□短视频策划　□短视频拍摄与剪辑　■短视频营销
工作任务	
任务内容	任务说明
任务演练：多平台推广新品宣传短视频	在微博、微信、小红书上发布短视频，并通过文案引导用户观看

任务总结：

知识准备

一、短视频营销策略

越来越多的个人和企业/品牌开始利用短视频开展营销，用户的需求也在不断变化和升级，要想形成独特的营销优势，运营人员需要采用有针对性的营销策略。

（一）干货输出

干货输出重在向用户无偿分享有价值的内容，或者仅需要用户付出较低的成本。一般来说，有价值的内容可以为用户带来一定的利益，因此更容易获得青睐。

（1）专业化的内容。专业化的内容能够为用户提供准确、专业和有深度的信息，提高用户的认知和技能水平，如时尚穿搭、语言学习等。

（2）实用性的内容。实用性的内容指能够实实在在解决用户遇到的困难的内容，如收纳技巧、装修建议、满减凑单技巧等，容易受到用户的喜爱，用户甚至会转发这类内容。

（3）可信度高的内容。短视频营销要想良性发展，就要吸引用户持续深度参与，通过提供可信度高的内容，给予用户真实帮助，提高用户的信任度。

（二）多元化植入

短视频营销中，需要植入营销信息，然而，如果营销信息植入不当，就很容易引起用户的反感。因此，采用多元化的植入方式是非常重要的。

（1）台词植入。这是指通过演员的台词，将品牌或产品信息等直白地传达给用户，增加用户对品牌或产品的了解。

（2）道具植入。这是指将产品作为一种道具，并呈现在短视频画面中，但注意不要喧宾夺主。

（3）场景植入。这是指将产品作为场景的一部分。这种植入方式较为自然，不影响短视频内容的连贯性，以及用户的观看体验。

（三）多渠道营销

在短视频营销过程中，如果在某一短视频平台缺乏人气，或想拓宽营销渠道，等等，运营人员可以在其他渠道（如朋友圈、微信群、微博等）通过问答、评论、发布文章、发布短视频等方式扩大短视频的影响力，将用户引至短视频平台。

（四）增强互动体验

增强互动体验是指在短视频营销过程中，积极与用户保持互动和沟通，并根据他们的需求为他们提供更好的体验。一般来说，用户体验越好，营销效果就越好。增强互动体验的前提是提供多样化的互动渠道，支持不同用户参与互动。同时，为提升用户的体验，建立更牢固的关系，运营人员需要综合设计短视频的体验方式，如在构图、色彩等方面采用专业手法制作短视频，为用户提供良好的视觉体验；用贴心的元素、贴近用户的角度、日常生活中的素材制作短视频，提升用户的情感体验；等等。

此外，在保证短视频本身具有互动性的基础上，运营人员还需要通过平台与用户保持互动，包括引导用户评论、转发、分享和点赞等，让用户可以表达自己的看法和意见，增强用户的参与感。

二、短视频推广

为让短视频得到更多用户的关注，实现短视频运营的目标，在短视频发布后，运营人员还需要进行推广。

（一）广告推广

广告推广是指通过支付一定费用，在短视频平台或其他平台上展示短视频，以提升短视频的热度。为满足企业/品牌的营销需求，各大短视频平台均提供广告位，常见的广告类型有信息流广告等。信息流广告穿插在信息内容中，其优势在于能够利用短视频推荐机制提高用户对广告的接受度，减少用户对广告的抵触心理。

（二）参加活动

如果短视频本身的质量不高，且短视频账号缺乏人气，则可以参加平台的官方活动获取热度，扩大短视频的传播范围。这些官方活动的热度通常较高，参加时需根据活动要求制作短视频，以获得流量。例如，抖音和快手都有挑战赛，这些挑战赛通常会吸引大量用户参加，热度非常高，而且参加方式比较简单。视频号也会发起话题活动，参加话题活动也有利于提升短视频热度。

（三）利用推广工具

利用平台的推广工具可以快速提高短视频的曝光度，不同的短视频平台通常会提供相应的付费推广工具。

（1）DOU+。DOU+是抖音官方推出的付费推广工具，使用DOU+推广的短视频不会有广告标识，不容易引起用户的反感。其具体设置已在前文讲过，这里不再赘述。

（2）快手粉条。快手粉条是快手官方推出的付费推广工具，用于提高短视频在快手内的曝光度，可以快速获取精准用户。快手粉条分为速推版和标准版两个版本，其中，速推版支持快速放量、一键式下单，能够实现低成本快速投放；标准版支持更多投放设置，可以满足“涨粉”互动、推广门店、预热直播、推广直播等差异化营销诉求。运营人员可通过“设置”界面进入“快手粉条”界面，设置推广详情。

（3）薯条推广。薯条推广是小红书官方推出的付费推广工具，有内容加热和营销推广两种形式。其中，内容加热主要面向个人，支持投放非营销属性的优质内容，助力账号成长；营销推广面向企业及个人，支持投放具有商业属性的内容，助力生意增长和销售转化。运营人员可通过个人主页进入创作中心，通过该界面进入薯条推广的“推广设置页”界面，设置推广详情。

（4）视频号的加热工具。使用视频号的加热工具加热短视频，可以提高短视频在视频号中的热度，获得更多流量，从而增加短视频的点击量和播放量，吸引更多潜在用户。运营人员可通过创作者中心创建加热计划，设置加热详情。

（5）创作推广。创作推广是哔哩哔哩官方推出的原生内容推广工具，其可以根据短视频标签将短视频推荐给用户，并精准推送给目标用户，提升短视频的播放量和短视频账号的粉丝量。运营人员可通过个人主页进入“创作激励计划”界面，通过该界面进入“创作推广”界面，设置推广详情。

三、短视频营销变现

短视频营销变现就是通过营销策略、方式等，将短视频带来的流量转化为实际收益，是短视频运营中非常重要的一环。短视频营销变现的方式主要有以下3种。

（1）私域变现。这是指将短视频平台中的粉丝，通过评论、私信等方式引到私域渠道，然后在私域渠道中通过产品销售、服务推广等形式变现。

（2）电商变现。这是指利用短视频销售产品实现变现，其操作方式主要有两种，一是在信息栏中添加产品橱窗，二是在短视频中添加产品链接。

（3）IP变现。这是指通过短视频将短视频账号或短视频中的主角打造成IP，借助IP的热度实现变现。

任务实施

任务演练：多平台推广新品宣传短视频

【任务目标】

先设计推广文案，然后在微博、微信、小红书等平台发布短视频，拓宽推广渠道，助推短视频传播。

【任务要求】

本次任务的具体要求如表 6-22 所示。

表 6–22　　　　任务要求

任务编号	任务名称	任务指导
（1）	设计推广文案	根据短视频主题，设计推广文案
（2）	发布短视频	通过发布界面发布短视频

【操作过程】

（1）设计推广文案。推广文案应当简短有力，可以结合短视频主题设计推广文案，如“彼之衣裳，我之华裳；城有百颜，裳有百色，愿君多姿色”。

（2）发布短视频。在微博 App 首页点击按钮，在打开的列表中选择“相册”选项，在打开的界面中选择视频后输入推广文案，发布短视频。在微信 App 首页点击按钮，在打开的界面中选择“视频号”选项，打开个人视频号界面，点击 发表视频 按钮发布短视频。在小红书发布短视频的方法与发布图文的方法类似。在这 3 个平台发布短视频的效果如图 6-24 所示。

图 6–24　短视频发布效果

综合实训

实训一　使用 AI 工具策划沃柑营销短视频脚本

实训目的：掌握使用 AI 工具策划短视频脚本的方法，能够自行完成分镜头脚本的策划。

实训要求：农产品短视频达人晴妹成立了个人品牌晴妹鲜果，用于推广家乡的农产品。当前，晴妹家乡的沃柑成熟在即，她准备利用短视频营销沃柑，通过分享在果园采摘沃柑的日常以及沃柑的细节展示，突出沃柑的优质。为该短视频策划分镜头脚本，充分展示沃柑的皮薄肉厚、汁水充足等特点，并呼吁用户购买。

实训思路： 根据提供的沃柑信息设计画面，并参考主流短视频平台中带货短视频的风格安排景别、拍摄方式和设计台词等。

实训结果： 本次实训完成后的部分参考效果如表 6-23 所示。

表 6-23　短视频脚本的部分参考效果

镜号	景别	拍摄方式	画面内容	台词	背景音乐	时长/秒
1	近景	移镜头	果园中的果树上挂满了沃柑	晴妹果园的沃柑成熟啦！今天开始采摘咯	欢快的轻音乐	3 秒
2	近景	固定镜头	一只手握住枝头上的沃柑，另一只手用水果刀横向切下，切开后用握住沃柑的那只手用力捏，挤出汁水	切开来看，皮薄肉厚，汁水充足		9 秒
3	近景	固定镜头	一只手拿着 3 个沃柑，其中一个切开，露出果肉	近距离给大家看看，果肉非常饱满		5 秒
4	近景	移镜头	果篮里摆满了采摘下来的沃柑	都是现摘的，想吃的赶紧拍，待会儿晴妹给大家发货		3 秒

实训二　拍摄和剪辑沃柑营销短视频

实训目的： 通过练习短视频拍摄和剪辑的方法，提升短视频拍摄和剪辑技能。

实训思路： 先做好拍摄准备，然后按照脚本中镜号的顺序拍摄，接着剪辑视频。剪辑时，可先查看视频素材（配套资源：\素材\项目六\沃柑文件夹），然后按照粗剪、精剪、优化、导出的顺序剪辑短视频。

实训结果： 本次实训完成后的部分参考效果如图 6-25 所示（配套资源：\效果\项目六\沃柑营销短视频.mp4）。

图 6-25　部分参考效果

实训三　推广沃柑营销短视频

实训目的： 掌握营销推广的方法和策略，提升短视频营销能力。

实训思路：在抖音发布沃柑营销短视频，并使用 DOU+推广，推广目标为提升粉丝量。

实训结果：本次实训完成后的部分参考效果如图 6-26 所示。

图 6-26　部分参考效果

巩固提高

1. 账号矩阵的搭建模式和方法有哪些？
2. 如何包装达人形象？
3. 如何确定短视频选题和搭建短视频内容框架？
4. 短视频脚本的类型有哪些？
5. 短视频拍摄需要准备什么？
6. 常用的短视频剪辑软件有哪些？
7. 短视频推广的方法有哪些？营销变现的方式有哪些？

项目七

直播运营

学习目标

【知识目标】

1. 熟悉直播的准备工作，掌握策划直播方案和脚本的方法。
2. 熟悉直播营销的开展流程，能够为直播预热、引流。
3. 掌握直播复盘的流程，能够制作直播结案。

【技能目标】

1. 具备软件操作能力，能够熟练使用直播后台工具辅助直播营销的开展，包括直播间布置、直播互动、产品上架等。
2. 具备一定的组织和控场能力，能够通过后台管理工具管控好用户言论，营造良好的直播氛围。

【素养目标】

直播运营不能强买强卖，运营人员应该运用合理的营销策略让用户做出购买决策。直播的过程中应当保持文明互动、友好交流。

项目导读

直播运营作为当前主流的全媒体运营方式，深刻影响着企业的运营模式和运营理念，成为企业/品牌文化输出、产品变现等的重要窗口。直播运营要求运营人员把关直播中的每一个环节，以取得良好的直播运营效果。面对日益多样化的消费需求和多元化的运营挑战，雅韵清莲准备开展直播运营，以更灵活、高效的方式触达目标用户，提升品牌影响力。应雅韵清莲的请求，老李让小赵协助雅韵清莲开展直播运营，围绕直播需求策划直播方案和脚本等，有序开展直播营销，并在直播结束后做好直播复盘。

微课视频

做好直播准备

任务一　做好直播准备

任务描述

向雅韵清莲了解直播细节后，小赵先着手设计本次直播的方案，并将直播流程以直播脚本的形式呈现，同时协助雅韵清莲搭建直播间，做好直播准备（见表 7-1）。

表 7-1 任务单

任务名称	直播准备
任务背景	雅韵清莲计划在直播中推出 15 款秋季新款服装，通过直播促进秋季新款服装的销售。同时，雅韵清莲希望采用场景化更强的直播走秀这一形式，实现即秀即买。直播时间暂定为 9 月 23 日，当天预期直播销售额是月平均销售额的三分之一
任务阶段	■做好直播准备　□开展直播营销　□直播复盘
工作任务	
任务内容	任务说明
任务演练 1：策划新中式女装直播方案	【直播类型】电商直播 【策划结果】直播方案
任务演练 2：使用 AI 工具协助策划新中式女装直播脚本	【脚本类型】整场直播脚本 【策划内容】直播时间、主题、人员分工、直播流程等
任务演练 3：搭建新中式女装直播间	【搭建平台】抖音 【搭建内容】直播场地选择、空间规划、场地布置

任务总结：

知识准备

一、明确直播类型

直播看似简单，实则有很多学问，要想在直播运营中取得成功，首先要明确直播类型，找准直播间在直播领域的位置。

（一）电商直播

电商直播是直播和电商相结合的产物，是一种以直播的方式销售产品的运营活动。直播带货便是电商直播的典型，也是企业/品牌和个人常态化的直播营销手段。与传统电商主要通过产品详情页引导用户购买产品不同，在电商直播中，主播可以把产品的优缺点、使用效果等都通过直播直观地展现出来，实现实时互动，完成导购。

（二）社交直播

社交直播是指用户为满足社交需求而开展的直播，根据展示内容的不同，可以分为秀场直播和生活直播，如表 7-2 所示。

表 7-2 社交直播

直播模式	说明	特点
秀场直播	主要展示个人才艺的直播	（1）具有较强的社交属性，进入秀场直播的用户的主要目的是交友或与主播互动 （2）主播需要掌握一定的才艺，常见才艺有唱歌、跳舞等 （3）主要通过用户打赏变现
生活直播	主要展示个人生活的直播	（1）直播题材生活化，容易拉近与用户的距离 （2）常见直播题材有美食、旅游等 （3）主要通过用户打赏变现

二、选择直播模式

根据直播主体的不同，直播可分为商家自播和达人直播两种模式，不同模式的特点和实现形式不同。

（一）商家自播

商家自播指商家组建直播团队开展直播，常见于品牌店铺和旗舰店，主播一般由商家内部人员担任。观看直播的用户基本上是品牌的粉丝，他们对品牌有一定的忠诚度，对产品有一定的需求。依托自身的品牌效应，商家自播可以将非粉丝用户沉淀为品牌粉丝。商家自播的具体实现形式多样，除直播带货外，还有“直播+发布会”“直播+访谈”“直播+企业日常”等。

（1）“直播+发布会”。“直播+发布会”是众多企业发布新品、新闻的重要形式，可以帮助企业造势、制造热点。

（2）“直播+访谈”。“直播+访谈”中的访谈对象可以是企业的高层管理人员，由他们分享企业文化、发展战略、企业动态等；也可以是行业专家、特邀嘉宾、路人等，由他们从第三方的角度来阐述观点和看法，这可以提高直播的可信度。

（3）“直播+企业日常”。“直播+企业日常”形式下，企业可以带领观众了解企业的办公场景、办公氛围、产品生产加工流程，与用户建立密切的联系。

（二）达人直播

达人直播指达人主播汇聚各类产品开展直播，达人主播一般没有自己的货源，且需要凭借自身积累的粉丝和较强的内容生产能力实现流量转化。达人直播的形式可细分为两种，分别是专场直播和拼场混播。在专场直播中，达人主播通常只销售单一品牌的产品；拼场混播中，达人主播需按照一定的顺序销售多个品牌的产品。

三、策划直播方案

直播方案是对直播活动的整体规划，通常在直播团队内部使用，用于向参与直播的所有人员传达直播思路，并确保所有人员熟悉具体事宜安排。完整的直播方案包括直播目标、直播基本信息、直播宣传与互动和人员分工等要素。

（一）直播目标

直播方案应确定本场直播活动要达到的目标，以明确直播的工作方向，激励直播团队成员共同为实现直播目标而努力。直播目标主要有拉新（增加新用户）、促活（提高用户活跃度）和转化（促进用户产生付费行为）3 种，但一场直播通常以一个目标为主，其他目标为辅。此外，直播目标一般为短期目标，具有可评估性，如“通过本场直播，销售 10 款产品，实现 10 万元销售额”。

（二）直播基本信息

直播基本信息是对直播活动主体内容的概括，一般包含 5 个要素，如图 7-1 所示。

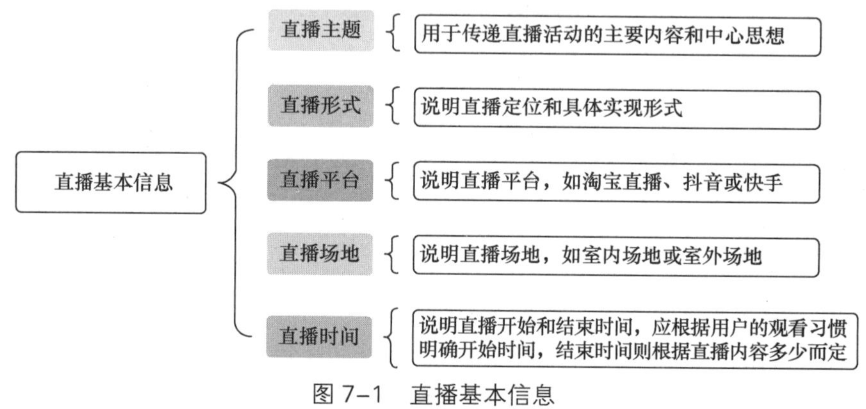

图 7-1　直播基本信息

> **提示**
>
> 如果直播间只有一名主播，直播时长应尽量控制在 4 个小时内；如果直播间有多名主播轮换直播，则可安排更长的直播时间甚至 24 小时不间断直播。直播时间越长，直播间的权重越高，直播间就可以获得更多的流量扶持和曝光。

（三）直播宣传与互动

直播宣传常见于直播预热和引流阶段，直播互动常见于直播开展的过程中，这两方面的内容都需要在直播方案中明确，以便取得较好的直播效果。其中，直播宣传的要点主要包括宣传渠道（如站内、站外）和方法（如在直播平台和社交媒体平台发布直播预告、在粉丝群发布直播信息）等，直播互动的要点主要是互动方式（如发放福利、提问等）。

（四）人员分工

直播的开展涉及产品推荐、内容展示、产品发布和管理、评论监控、推广引流等工作。为确保直播顺利进行，需要有明确的人员分工，常见直播人员分工如表 7-3 所示。

表 7-3　常见直播人员分工

团队成员	工作职责
主播	对直播间和产品有独到见解，能够主导或参与选款、卖点提炼、产品展示、直播互动活动策划、复盘等

（续表）

团队成员	工作职责
副播	能制造话题、烘托气氛，辅助主播及时展示产品，详细介绍福利规则，快速解决直播间粉丝提出的问题，等等
助理	做好产品上下架、价格和库存修改、发放优惠券、发放红包、发布抽奖活动、实时记录数据等工作
场控	时刻关注直播的目标达成情况，直播间在线人数少时要加大引流力度、发放福利、增加互动等，对整场直播的稳定性和高效性负责
运营	主要负责为直播间引流，应当为直播间带来精准付费流量
客服	能与用户友好沟通，及时回复用户对产品、直播间福利的问题，并解决售后问题，等等
策划	负责规划直播内容、复盘直播等
技术	负责直播间软硬件调试、网络状况监测、技术故障处理等
摄像	负责直播摄像、录屏等

四、策划直播脚本

直播脚本呈现出系统化的直播流程，有利于保证直播的稳定性和规范性，也有助于主播把控直播节奏。直播脚本通常分为整场直播脚本和单品直播脚本，不同类型直播脚本的策划思路有所区别。

（一）整场直播脚本策划思路

整场直播脚本是对整场直播活动的规划和安排，包括流程规划、时间安排、人员安排等，其核心在于精准把握直播顺序、玩法及整体节奏。在规划直播顺序时，一般先确定好时间节点，然后规划不同时间节点的主要工作、人员安排、产品等。整场直播脚本策划思路如表 7-4 所示。

表 7-4 整场直播脚本策划思路

内容构成	策划思路
直播主题	根据直播策划中的目的而定，便于用户和团队成员了解直播信息
直播时间	直播开始时间、直播结束时间，如 2024 年 9 月 26 日 15:00—19:00
产品数量	注明直播产品的数量（如果不涉及产品，可省略）
主播介绍	主播个人信息
人员分工	主要明确主播、副播、助理或场控等的具体工作内容
直播流程	直播流程应规划详细的时间节点，并说明开场预热、产品推荐、直播互动、直播结尾等环节的具体内容
注意事项（如无，则可省略）	说明直播的注意事项，示例如下。 （1）丰富互动玩法，提高用户活跃度，增加粉丝数量 （2）直播讲解节奏：单品讲解+回复用户问题+互动。直播讲解占比：单品讲解 60%+回复用户问题 30%+互动 10% （3）多讲解××系列新品

（二）单品直播脚本策划思路

单品即单个产品，单品直播脚本以单个产品为单位，介绍产品的卖点、品牌、折扣等。其对应整场直播脚本的“产品推荐”部分，是围绕产品来策划的，其核心作用是突出产品卖点。一般来说，单品直播脚本应当包含以下 4 个要素。

（1）产品或品牌介绍。先用话题引出产品或品牌，然后介绍产品或品牌的基本信息。

（2）卖点介绍。介绍产品的属性、功能或作用，说明产品值得购买的原因。

（3）利益点强调。介绍产品可以给用户带来的好处。

（4）引导转化。引导用户下单购买，这通常需要营造紧迫感，如先拍先得、价格优势。

五、直播选品

近年来，直播带货作为实现商业价值转化的有效途径，正逐步成为直播行业的主要盈利手段，以及直播行业的未来发展方向之一。此时，选择质量好的、适合直播的产品就尤为重要。

（一）选品原则

选品的好坏直接影响着直播、营销的效果，甚至主播、品牌口碑。一般来说，选品的基本要求是产品质量要好，此外还应当遵循以下原则。

（1）符合人设定位。直播团队选择的产品要与主播的人设定位相匹配，方便树立和维持主播的人设，也便于主播讲解。

（2）产品性价比高。在直播中，物美价廉的产品通常具有较大的吸引力，更具销售优势。产品的高性价比不仅体现在价格低上，还体现在优惠力度大和赠品多上。

（3）优先考虑热销产品。热销产品通常自带热度，销售速度更快。因此，选品时可优先考虑近期的热销产品。

（4）亲自试用产品。在直播中，用户与产品之间隔着屏幕，用户无法亲自试穿、试用产品，会对产品质量和售后服务存疑。为对用户负责，直播团队在选品时要亲自试用产品，排除质量和售后服务不过关的产品。

（5）产品不能侵权。产品是知识产权具象化的体现，体现着直播团队对知识产权保护的重视程度。作为面向公众的一道窗口，直播团队在选品时应该小心谨慎，坚决避免触碰侵权产品，在公众面前树立正面形象。

（二）选品工具

直播团队在选品时，可以借助一些选品工具，提高选品效率，如快选品、蝉妈妈、飞瓜数据、灰豚数据等。

（1）快选品。快选品是一个电商选品决策数据分析平台，它可以通过监测全网产品数据，利用大数据将热销产品、潜力产品、优质产品等分门别类，同时可以把产品的销量、定价、推广方式等数据清晰罗列出来，从而极大缩短了选品时间。

（2）蝉妈妈。蝉妈妈是抖音、小红书一站式数据分析服务平台，不仅可以展示产品的销量，还可以展示佣金比例，更方便选品。

（3）飞瓜数据、灰豚数据。飞瓜数据、灰豚数据与蝉妈妈类似，这两种工具可以搜集更多平台的数据，包括快手、哔哩哔哩等。

六、搭建直播场景

直播场景搭建是指根据直播内容，设计和布置直播间的设备、道具、灯光等，以营造出适合直播的氛围，提高用户观看体验，等等。总的来说，直播场景搭建主要涉及直播场地选择、直播间空间规划、直播间灯光布置等。

（一）直播场地选择

直播场地的质量影响着直播的呈现效果，如回音太大、隔音效果不佳都会影响用户的收听体验，因此在直播正式开始前要选择合适的场地。直播场地选择的考量因素如表 7-5 所示。

表 7–5 直播场地选择的考量因素

场地类型	考量因素
室内场地	（1）空间：个人直播的场地面积一般为 8～15 平方米，团队直播的场地面积一般为 20～40 平方米；直播场地的层高一般控制在 2.3～2.5 米，在保留空间的同时避免环境光发散 （2）隔音和回音效果：室内场地的隔音效果要好，避免杂音的干扰；要有较好的收音效果，避免在直播中产生回音 （3）光线效果：室内场地的自然光要充足，保证直播的真实感和美观度；如果直播场地较封闭，可以借助灯光设备补充光源，提升直播画面的视觉效果
室外场地	（1）天气：天气会影响直播效果，因此最好选择晴朗的日子，同时要做好应对下雨、刮风等天气的防范措施 （2）场地范围：室外直播需要限制室外场地的范围，便于主播将更多的精力放在产品讲解和与用户的互动上 （3）场地环境：室外场地的环境要整洁、干净，同时不宜出现过多的围观人群或闲杂车辆，避免分散用户的注意力

（二）直播间空间规划

直播间空间规划是指根据直播场地的大小进行空间布局，并明确不同区域的作用，确保直播画面的整体和谐。规划直播间空间时需要遵循一个原则：主播和需要展示的产品出现在直播画面中，其他工作人员、不需要展示的产品及其他无关要素不显示在画面中。常见直播间空间规划如图 7-2 所示。

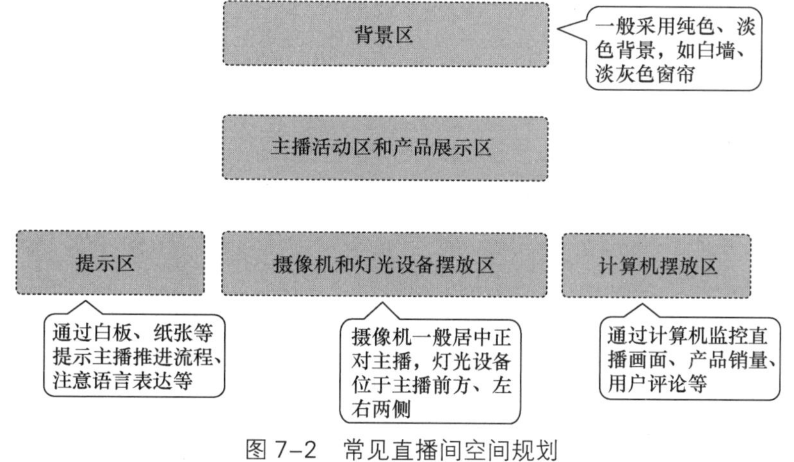

图 7–2 常见直播间空间规划

（三）直播间灯光布置

直播间的灯光主要分为主灯和辅助灯，根据直播场地的大小，主灯和辅助灯放置的位置以及搭配的数量不同。常见的直播间灯光布置方案如表 7-6 所示。

表 7–6 常见的直播间灯光布置方案

数量	类型	主灯/辅助灯	摆放位置	适用对象
1 盏灯	环形灯	主灯	距主播 1 米左右的正前方，比主播高 15 厘米左右	适用于智能手机直播，操作简单
2 盏灯	不限	同为主灯，或一盏为主灯，另一盏为辅助灯	靠近摄像头的两侧且距离相同，略高于镜头，光线投向主播	适用于简单的直播，可突出主播面部
3 盏灯	环形灯 1 盏、柔光箱 2 盏	环形灯为主灯，柔光箱为辅助灯	环形灯放在主播正前方，柔光箱放在主播两侧且距离相等	适用于空间较小的场景，增强空间感
	柔光球 1 盏、柔光箱 2 盏	柔光球为主灯，柔光箱为辅助灯	柔光球置于镜头上方且高于镜头和主播，柔光箱放在主播两侧	
4 盏灯	环形灯 1 盏、柔光箱 2 盏、柔光球 1 盏	环形灯为主灯，柔光箱和柔光球为辅助灯	环形灯正对主播，柔光箱放在主播两侧且距离相等，柔光球位于主播头顶前上方	适用于有其他人员参与的直播，增强空间感、立体感
5 盏灯	柔光球 1 盏、柔光箱 1 盏、环形灯 3 盏	柔光球为主灯，其他灯为辅助灯	柔光球正对主播，柔光箱面对主播侧边的装饰物、背景墙等，2 盏环形灯位于主播两侧且光线打向主播，另 1 盏环形灯位置低于主播脸部，光线可投向主播或直播产品	适用于参与人员或物品较多的直播

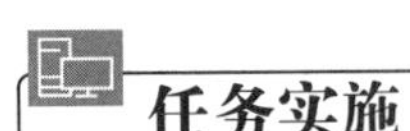

任务实施

任务演练 1：策划新中式女装直播方案

【任务目标】

围绕 15 款秋季新款服装策划直播走秀形式的直播方案，确保直播顺利进行。

【任务要求】

本次任务的具体要求如表 7-7 所示。

表 7–7 任务要求

任务编号	任务名称	任务指导
（1）	明确直播目标	根据雅韵清莲的开播目的明确直播目标
（2）	明确直播基本信息	确定直播主题、直播平台、直播场地、直播时间
（3）	规划直播宣传和互动	明确各环节需要的工作内容
（4）	明确人员分工	明确团队组成，并划分各成员的工作内容

【操作过程】

（1）明确直播目标。根据雅韵清莲的开播目的——促进秋季新款服装销售，明确本次直播的目标是转化。雅韵清莲的月平均销售额为 1000 万元，基于此，可量化直播目标为直播销售额达到 330 万元左右。

（2）明确直播基本信息。根据直播时间和形式，小赵将直播主题确定为“秋香有韵，与你同‘秀’”；雅韵清莲运营的平台有微博、微信、抖音、小红书、淘宝、京东，这些平台均可开设直播，但由于是首次开播，且直播形式不同于普通的产品推荐，小赵选择主流、兼具娱乐和电商属性的平台，如抖音；走秀通常在室内进行，小赵选择室内场地作为直播场地；考虑到用户的活跃时间，小赵将直播时间确定为 19:00—21:00。

（3）规划直播宣传和互动。就直播宣传而言，可以在多个平台宣传，如直播平台站内宣传与站外宣传相结合，并综合采用多种宣传方法扩大直播影响范围，提升宣传效果，如“发布抖音直播预告+通过微博/微信发布直播信息+在粉丝群发布直播信息”。就直播互动而言，选择参与门槛低、对品牌和用户均有利的方式容易调动用户的互动积极性，如发放红包、提问等。

（4）明确人员分工。本次直播走秀不仅需要主播，还需要协助主播直播的副播、负责产品上下架的助理、负责监控直播指标的场控、负责推广引流的运营、负责解答疑惑的客服、提供技术支持的技术人员、负责摄影的摄像以及走秀的模特，为直播保驾护航。具体人员分工如表 7-8 所示。

表 7-8 具体人员分工

人员	人数	工作职责
主播	1 人	（1）产品介绍：在直播中详细介绍每款走秀产品的特点、材质、设计灵感及搭配建议等 （2）氛围营造：通过热情洋溢的解说和互动，营造积极活跃的直播氛围，吸引用户停留并参与互动 （3）互动回应：及时回应用户的弹幕提问，解答用户对产品的疑问，增强用户参与感和提高用户信任度 （4）产品促销：在直播过程中适时引导用户下单购买，利用折扣优惠等促销手段促成交易
副播	1 人	（1）辅助介绍：在主播介绍产品时，提供必要的补充信息或展示产品细节，提升产品展示效果 （2）气氛调动：协助主播活跃直播间气氛，通过各种互动方法提升用户参与度
助理	1 人	（1）产品管理：发布和调整产品链接、修改库存 （2）权益发放：发放红包
场控	1 人	监控直播中各项数据指标，及时调整直播策略
运营	1 人	（1）直播预热：发布直播预告、在账号简介中添加预热信息、在其他平台发布带福利的预热信息 （2）直播引流：分享直播信息到粉丝群、在其他平台发布直播实时动态
客服	若干	（1）订单处理：负责直播期间及直播后的订单处理工作，包括订单确认、发货跟踪等 （2）售后服务：解答用户的售后疑问，处理退换货等售后问题，提升用户满意度
技术	1 人	（1）设备调试：负责直播前设备的调试工作，确保摄像头、麦克风、灯光等设备正常运行 （2）网络保障：监控直播过程中的网络状况，确保直播信号稳定不中断 （3）应急处理：在直播过程中遇到技术故障时迅速响应并解决问题
摄像	3 人	（1）现场直播拍摄：负责直播现场的拍摄工作，捕捉模特走秀及产品展示的精彩瞬间，确保直播画面的清晰度和流畅度 （2）后期制作：处理直播录像，将其制作成短视频用于后续宣传和传播
模特	若干	（1）产品展示：展现专业态度，通过走秀表演展示产品 （2）配合拍摄：在直播过程中或直播前后配合摄影师进行产品拍摄，为品牌宣传提供高质量的图片素材

任务演练 2：使用 AI 工具协助策划新中式女装直播脚本

【任务目标】

根据雅韵清莲的直播信息，策划整场直播脚本，规划好直播流程，并为第一款产品策划单品直播脚本，以此作为其他产品单品直播脚本设计的范本。

【任务要求】

本次任务的具体要求如表 7-9 所示。

表 7-9　任务要求

任务编号	任务名称	任务指导
（1）	设计整场直播脚本	根据直播时间规划直播流程，明确不同直播阶段的工作内容和时长
（2）	设计单品直播脚本	根据单品直播脚本的 4 个要素进行设计

【操作过程】

1. 设计整场直播脚本

（1）流程规划。本次直播走秀涉及的流程有开场预热、产品介绍、发放红包和提问、直播结束等。

（2）时间规划。本次直播走秀总时长为两小时（120 分钟）。在直播流程中，开场预热、直播结束这两个环节的重要性相对较弱，花费的时间应当较少，如各 5 分钟；产品介绍为主要环节，时间占比应当较大，如 100 分钟；发放红包、提问主要用于调节气氛，不是直播的重点，同样不需要安排过多的时间，如每次互动时间为 5 分钟。

（3）形成整场直播脚本。汇总所有的相关信息，完善脚本细节，形成最终的整场直播脚本，如表 7-10 所示。

表 7-10　整场直播脚本

<table>
<tr><th>直播主题</th><td colspan="5">秋香有韵，与你同“秀”</td></tr>
<tr><th>直播时间</th><td colspan="5">9 月 23 日 19:00—21:00</td></tr>
<tr><th>产品数量</th><td colspan="5">15 款</td></tr>
<tr><th>主播介绍</th><td colspan="5">××（品牌内部员工）</td></tr>
<tr><th rowspan="2">时间段</th><th rowspan="2">时长</th><th rowspan="2">流程规划</th><th colspan="3">人员分工</th></tr>
<tr><th>主播</th><th>副播</th><th>助理</th></tr>
<tr><td>19:00—19:05</td><td>5 分钟</td><td>开场预热</td><td>自我介绍，向进入直播间的用户问好，介绍品牌，并简单介绍本场直播的内容</td><td>自我介绍，向进入直播间的用户问好</td><td>在各平台分享开播链接</td></tr>
<tr><td>19:05—19:20</td><td>15 分钟</td><td>产品介绍之模特走秀</td><td>模特依次上台，展示不同款式的产品</td><td>观看模特走秀</td><td>在各平台推送直播动态</td></tr>
<tr><td>19:20—19:25</td><td>5 分钟</td><td>产品介绍</td><td>展示第 1 款产品的模特来到台前，主播介绍第 1 款产品的特点，如面料、图案设计、适用场合、价格等</td><td>配合主播介绍产品，补充主播遗漏的要点</td><td>发布第 1 款产品的购买链接，及时补货或下架</td></tr>
</table>

（续表）

时间段	时长	流程规划	人员分工		
			主播	副播	助理
19:25—19:30	5 分钟	产品介绍	展示第 2 款产品的模特来到台前，主播介绍第 2 款产品的特点	配合主播介绍产品，补充主播遗漏的要点	发布第 2 款产品的购买链接，及时补货或下架
19:30—19:35	5 分钟	产品介绍	展示第 3 款产品的模特来到台前，主播介绍第 3 款产品的特点	配合主播介绍产品，补充主播遗漏的要点	发布第 3 款产品的购买链接，及时补货或下架
19:35—19:40	5 分钟	产品介绍	展示第 4 款产品的模特来到台前，主播介绍第 4 款产品的特点	配合主播介绍产品，补充主播遗漏的要点	发布第 4 款产品的购买链接，及时补货或下架
19:40—19:45	5 分钟	产品介绍	展示第 5 款产品的模特来到台前，主播介绍第 5 款产品的特点	配合主播介绍产品，补充主播遗漏的要点	发布第 5 款产品的购买链接，及时补货或下架
19:45—19:50	5 分钟	发放红包	提醒用户红包的发放时间、参与方式、用途等，号召用户参与互动活动	呼吁用户参与互动活动，配合主播解释活动规则、玩法等，进行红包发放倒计时	准备并发放红包
19:50—19:55	5 分钟	产品介绍	展示第 6 款产品的模特来到台前，主播介绍第 6 款产品的特点	配合主播介绍产品，补充主播遗漏的要点	发布第 6 款产品的购买链接，及时补货或下架
19:55—20:00	5 分钟	产品介绍	展示第 7 款产品的模特来到台前，主播介绍第 7 款产品的特点	配合主播介绍产品，补充主播遗漏的要点	发布第 7 款产品的购买链接，及时补货或下架
20:00—20:05	5 分钟	产品介绍	展示第 8 款产品的模特来到台前，主播介绍第 8 款产品的特点	配合主播介绍产品，补充主播遗漏的要点	发布第 8 款产品的购买链接，及时补货或下架
20:05—20:10	5 分钟	产品介绍	展示第 9 款产品的模特来到台前，主播介绍第 9 款产品的特点	配合主播介绍产品，补充主播遗漏的要点	发布第 9 款产品的购买链接，及时补货或下架
20:10—20:15	5 分钟	产品介绍	展示第 10 款产品的模特来到台前，主播介绍第 10 款产品的特点	配合主播介绍产品，补充主播遗漏的要点	发布第 10 款产品的购买链接，及时补货或下架
20:15—20:20	5 分钟	提问	提出问题，如让用户猜测第 11 款产品的材质，第一位猜对的用户可获得同款产品一件	配合主播互动，记录获奖者，并告知获奖者领奖方式	记录并联系获奖者
20:20—20:25	5 分钟	产品介绍	展示第 11 款产品的模特来到台前，主播介绍第 11 款产品的特点	配合主播介绍产品，补充主播遗漏的要点	发布第 11 款产品的购买链接，及时补货或下架
20:25—20:30	5 分钟	产品介绍	展示第 12 款产品的模特来到台前，主播介绍第 12 款产品的特点	配合主播介绍产品，补充主播遗漏的要点	发布第 12 款产品的购买链接，及时补货或下架

（续表）

时间段	时长	流程规划	人员分工		
			主播	副播	助理
20:30—20:35	5 分钟	产品介绍	展示第 13 款产品的模特来到台前，主播介绍第 13 款产品的特点	配合主播介绍产品，补充主播遗漏的要点	发布第 13 款产品的购买链接，及时补货或下架
20:35—20:40	5 分钟	产品介绍	展示第 14 款产品的模特来到台前，主播介绍第 14 款产品的特点	配合主播介绍产品，补充主播遗漏的要点	发布第 14 款产品的购买链接，及时补货或下架
20:40—20:45	5 分钟	产品介绍	展示第 15 款产品的模特来到台前，主播介绍第 15 款产品的特点	配合主播介绍产品，补充主播遗漏的要点	发布第 15 款产品的购买链接，及时补货或下架
20:45—20:55	10 分钟	产品深入介绍	针对特色产品进行深入介绍，提供不同场合下的搭配建议	配合主播介绍产品，补充主播遗漏的要点	监控所有产品销售情况
20:55—21:00	5 分钟	直播结束	总结直播亮点，感谢用户支持，引导用户关注直播账号、购买产品等	补充直播总结，感谢用户支持	收集直播数据、用户反馈信息

2. 设计单品直播脚本

（1）整理第 1 款产品信息。根据雅韵清莲提供的产品信息进行整理归类，如表 7-11 所示。

表 7–11 第 1 款产品信息

产品名称	价格	设计灵感	面料材质	款式特点	适用场合
月华·盘扣旗袍	正常价：556 元 上新价：510 元	以皎皎月光为灵感	选用柔软亲肤的棉麻混纺面料，透气性好；表面经过特殊处理，呈现出淡淡的月光色泽	修身剪裁；经典立领，搭配手工盘扣；裙摆开衩设计	各种场合

（2）形成第 1 款产品的单品直播脚本。从产品信息中提炼产品或品牌基本信息、卖点、利益点等，形成最终的单品直播脚本，如表 7-12 所示。

表 7–12 第 1 款产品的单品直播脚本

产品或品牌介绍	第一个模特身上穿着的是我们雅韵清莲秋季新品中的月华·盘扣旗袍
卖点介绍	这款旗袍就像它的名字一样美丽，以皎皎月光为灵感，表面经过特殊处理，呈现出淡淡的月光色泽，穿着这款旗袍行走时就像月光洒在身上，给人温润如玉的感觉。同时，这款旗袍选用柔软亲肤的棉麻混纺面料，透气性好，不用担心闷汗；剪裁也非常修身，能够很好地勾勒出身体线条。立领设计，搭配手工盘扣，既有一种含蓄美，又具有现代时尚感。裙摆的开衩设计，又为这款旗袍增添了几分活泼和灵动的感觉
利益点强调	这样一款旗袍，不论是日常穿还是出席重要场合穿，都适合，相当于一衣多用，而且只用付一件衣服的钱，想一想是不是很划算
引导转化	这款旗袍的日常价是 556 元，由于今天是首次上新，为了感谢大家，在直播间下单的朋友都可以享受我们的上新价：510 元！如果你喜欢这款旗袍，那就将它收入你的衣橱吧

提示

在策划新中式女装直播脚本时，可使用 AI 工具寻找思路。

技能练习

根据雅韵清莲提供的第2款产品信息，如表7-13所示，为该款产品设计单品直播脚本。

表7-13 第2款产品信息

产品名称	价格	设计灵感	面料材质	款式特点	适用场合
枫叶流霜·刺绣连衣裙	正常价：468元 上新价：428元	以深秋枫叶为灵感	选用轻盈透气的雪纺面料，点缀细腻的枫叶刺绣图案	V领设计，长袖，裙身采用A字形剪裁，背部采用隐形拉链设计，穿脱方便	日常穿着

任务演练3：搭建新中式女装直播间

【任务目标】

根据直播主题及产品特点，选择合适的室内直播场地，并规划好场地空间，做好场地布置，确保直播间的美观。

【任务要求】

本次任务的具体要求如表7-14所示。

表7-14 任务要求

任务编号	任务名称	任务指导
(1)	直播场地选择	根据室内场地的考量因素选择直播场地
(2)	空间规划	根据秀场所需区域进行空间布局
(3)	场地布置	做好灯光布置和T台区域布置

【操作过程】

(1)直播场地选择。此前已在直播方案中明确选择符合品牌调性的室内场地，在此基础上，综合考量备选室内秀场的空间、隔音和回音效果、光线效果后，小赵选择了一个空间充足、隔音和回音效果较好、配备专业灯光设备的室内秀场。

(2)空间规划。本次直播走秀涉及的空间有T台、观众区、主播和副播等待区、辅助区（化妆间和更衣室、导播与控制室、道具区）、灯光与音响区、摄影区等，运营人员需要围绕这些区域进行空间布局，空间规划示例如图7-3所示。

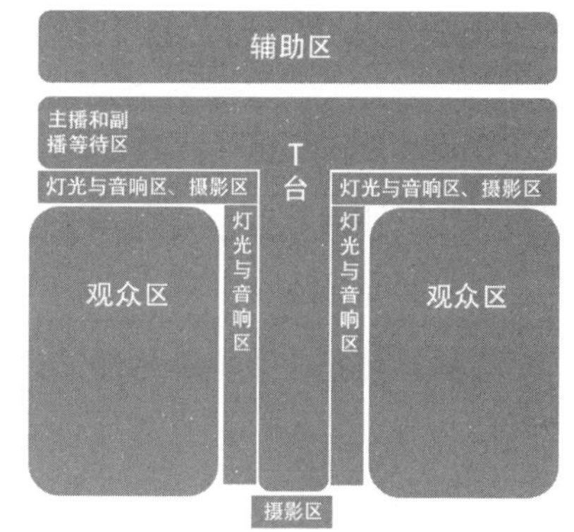

图7-3 空间规划示例

(3)场地布置。就灯光布置而言，T台是重要区域，需要有均匀的照明，不宜采用过于简单的布局方案。例如，可在起点、终点、中心区域设置主灯，使观众将注意力集中在模特身上；在T台两侧和后方设置辅助灯，增加服装的立体感和层次感，并采用智能灯光控制系统集中控制和管理灯光。就T台的布置而言，可以在T台两侧设置印有品牌标志或主题元素的背景板或背景布，在T台起点和终点添加相应的装饰元素，营造自然、富有秋日气息的氛围。

任务二　开展直播营销

完成前期策划后，小赵紧接着按照直播方案有序开展直播，并按时发放口令红包，与用户互动，营造良好的直播氛围（见表 7-15）。

表 7-15　任务单

任务名称	直播实施
任务背景	关于这场直播，小赵已经准备好连通摄像机和手机的 HDMI 线、编码棒、数据转换头等，以便将相机中的视频画面导入智能手机直播。关于红包互动，红包的类型为面向粉丝的基础红包，在抖音中被称为“宠粉红包”，意在调动粉丝的互动和购买积极性，红包数量为 1000 个，人均金额 1 元，领取对象为粉丝团成员，发送时间为立即发送。在管理评论时，小赵需要置顶欢迎语和观看注意事项，并回复用户对产品的提问
任务阶段	□做好直播准备　■开展直播营销　□直播复盘
工作任务	
任务内容	任务说明
任务演练 1：开启直播并添加产品	开启视频直播并添加产品
任务演练 2：设置并发放红包	【红包类型】“宠粉红包” 【设置内容】红包个数、人均金额、领取对象等
任务演练 3：置顶评论并快速回复用户	【主要操作】置顶评论、点击用户评论、输入回复内容

任务总结：

一、直播预热及引流

直播预热及引流不仅可以扩大直播影响力，还可以为直播间带来大量流量，为实现良好的营销效果打好流量基础。

（一）直播预热

直播预热是在直播开始前进行的一系列宣传工作，旨在为直播蓄势、造势。直播预热方式和策略较为多样，不同的直播预热方式和策略在效果上会有所差异。

1. 直播预热方式

一般来说，直播预热可以通过账号简介、直播预告、短视频、站外平台等方式开展。通过确定直播预热方式，运营人员能够将宣传工作落实到具体的细节中。

（1）账号简介预热。在直播开始前，更新直播账号简介，添加直播预告信息。

（2）直播预告预热。利用直播平台的预告功能，发布直播预告，预告中会包含直播标题和直播封面图，发布后的直播预告将显示在直播账号主页。

（3）短视频预热。通过短视频的形式告知用户直播时间、直播主题和直播内容等。

（4）站外平台预热。通过企业/品牌官方网站、微博、微信公众号等平台，或通过宣传单、展架、喷绘等线下宣传渠道，发布直播信息，引导用户准时观看直播。

2. 直播预热策略

运营人员在进行直播预热时，可以采用一定的策略，提升直播预热效果，如专享福利诱导、直播 PK、惊喜透露等。

（1）专享福利诱导。这是指在直播预热信息中告知用户在直播中会发放专享福利。

（2）直播 PK。这是指不同直播间的主播约定在同一时间进行连线互动的一种增流方式。

（3）惊喜透露。这是指在直播预热信息中告知用户参与直播的嘉宾、热销产品等，以吸引对该嘉宾或产品感兴趣的用户。

（二）直播引流

直播引流的核心在于流量引导，即吸引目标用户进入直播间，以增加直播的热度，提高直播间的人气。直播引流主要有以下 4 种方法。

（1）分享引流。这是指在直播中通过分享直播间引流，如分享直播间到微信朋友圈、小红书、微博，或分享给微信好友等，还可以复制直播间链接，将其分享至微信群、直播平台粉丝群等私域渠道。

（2）付费推广工具引流。这是指在直播中利用直播平台的付费推广工具引流。例如，使用抖音 DOU+推广直播间，助推直播上热门。

（3）直播动态信息引流。这是指在直播中通过站内、站外各渠道发布直播动态信息引流。发布直播动态信息时，可以通过制造紧迫感来得到用户的快速响应，如告知用户“福利正在派送中，数量不多，先到先得”等。

（4）直播连麦引流。在直播中，主播与其他主播进行连麦互动，可达到流量互补效果。

素养小课堂

主播在连麦时，需文明互动，不能为了吸引流量做出低俗行为，应当遵守直播行为规范，提升职业道德素养。

二、管理直播产品

直播营销要求跟上直播节奏，及时添加与直播内容相呼应的产品，并实时关注直播产品的库存状况。

（一）添加直播产品

直播产品需要添加到直播间购物车中，以便主播在直播过程中讲解产品。常见的添加直播产品的方式主要有两种，一是直播前添加产品，二是直播时添加产品。

（1）直播前添加产品。在发布直播预告时，点击购物车图标或“商品”字样，在打开的界面

中选择要销售的产品，将其预先添加为直播产品，并编辑产品卖点等，直播时产品将自动出现在购物车中。

（2）直播时添加产品。直播时点击购物车图标，在打开的界面中选择要销售的产品，将其添加到购物车。

（二）监测直播产品库存

实时监测直播产品的库存状况，不仅是为满足用户随时可能产生的购买需求，更是为在确保产品供应稳定的同时，通过合理的库存管理策略来刺激用户的购买欲望，进一步提升直播营销的效果。

（1）产品库存查看。直播平台的直播中控中心一般会实时显示产品库存的变化情况，如抖音的巨量百应、淘宝的中控管理台等。

（2）动态库存调整。直播过程中有时会出现库存不够、需要追加库存的情况，此时，可以进入直播中控中心，使用其中的自动改库存功能，针对不同的产品设置最低库存量，当库存低于最低库存量时自动补足库存。以抖音为例，进入直播中控后台，单击右上角的“光圈直播”图标，在打开的界面中找到要改库存的产品，单击“自动改”超链接，选择库存自动更改类型和规则，设置完成后，库存将根据设置的规则自动更改。

三、直播互动

直播互动是直播中重要的一环，不仅可以增强用户参与感、提升用户满意度，还可以促进产品销售转化、建立良好的品牌形象等。

（一）互动方法

直播互动需要掌握恰当的方法，有效的互动方法可以激发用户的积极性，巧妙引导用户情绪，营造良好的互动氛围。在一场直播中，可以选用一种互动方法，也可以选择在不同时段采用不同的互动方法。

1. 红包互动

在直播间发放红包，可以激发用户的互动积极性，提升直播间的人气，避免直播冷场。在直播间发放的红包主要有以下 4 种类型。

（1）红包雨。红包雨是当前主流的直播红包类型之一，在淘宝直播中经常出现。红包雨发放后，屏幕会像下雨一样掉落红包，用户只要点击落下的红包，就有机会抢到数额不同的现金红包。

（2）基础红包。基础红包即主播在直播期间直接给用户发放的红包，用户点击屏幕中的红包图案即可领取红包。

（3）砸金蛋。砸金蛋是以金蛋的形式向用户发放红包，用户点击屏幕中间的金蛋图案，即可砸开金蛋、领取红包。

（4）口令红包。口令红包发放前，主播会向用户公布一串文字口令；在口令红包发放后，用户可在直播间底部的输入框中输入该口令，发送口令后即可领取口令红包。口令红包的口令字数较少，一般只有几个字，便于用户快速输入口令，领取口令红包。

2. 抽奖互动

抽奖一般与分享直播间搭配使用，可以借助奖品的吸引力，吸引用户前来观看直播，用户还会自动延长在直播间的停留时间。直播间抽奖互动的形式较为丰富，常见的有以下 3 种。

（1）点赞抽奖。点赞抽奖是指每达到一定的点赞数量后就抽奖一次，操作简单。开展点赞抽奖要注意两点，一是点赞数量设置要合理，可依据直播账号的粉丝数量制订；二是主播抽奖要及时，能够引导用户点赞、准时参与抽奖。

（2）问答抽奖。问答抽奖即主播提问、用户留言回答问题，回答正确的用户可参与抽奖。问答抽奖中的问题一般与直播品牌或产品有关，如产品的作用、产地、特殊成分等。开展问答抽奖的难点在于要把握好问题的难易度，在保证问题具有吸引力的同时，让更多用户参与抽奖。

（3）评论抽奖。评论抽奖指用户在评论区写下指定内容即可获得抽奖资格，这种抽奖方法旨在用福利引导用户发送对直播有利的内容，在带动直播间氛围的同时提升主播或品牌的口碑。

3. 弹幕互动

弹幕互动是拉近与用户之间的关系、提升用户活跃度的重要方法。弹幕互动讲究你来我往：你来，即用户在弹幕中提出问题，等待解疑答惑；我往，即主播主动向用户发起提问，与用户展开讨论，活跃直播间氛围。注意，主播提出的问题要方便用户回答，答案尽量明确，如用户只需回答是或不是。

（二）互动话术

直播互动贯穿直播的整个过程，包括开场暖场，中场引导关注、推荐产品，结尾下播等，其间需要运用一定的话术，提升直播效果和用户体验。

1. 开场互动话术

开场互动话术多用于直播暖场，目的是让用户了解直播营销活动的内容、形式和组织者等信息，给用户留下良好的第一印象，以便用户判断该直播是否具有可看性，如表 7-16 所示。

表 7-16　开场互动话术

设计技巧	说明	话术示例
直接介绍	直接告知用户本次直播的基本情况，包括主播、主办方、直播话题、直播时间、直播流程、特邀嘉宾等的介绍	大家好，欢迎大家来到“就业在××金秋招聘月”直播大会，本次直播大会由××市职业介绍服务中心、××广播电视台联合举办，共有 47 家企业参与，覆盖互联网、人工智能、生活服务等多个行业，提供近 3500 个岗位，更有就业指导专家××老师为大家提供就业指导，现在就让我们一起来看看吧
数据引入	展示数据，提高用户的信服度	欢迎大家来到××17Pro 发布会现场，我们先来看一下这款手机，这款手机搭载的是××处理器，用起来非常流畅，连续启动 30 个应用仅耗时 60 秒……
提出问题	通过提问引发用户的思考，增强用户的参与感	人生百态皆成文，冷暖自知照人心。欢迎大家来到“老高闲谈”，今天邀请到的嘉宾是××。欢迎××，今天您准备给大家推荐哪本书呢
故事开场	通过趣味性、传奇性的故事快速引发用户的讨论与共鸣，但不建议选择具有争议性的故事	欢迎大家准时收看××直播，今天××（特邀嘉宾）会来直播间。他真的是一个非常有趣的人，我记得有一次……

2. 中场互动话术

中场互动话术是直播过程中使用的话术，可以有效提高用户的参与度和留存率，并促进用户的转化，扩大直播的影响力，如表 7-17 所示。

表 7-17　　中场互动话术

话术类型	设计技巧	话术示例
引导关注话术	强调直播间的福利	刚进入直播间的朋友们记得点击屏幕左上角，关注直播间，直播间会不定时发放福利哦
	强调直播内容的价值	想要了解更多短视频制作技巧的朋友们，可以关注直播间，我会经常为大家介绍实用的短视频制作技巧
促留存话术	强调福利	直播间会有不定时的红包雨哦，大家千万不要走开
	及时回答用户问题	××宝宝，想看看衣服细节是吧，我走近一点给大家看一下……××宝宝，你还有什么问题吗
产品推荐话术	多维度介绍产品	该产品的设计相当贴合身体曲线，采用三维护脊系统，头、腰、背分区保护，分散腰部压力；采用花瓣云感坐垫，坐上去软软的，回弹力很强；而且高度是可以灵活调节的……
	提供证明，如销量截图、检测报告等	这款不粘锅是真的不粘，我给大家试验一下……
	营造场景感	穿上这件衣服就像把秋天穿在了身上……
促转化话术	打造信任感	这款产品我自己也在用，等下我也要买
	营造紧迫感	现在是签售环节，只要您在接下来的 5 分钟内下单，就可以获得我们的签名版产品

3. 下播互动话术

结尾下播时，主播同样需要与用户互动，引导直播结束时的剩余流量，实现产品与品牌的宣传与销售转化。下播互动话术如表 7-18 所示。

表 7-18　　下播互动话术

设计技巧	说明	话术示例
感谢+引导关注	表达对观看直播的用户的感谢，同时引导用户关注直播账号或预约下一场直播等	直播马上进入尾声，如果大家想要随时了解我们的直播动态，可以关注我们的直播账号××，第一时间获取开播提醒
感谢+邀请报名	表达对观看直播的用户的感谢，并邀请用户加入粉丝群	非常感谢大家今天抽出时间来观看我们的直播！如果喜欢我们的直播内容并想与我们有更多互动，那就加入我们的粉丝群吧！群里有更多的福利和精彩内容，还有与主播交流的机会，私信××获取邀请码可加入粉丝群

素养小课堂

运营人员在撰写直播互动话术时，应当谨慎小心，严格遵守相关法律法规，谨防触碰用户心理红线，如薪资、家庭、性别等可能引起争议的敏感话题。

四、弹幕管理

在直播开展过程中管理好直播间弹幕，不仅能营造和谐的直播氛围，提升用户的观看体验，还能通过积极互动提高用户参与度，收集用户反馈并预防潜在风险。

（1）设置弹幕发送规则。由于用户的素质良莠不齐，弹幕的内容也包含正反两面。为此，运营人员可以提前设置弹幕发送规则，如在直播中控台将辱骂词汇、违禁词或敏感词等设置为屏蔽词，设置后，一旦用户发送的弹幕中包含屏蔽词，系统会自动判定发送无效。

（2）回复用户。当用户通过弹幕发表疑问，特别是消极信息后，运营人员需要及时回复用户，此时可以利用直播中控台的评论功能回复用户。

（3）置顶评论。对于直播间的重要规则或者重要通知，运营人员可以通过置顶评论的方式告知用户。

五、直播二次传播

直播结束后的流量也可以利用，以延长直播的生命周期。直播二次传播的方法主要有以下两种。

（1）精彩片段分享。运营人员可以在直播时录制直播过程，剪辑出直播过程中的精彩片段，然后将其分享到抖音、快手、微博、微信公众号等平台进行二次传播，为直播账号引流，引起用户对后续直播的期待。

（2）成绩展示。运营人员可以通过文案、海报等直接展示直播获得的成绩，包括直播间的观看人数、直播间的产品销售量和销售额等，扩大直播的影响力，展示直播团队的能力。

任务演练 1：开启直播并添加产品

【任务目标】

使用雅韵清莲的抖音账号开启直播，并按照直播流程、主播的讲解节奏添加产品。

【任务要求】

本次任务的具体要求如表 7-19 所示。

表 7-19 任务要求

任务编号	任务名称	任务指导
（1）	开启直播	开启视频直播
（2）	添加产品	在电商经营界面添加产品

【操作过程】

（1）开启直播。打开抖音，在抖音主界面点击 按钮，打开“开直播”界面，点击开始视频直播按钮，开启直播。

（2）添加产品。在模特走秀完毕，主播开始介绍第 1 款产品的时候，点击抖音直播间下方的按钮。打开“电商经营”界面，如图 7-4 所示，点击添加直播商品按钮，进入“添加商品”界面，选择要添加的第 1 款产品——月华·盘扣旗袍，然后点击确认添加按钮，如图 7-5 所示。

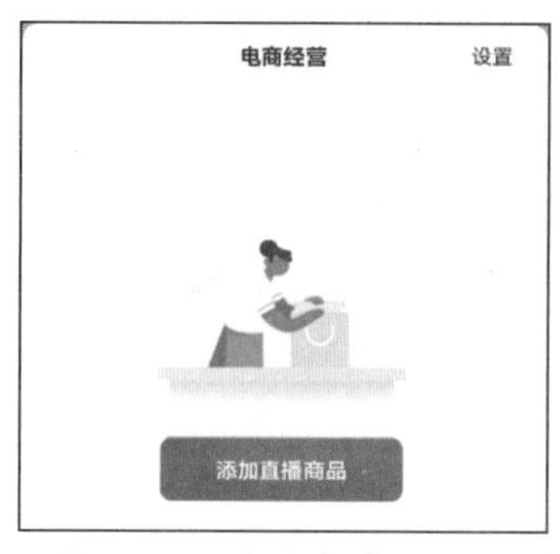

图 7-4 “电商经营”界面

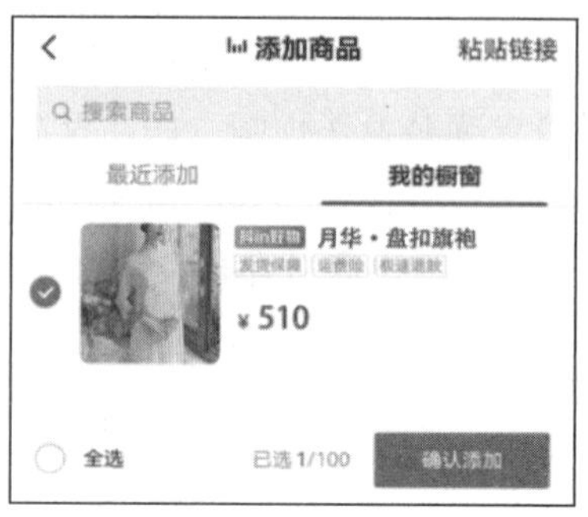

图 7-5 添加第 1 款产品

任务演练 2：设置并发放红包

【任务目标】

根据红包的类型和具体信息，提前设置红包，并在红包发放节点发放红包，营造活跃的直播间氛围。

【任务要求】

本次任务的具体要求如表 7-20 所示。

表 7-20 任务要求

任务编号	任务名称	任务指导
（1）	设置红包	在“宠粉红包”界面设置红包信息
（2）	发放红包	设置完红包信息后发放红包

【操作过程】

（1）设置红包。在抖音直播界面点击“互动”按钮，打开“互动”界面，选择“宠粉红包”选项，打开“宠粉红包”界面，选择“现金”选项，设置红包个数为“1000”，人均金额为“¥1”，领取对象为“粉丝团成员”，发送时间为“立即发送”，如图 7-6 所示。

（2）发放红包。点击塞钱进红包（1000元）按钮，打开支付界面，支付完成后发放红包。

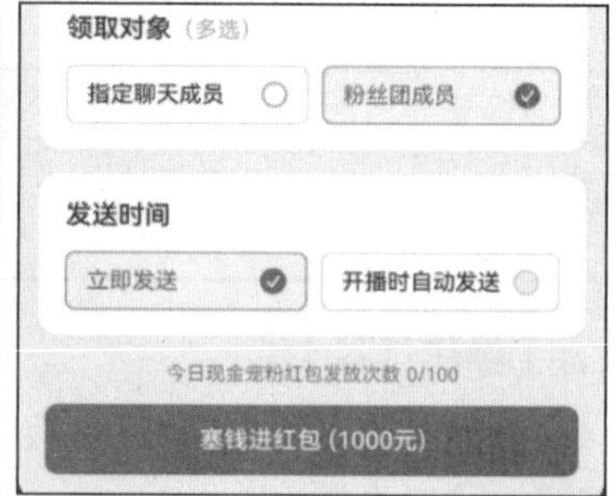

图 7-6 设置红包

任务演练 3：置顶评论并快速回复用户

【任务目标】

发布欢迎用户和观看注意事项的评论，然后置顶显示，帮助用户了解直播间，同时回复用户关于产品的提问，解答用户疑问。

【任务要求】

本次任务的具体要求如表 7-21 所示。

表 7-21　任务要求

任务编号	任务名称	任务指导
(1)	发布并置顶评论	发布评论、置顶评论
(2)	快速回复用户	点击用户评论，输入并发送回复内容

【操作过程】

(1) 发布评论。返回直播界面，点击 ··· 按钮，在打开的面板的“互动能力”栏中选择“评论”选项，在打开的界面中输入欢迎语和观看注意事项，如“欢迎新进直播间的朋友，本场直播的产品链接是逐一开启的”，如图 7-7 所示。

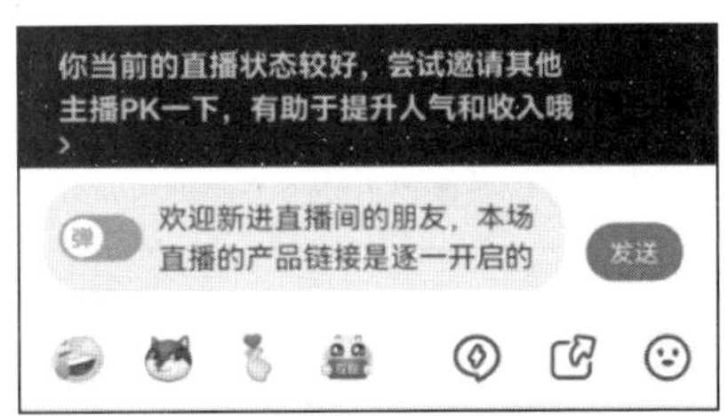

图 7-7　发布评论

(2) 置顶评论。点击发布的评论，点击“置顶该评论”选项，如图 7-8 所示，待审核通过后，该评论会显示在屏幕上方。

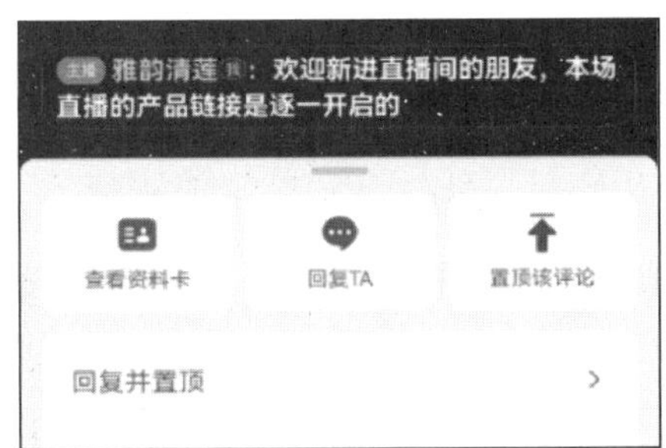

图 7-8　置顶评论

(3) 快速回复用户。在直播界面，点击用户发布的关于产品的提问，如“模特身上的是几号产品”；在打开的面板中选择“回复 TA”选项，输入回复内容，如“是第 3 款产品”，如图 7-9 所示。

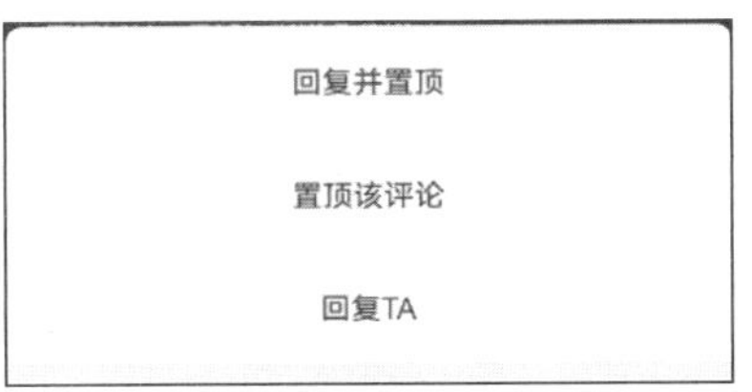

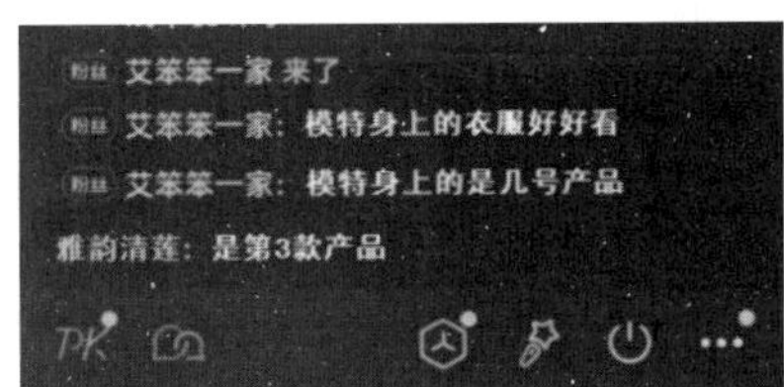

图 7-9　快速回复用户

任务三　直播复盘

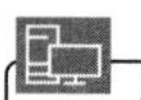

任务描述

直播结束后，小赵需要带领直播团队成员，从团队工作情况和产品转化数据两方面，复盘本次直播走秀，总结直播效果，积累直播经验（见表 7-22）。

表 7-22　　任务单

任务名称	直播复盘	
任务背景	在复盘直播团队工作情况时，小赵采用自我总结的形式，让直播团队成员各自总结直播中自己的优点和缺点。在复盘产品转化数据时，小赵将重点从销售量、销售额、点击成交转化率 3 个维度复盘	
任务阶段	□做好直播准备　□开展直播营销　■直播复盘	
工作任务		
任务内容		任务说明
任务演练：复盘新中式女装直播		【复盘对象】新中式女装直播 【复盘内容】直播团队成员工作执行情况、产品转化数据

任务总结：

知识准备

一、自我总结复盘

直播结果是所有直播团队成员配合协作的结果，因此，直播复盘时需要直播团队成员复盘各自工作是否都执行到位。表 7-23 所示为直播团队成员的复盘维度和常见问题。

表 7-23　　直播团队成员的复盘维度和常见问题

直播团队成员	复盘维度	常见问题
主播	直播脚本熟悉程度、直播互动话术、控场能力、氛围营造、产品讲解、产品转化效果	激情不足、产品细节展示不清晰、问题回复或解决不及时、语言表达的感染力不足等
副播	产品展示、优惠说明、气氛调动、与主播的配合程度	产品展示不当、信息表达错误、与主播互动不及时等
助理	产品上下架、产品库存管理、优惠券发放、红包发放	产品上下架操作失误，未及时、正确修改产品价格及库存，优惠券、红包等发放不及时，问题出现后没有及时进行记录，等等
场控	选品、排品、货品组合、直播流程把控、直播间人气、直播中实时目标关注、突发事件预警能力	选品不当、货品组合不合理、预估直播数据出现偏差、未有效应对直播间突发状况等

（续表）

直播团队成员	复盘维度	常见问题
运营	账号设置、直播预热形式和效果、引流时机、引流方式、推广金额、推广目标、引流效果	引流账号准备不充分、引流人群不精准、转化率不足等
客服	响应速度、服务态度、处理方式、用户评价	回复不及时，处理产品及售后问题不及时、不妥当，等等
策划	直播方案策划、直播脚本策划、直播场景规划	直播方案不适用、场景布置不合理等
技术	直播设备是否正常、网络是否准备到位	黑屏、画面卡顿、闪退等
摄像	直播画面清晰度和美观度、直播道具是否准备到位、直播设备是否准备到位	直播画面不美观、收音不畅等

二、数据复盘

直播数据能够真实反映直播的情况。直播团队在复盘时，可以结合直播中的重要数据进行分析，数据复盘维度如表 7-24 所示。

表 7–24　　数据复盘维度

数据类型	数据说明	复盘维度
流量数据	反映直播人气	累计观看人数、人气峰值/最高在线人数、平均在线人数、平均停留/观看时长
粉丝数据	反映粉丝留存情况和黏性	新增粉丝数、粉丝回访率
互动数据	反映直播互动情况和用户关注重点	互动率（互动率 = 累计评论数 ÷ 累计观看人数 × 100%）、弹幕热词（弹幕多次提及的关键词）
转化数据	反映直播带货效果	销售量、销售额、带货转化率/点击成交转化率、UV 价值（用户人均贡献值）

三、制作直播结案

直播结案主要用于直播结束后总结和评估直播整体情况，通常以报告的形式呈现，主要由以下部分组成。

（1）项目背景：直播运营开展的背景。

（2）项目目标：直播运营需要达到的目标，最好是可以达到的目标数据。

（3）项目效果：直播运营取得的最终效果，可以是项目目标相关的数据结果。

（4）项目亮点：直播运营过程中的亮点，包括用户洞察、预热引流方面的亮点等。

（5）执行回顾：回顾直播预热期、直播执行期的具体情况，包括内容发放情况、引流方式和情况、相关权益工具准备情况等。如果涉及产品，直播执行期还可以细分为直播发布期、产品预售期、产品开售期等。

任务实施

任务演练：复盘新中式女装直播

【任务目标】

分别从团队工作情况和产品转化数据两个方面进行复盘，找出问题，分析问题成因，并提出解决方案，以便优化直播。

【任务要求】

本次任务的具体要求如表 7-25 所示。

表 7-25 任务要求

任务编号	任务名称	任务指导
（1）	直播团队复盘	直播团队成员依次分析自己在直播过程中的优点和缺点，并提出解决方案
（2）	数据复盘	汇总每款产品的销售量、销售额、点击成交转化率数据，找出数据好的产品

【操作过程】

1. 直播团队复盘

（1）直播团队成员自我总结。直播团队成员根据自己的直播状态，依次发言，提出自己的优点和缺点。

（2）汇总自我总结。小赵记录每位直播团队成员的自我总结，并汇总在表 7-26 中。

表 7-26 直播团队成员自我总结汇总

直播团队成员	优点复盘	缺点复盘
主播	（1）充满激情，整体状态不错 （2）及时回答了用户提出的问题	（1）在讲解红包领取规则的过程中，出现口误 （2）直播节奏不合适，产品介绍环节时间把控不准确，存在超时和产品介绍时长明显不均匀的问题 （3）对部分产品的介绍不够充分
副播	状态良好，配合主播带动了直播间氛围	（1）展示产品细节时不到位 （2）主播出现口误时，未及时、快速做出反应
助理	跟随直播节奏发放权益	部分产品上架不够及时
场控	对直播间的在线人数、产品转化情况和目标达成情况做出及时反馈	产品组合不合理，如主推产品放在第一个，优惠力度大的产品放在中间，优惠力度最小的产品放在末尾
运营	直播预热充分	没有准确把握引流时机，导致直播中引流效果不佳
客服	反馈了高频问题、记录了用户需求	用户合理要求退款，未能及时处理
技术	提前调试设备，提供网络保障	音响突然出现故障，未及时解决
摄像	拍摄的画面清晰、美观	部分产品的细节未捕捉到

（3）提出解决方案。针对直播团队成员的不足，提出解决方案，如表 7-27 所示。

表 7-27 解决方案

直播团队成员	改进措施
主播	（1）出现口误时，应及时澄清、道歉，获得用户的谅解 （2）提前熟悉直播脚本内容，严格按照直播流程的时长限制推荐产品、与用户互动等的时间 （3）提前熟悉产品以及单品直播脚本，梳理产品特点
副播	（1）在协助主播展示产品细节时，可提醒摄像调整镜头，保证产品细节展示到位 （2）提高灵活应对的能力，协助主播及时更正口误
助理	熟悉直播脚本内容，严格执行直播流程规划，及时、正确上架产品
场控	加强对产品的了解，根据直播节奏调整产品组合
运营	根据场控的反馈，准确把握引流时机，在线人数低时可加大引流力度
客服	及时处理售后问题，与用户进行良好的互动沟通
技术	提前准备故障应急方案，加快故障处理速度
摄像	根据主播和副播的提醒，及时调整镜头

2. 数据复盘

（1）收集并整理产品数据。收集并整理产品的销售量、销售额、点击成交转化率等数据，如表 7-28 所示。

表 7-28 产品数据

产品序号	产品名称	上新价/元	销售量/件	销售额/元	点击成交转化率
1	月华・盘扣旗袍	510	600	306 000	1.2%
2	枫叶流霜・刺绣连衣裙	428	700	299 600	1.4%
3	禅意悠然套装	288	1000	288 000	2%
4	秋水一色・拼接风衣	350	500	175 000	1%
5	竹影清风刺绣套装	500	1010	505 000	2.02%
6	月满西楼・改良连帽风衣	499	530	264 470	1.06%
7	云眠之梦・复古裙装	1020	100	102 000	0.2%
8	墨染江水・宽松直筒连衣裙	260	1230	319 800	2.46%
9	竹兰雅韵・竹节纹针织衫	720	490	352 800	0.98%
10	云锦织梦・百褶长裙	368	1030	379 040	2.06%
11	莲步轻移・荷叶边连衣裙	1300	30	39 000	0.06%
12	禅味・茶染亚麻套装	1050	50	52 500	0.1%
13	意浓・针织连衣裙	200	1100	220 000	2.2%
14	水墨青・印花长裙	1320	30	39 600	0.06%
15	藏影・针织外套	477	480	228 960	0.96%
				3 571 770	

（2）分析产品问题。从销售量来看，有 5 款价格在 1000 元以下的产品的销售量超过或达到 1000 件，有 3 款价格在 1000 元以上的产品销售量在 100 件以内，由此可以看出，价格、性价比

是用户购买产品的重要考量因素。从销售额来看，总销售额超过直播目标即 330 万元左右，大多数产品的销售额在 10 万元以上，有 3 款销售量低的产品的销售额在 10 万元以下。从点击成交转化率来看，正常点击成交转化率为 1%～3%，3%～5%属于比较优秀的点击成交转化率，大部分产品的点击成交转化率正常，但有 6 款产品的点击转化率不正常，其中 5 款是价格偏高的产品，一款是中低端价位的产品，其可能受产品款式、优惠力度、促销转化话术等因素的影响。

（3）提出解决方案。根据产品问题，提出解决方案。例如，多选择性价比较高的产品，介绍高价产品时重点突出其高价值，为产品设置合理的优惠，优化促销转化话术，等等。

综合实训

实训一　搭建全品类带货直播场景

实训目的：掌握搭建直播间的方法，包括规划直播场地、设置合适的直播间背景及灯光。

实训要求：为抖音上某全品类达人搭建室内个人直播间，用作手机直播带货的固定直播场所，该达人的带货产品既有家纺产品、纸巾、应季生鲜，又有速食零食、饮料、电器数码产品、宠物生活用品等。

实训思路：根据主播身份、带货产品类型规划直播场地。

实训结果：室内直播间场地区域划分如表 7-29 所示，直播间空间规划示意图如图 7-10 所示。

图 7-10　直播间空间规划示意图

表 7-29　室内直播间场地区域划分

区域	说明	面积大小
直播区	主播直播的区域，展示直播情景和道具、推荐的产品等	预留约 5 平方米大小的场地，使主播有足够的活动与展示空间
产品摆放区	用于放置需要讲解的产品样品	预留约 3 平方米的场地，根据直播产品的体积和数量灵活调整
后台区	幕后工作人员的工作区域	预留 5 平方米大小的场地，用作幕后工作人员的工作区域和计算机等设备的摆放区域
其他区域	可作为主播的试衣间、化妆间等，或用于放置直播设备、道具等	预留 3～5 平方米大小的场地，可根据实际需要使用

实训二　开展全品类直播营销

实训目的：通过练习为全品类达人开展直播营销，提升直播营销能力。

实训要求：为全品类达人策划一个以“夏日低价直播场”为主题的直播带货方案和整场直播脚本，直播时间是 7 月 1 日 19:00—21:00；并选择 20 款符合主题的产品，产品须覆盖全品类；然后在抖音发布直播预告，并开启视频直播。

实训思路：先策划直播带货方案，然后利用蝉妈妈的选品库选择销量高的产品，接着在抖音的“开直播”界面，利用“更多功能”选项打开直播预告设置界面，设置直播预告信息，最后开启视频直播。

实训结果：本次实训完成后的参考效果如图 7-11 所示（配套资源：\效果\项目七\开展全品类直播营销.docx）。

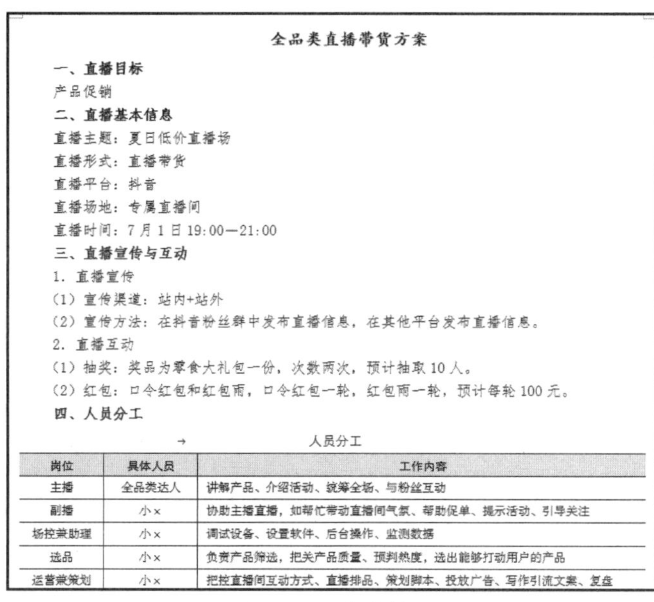

全品类直播带货方案

一、直播目标

产品促销

二、直播基本信息

直播主题：夏日低价直播场

直播形式：直播带货

直播平台：抖音

直播场地：专属直播间

直播时间：7 月 1 日 19:00—21:00

三、直播宣传与互动

1. 直播宣传

（1）宣传渠道：站内+站外

（2）宣传方法：在抖音粉丝群中发布直播信息，在其他平台发布直播信息。

2. 直播互动

（1）抽奖：奖品为零食大礼包一份，次数两次，预计抽取 10 人。

（2）红包：口令红包和红包雨，口令红包一轮，红包雨一轮，预计每轮 100 元。

四、人员分工

人员分工

岗位	具体人员	工作内容
主播	全品类达人	讲解产品、介绍活动、统筹全场、与粉丝互动
副播	小×	协助主播直播，如帮忙带动直播间气氛、帮助促单、提示活动、引导关注
场控兼助理	小×	调试设备、设置软件、后台操作、监测数据
选品	小×	负责产品筛选，把关产品质量、预判热度，选出能够打动用户的产品
运营兼策划	小×	把控直播间互动方式、直播排品、策划脚本、投放广告、写作引流文案、复盘

图 7–11　参考效果

巩固提高

1. 直播类型有哪些？
2. 直播方案由哪些要素构成？
3. 直播选品的原则是什么？
4. 如何开展直播预热及引流？
5. 如何管理直播产品？
6. 直播中与用户互动的方法有哪些？
7. 直播复盘的内容有哪些？
8. 直播团队成员的复盘维度有哪些？

项目八

数据分析和优化

学习目标

【知识目标】

1. 熟悉数据分析的常见类别，掌握流量、用户、产品、内容、活动分析的主要数据指标。
2. 掌握数据优化的方法，能够有意识地优化问题。

【技能目标】

1. 具备数据分析能力，能够从数据中读取信息，发现问题。
2. 具备数据优化能力，从而帮助企业/品牌在决策和运营方面取得更好的效果。

【素养目标】

坚持严谨、求真、务实的工作态度，为数据的正确性负责。

项目导读

随着技术的发展，数据在全媒体运营中的重要性越发凸显。数据分析不仅能够帮助企业/品牌精准洞察市场和用户，指导决策制订和效果评估，还能够促使企业/品牌采取持续优化策略提升运营效率、增强市场竞争力，促进企业/品牌持续健康发展。近期，雅韵清莲针对一款主推产品——唐韵涟漪套装，在抖音、微博开展了一系列营销活动，以提升品牌营销势能，打造热门产品。活动结束后，雅韵清莲需要分析数据，并提出优化措施。老李让小赵收集好活动数据，并完成数据分析和优化。

任务一　数据分析

任务描述

小赵收集好活动数据后，将数据整理归类，然后着手分析每一类别数据中的关键指标，以查找问题（见表 8-1）。

表 8-1 任务单

任务名称	数据分析
任务背景	在抖音，雅韵清莲发起变装挑战赛，用奖励鼓励用户根据变装短视频模板创作短视频，参与挑战赛；在微博，雅韵清莲以“文案+海报+淘宝产品链接”的形式发布主推产品，并开展转发抽奖活动为主推产品造势，奖品为主推产品 1 件，总中奖人数为 3 人。基于此，小赵主要收集了活动的用户数据、产品数据和内容数据
任务阶段	■数据分析 □数据优化
工作任务	
任务内容	任务说明
任务演练：分析新中式女装品牌活动数据	依次分析用户、产品、内容数据

任务总结：

一、数据分析方法

全媒体运营过程中产生的数据繁杂，要理清这些数据之间的关系，有效分析数据，需要采用合适的分析方法。

（1）对比分析法。对比分析法是将实际数据与相关的指标数据进行对比来体现实际数据与指标数据之间的差异，借此了解运营效果和存在的问题的分析方法。对比分析法能够直观地反映出数据的体量大小和变化趋势。

（2）相关性分析法。相关性分析法是研究两个或两个以上处于同等地位的随机变量间密切程度的分析方法。若一个变量增加，另一个变量随之增加，则这两个变量具有正相关关系；若一个变量增加，另一个变量随之减少，则这两个变量具有负相关关系。

（3）聚类分析法。聚类分析法也称群分析法。聚类是指按照一定的方法，把存在差异的事物按照某些方面的相似性分为多个类别。在这种划分情况下，不同类别事物之间的差异应该较大，但同一类别事物的差异应该较小。聚类分析法是用户数据分析中常用的方法之一，特别适用于用户画像分析。例如，按年龄将用户分为不同的类别，就可以了解店铺更容易得到哪一年龄层级用户的青睐。

数据分析是一项严谨的工作，其中每一个环节都需要严格把关。不管采用哪种数据分析方法，运营人员都应当对数据常怀敬畏之心，谨慎开展数据分析工作。

二、流量分析

流量多少关系到全媒体运营的顺利与否，是企业/品牌应当重点关注的数据。与流量相关的数据指标很多，分析时，将分析重点放在关键数据指标分析上，更容易找出流量问题所在。

（1）访客数。这是指一天内通过不同途径访问网页的用户数量，同一用户在一天内多次访问网页只记录一次。访客数反映的是网页的真实人气，可结合其他数据指标综合分析。

（2）页面浏览量/点击量。这是指网页被访问或点击的次数，在一定统计周期内，用户每打开或刷新一个页面就会被记录 1 次，多次打开或刷新同一个页面会被记录多次。页面浏览量/点击量反映出页面的设计质量及其对用户的吸引力。

（3）访问终端。这是指用户访问网站或网页时使用的终端设备，如移动端、PC 端。访问终端反映出用户的设备使用习惯，有助于运营人员确定营销终端。

（4）流量来源。这是指不同访客的来源渠道，反映出不同渠道的引流效果，方便运营人员优化引流渠道布局。如果某些流量来源渠道的访客数多，则表示该渠道是比较优质的渠道。

（5）最高在线人数/人气峰值。这是直播数据中的关键数据指标，指统计时间内，同时在线人数的最高值，如 1 小时内同时在线人数最高为 300 人。最高在线人数/人气峰值反映出直播间的热度。

（6）平均在线人数。这同样是直播数据中的关键数据指标，指统计时间内，平均每分钟在线人数。可将平均在线人数与最高在线人数进行比较，一般来说，两者差距越大，流量越不稳定或不精准。

三、用户分析

除用户画像相关的基础数据外，用户活跃数据和用户增减数据也是用户分析的重点，如表 8-2 所示。

表 8-2　　用户分析

数据类型	关键数据指标	指标说明
用户活跃数据	注册用户数	指已经完成企业/品牌官网、App、小程序等的注册的用户数量，反映出企业/品牌的知名度
	活跃用户数	指某段时间内登录或使用过企业/品牌官网、App、小程序等的用户数量，或与企业/品牌互动的用户数量，反映出用户的黏性、规模和参与度
	日活跃用户数	指单日登录或使用过企业/品牌官网、App、小程序等的用户数量，同一用户重复登录，只计为一次，反映出用户的黏性
	月活跃用户数	指单月登录或使用过企业/品牌官网、App、小程序等的用户数量，同一用户重复登录，只计为一次，反映出用户的黏性
	参与用户数	参与活动或互动的用户数量，反映出活动或互动的规模和参与度
用户增减数据	新增用户数/粉丝数	指新注册并登录的用户数量或新关注账号的粉丝数量，反映出企业/品牌的知名度提升速度或粉丝的增长速度。可结合访客数进行分析，如果访客数多，但新增用户数/粉丝数少，说明流量可能不精准
	取消关注人数	指取消关注账号的用户数量，反映出账号的用户留存情况
	净增关注人数	净增关注人数=新关注人数-取消关注人数，反映出账号的整体运营质量
	累计关注人数	指总关注人数或总粉丝数，反映出账号的影响力
	用户留存率	指经过一段时间后，留下来的活跃用户数量占总新增用户数的比例，反映出产品或服务的吸引力
	用户流失率	指新增用户中，经过一段时间后停止使用企业/品牌产品或服务的用户数量。用户流失率=（1-用户留存率）×100%，流失率越高，表示用户对产品或服务的满足程度越低

四、产品分析

通过分析产品，企业/品牌可以找出优质产品，打造热销产品，优化产品运营，进而提升产品销量，获取更多收益。产品分析的关键数据指标如下。

（1）销售量/额。销售量指产品的具体销量，销售额指企业/品牌销售产品所获得的收入。

（2）点击率。点击率指产品点击数与访客数之比，是影响产品展现量的重要指标之一，反映用户对产品感兴趣的程度。点击率高出行业平均值算合格，表示产品具有一定竞争力。

（3）转化率。转化率指下单人数与访客数之比，是产品实际成交量的体现，反映用户对产品的接受程度，一般高于同层级企业/品牌同类目产品的行业平均值算合格。在访客数相同的情况下，转化率越高，成交量越高。

（4）收藏率。收藏率指收藏人数与访客数之比，反映产品的被购买潜力。

（5）客单价。客单价指每一位用户在网店或直播间购买产品的平均金额，即平均交易金额，在某种程度上反映用户的消费特点以及产品的盈利状态。影响客单价的因素主要包括产品定价、促销优惠、关联销售和购买数量等。

（6）UV 利润。UV 利润指产品毛利与转化率的乘积，反映单个访客贡献利润的能力。UV 利润越高，相同流量所贡献的整体利润就越高。

（7）动销率。动销率指在一定时间段内销售的产品数与总库存产品数之比，是衡量一家网店的产品销售情况的重要指标。

五、内容分析

内容作为品牌和产品信息的载体，在宣传引流方面起着重要作用。内容分析的关键数据指标如下。

（1）浏览量。在内容分析中，浏览量指统计时间内内容被浏览的次数，可以反映出内容的质量、广告投放效果等。在短视频领域，浏览量通常用播放量指代；在某些平台（如微信公众号），浏览量也用阅读量、阅读次数和阅读人数表示。

（2）点击量。在内容分析中，点击量多用于衡量内容的质量。

（3）跳出率。跳出率指当网页展开后，用户仅浏览该页面就离开网站的比例。跳出率高说明内容存在问题，如内容与用户期待不符、内容质量较差等。其计算公式为：跳出率=访问一个页面后离开网站的次数 ÷ 网站总访问量 × 100%。

（4）页面停留时间。页面停留时间指用户在一个页面上停留的时长，反映用户对内容的喜爱程度。

（5）点赞量。点赞量指统计时间内，内容获得的点赞数量，反映内容的质量和受欢迎程度。

（6）评论量。评论量指统计时间内，内容获得的评论数量，评论量越多，用户的活跃度越高，参与度也越高。

（7）转发/分享量。转发/分享量指统计时间内，内容被转发或分享的次数，反映内容的传播范围。

（8）互动率。互动率指点赞量、评论量、转发/分享量与总播放/浏览量的比值，通常用于衡量一段时间内所发布内容的综合表现，一般互动率在5%左右算正常。其计算公式为：互动率=（点赞量+评论量+转发/分享量）÷总播放/浏览量×100%。

六、活动分析

通过分析活动数据，企业/品牌可以了解活动中存在的问题以及活动带来的效益，并为下一次营销活动提供优化方案。除新增用户数外，其他活动分析的关键数据指标如下。

（1）活动成本。活动成本指活动相关的所有费用支出，包括物料费用支出、设备费用支出、人员费用支出等，直接影响企业/品牌的收益。

（2）活动转化率。活动转化率是衡量活动结果的重要数据指标，根据活动目的的不同，活动转化率的具体表现不同。例如，在产品促销活动中，活动转化率表现为产品成交率；在App推广活动中，活动转化率表现为App安装率；在小程序推广活动中，活动转化率表现为小程序注册率。

（3）活动渠道来源。活动渠道来源指用户参与活动的渠道，企业/品牌通过分析渠道，可以了解用户偏好的渠道，为后续的活动开展选择合适的营销推广渠道。

（4）活动参与率。活动参与率指参与活动的用户数占总用户数/粉丝数的比例，是衡量活动整体参与情况的重要指标。

（5）活动分享次数。活动分享次数指用户分享内嵌活动信息的页面的次数，反映出活动的传播效果。

（6）活动留存率。活动留存率指在活动结束后的一段时间，参与过该活动的用户仍然参与品牌的活动或继续使用产品或服务的用户所占的比例，反映出活动对用户长期参与度的正面影响程度。其计算公式为：活动留存率=仍然参与的用户数量÷活动期间的总用户数量×100%。

提示

流量、用户、产品、内容、活动等相关数据之间是存在关联的，某项数据可能涉及其他项的多个数据指标，分析时应当综合考虑，而不是孤立地看待问题。

任务实施

任务演练：分析新中式女装品牌活动数据

【任务目标】

分类整理活动数据，通过数据分析找出活动的亮点和存在的问题，为后续优化提供参考。

【任务要求】

本次任务的具体要求如表8-3所示。

表8-3　任务要求

任务编号	任务名称	任务指导
（1）	整理数据	整理抖音、微博两个平台中与活动相关的用户、产品、内容数据等
（2）	分析数据	依次分析用户、产品、内容数据

【操作过程】

（1）整理数据。收集抖音、微博两个平台中的活动数据，按照用户数据、产品数据、内容数据的类别整理好，如表 8-4 所示。

表 8-4　　整理好的数据

数据类别	关键指标	抖音	数据类别	关键指标	微博
用户数据	新增粉丝数	3000 人	用户数据	新增粉丝数	1500 人
	参与用户数	3 万人		参与用户数	1 万人
产品数据	抖店销售量	1 万件，较活动前增长 150%	产品数据	微博销售量	5000 件，较活动前增长 100%
内容数据	视频总播放量	6312 万次	内容数据	抽奖文案阅读量	10.587 万次
	热门视频数量（视频点赞量超过 1 万）	100 个		抽奖文案转发量	1 万次
	视频总分享量	3.5 万次		抽奖文案评论量	2172 条
	视频总评论量	18987 条		抽奖文案点赞量	4138 个
	视频总点赞量	213 万个			

（2）分析数据。本次活动为品牌带来 4500 个新粉丝，表明本次活动对实现粉丝基数增长有显著贡献，提升了品牌的影响力；总参与用户数为 4 万人，表明有一定数量的用户参与，但考虑到抖音和微博庞大的用户基数，用户参与度有待提升；产品销售量较活动前有明显增长，表明活动有效促进了产品销售；视频总播放量高，说明品牌知名度较高，短视频内容吸引人，但互动率低，说明用户对变装挑战活动有一定兴趣，但互动性不足；相比于参与用户数来说，热门视频数量偏少，再次说明用户的参与热情和创作热情有待提升；抽奖文案阅读量高，但转发量、评论量和点赞量少，说明用户对转发抽奖活动有较大兴趣，但行动意愿不强烈。

微课视频

数据优化

任务二　数据优化

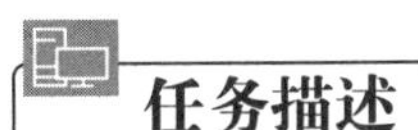

任务描述

通过数据分析找到存在的问题后，小赵将针对问题进行优化，为下次活动的开展积累经验（见表 8-5）。

表 8-5　　任务单

任务名称	数据优化
任务背景	小赵总结了问题，发现问题主要出在用户互动性和参与度方面，他将深入分析造成问题的原因，并提出优化建议
任务阶段	□数据分析　■数据优化

工作任务	
任务内容	任务说明
任务演练：制订新中式女装品牌数据优化方案	分析造成用户互动性和参与度不足的原因并形成优化方案

任务总结：

一、流量优化

在全媒体运营中，由于不熟悉流量获取操作及引流策略运用不当等，经常会出现各种流量问题，如流量缺乏、流量不精准、流量不稳定、流量增长缓慢、流量转化率低等。为解决这些问题，优化时需针对性地提出有效措施。

（一）流量缺乏

流量的状况可以从访客数、页面浏览量/点击量等数据指标上反映出来，如果访客数少、页面浏览量/点击量低，则表示流量缺乏，需要想办法获取流量。造成流量缺乏的原因很多，常见原因及对应的优化方法如下。

（1）网站运营流量缺乏。这可能与网站新成立、网页链接无法正常访问、内容质量差等有关，需要优化内容链接结构、在网页标题中设置与内容相关的多个关键词、设置清晰的网站结构、提供更多优质原创内容等。

（2）账号流量缺乏。这可能与账号定位不精准、账号内容缺乏吸引力、专注于免费流量有关。如果与账号定位相关，则需要重新进行账号定位，确保账号定位符合人设、账号信息设置与人设统一、账号输出内容与人设一致；如果与账号内容相关，则需要建立目标用户画像，根据用户偏好设计内容，并通过增添创意、利用文案写作技巧等提升内容质量。如果与专注于免费流量相关，则可以使用平台投放工具，付费引流。

（3）网店流量缺乏。这可能与产品不具备竞争力、产品主图设计不美观、产品标题缺乏吸引力等有关。如果产品不具备竞争力，则可能是产品价格过高、性价比低等造成的，需要合理设置产品价格或通过发放优惠券等降低产品价格，或通过提供优质物流、赠送礼品等提高产品附加值。如果产品主图设计不美观，则可以从创新构图、在主图中突出产品核心卖点等方面优化。产品标题由多个关键词组成，如果产品标题缺乏吸引力，则需要优化关键词布局，可以采用“品牌名+产品名+关键特征/卖点+规格参数+属性词 1+核心词+属性词 2+核心词+属性词 3+核心词”的方式布局关键词，其中，属性词是指与产品功效、特性、型号、品牌、产品、服务等相关的关键词，核心词是指与产品名称、别称、同类叫法等相关的关键词。

（二）流量不稳定

造成流量不稳定的因素是多方面的，包括内容质量差、平台算法调整、推广策略调整不及时等，优化时可以针对这 3 个方面去调整。

（1）提升内容质量。首先要确保内容与目标用户的需求相匹配，且对用户有价值。同时要定期更新和优化内容，保持用户的新鲜感。

（2）关注平台算法。不管是社交媒体平台还是短视频平台等，其算法会不断调整和优化，运营人员需要及时关注这些变化，并及时调整运营策略以适应新的算法。

（3）定期调整推广策略。运营人员需要实时监测和分析账号的数据表现，及时发现流量变化的原因，并采取相应的调整措施，持续优化流量，确保流量稳定增长。

（三）流量转化率低

流量转化率低体现在浏览量或点击量多，但注册用户数少、新增粉丝数少或产品转化率低等。主要原因可能是目标用户定位不准确、落地页（展示推广营销信息的页面）质量差、用户缺乏信任感等。如果目标用户定位不精准，则需要重新构建用户画像，明确目标用户，围绕目标用户进行推广。如果落地页质量差，则需要优化页面布局和提升内容质量，优化用户体验。如果用户缺乏信任感，则需要通过提供优质产品、开展口碑营销等方式提升用户的信任感。

二、排品优化

与产品的生命周期相似，运营也有一个生命周期。在运营的不同阶段，基于不同的需要，排品也会不同。

（1）运营初期。在运营初期，企业/品牌知名度低，此时的主要目的通常是引流并留住用户，培养粉丝基础。所以，运营初期的排品方案是以引流产品为主。引流产品是指低价、刚需、市场热度高的产品，也被称为福利品，这类产品通常可以起到较好的引流效果。

（2）运营中期。在运营中期，企业/品牌拥有一些粉丝，此时的主要目的是巩固并扩大用户群体，培养忠实用户，提升销售额。所以，运营中期的排品方案是“引流产品引流+热门产品打造”。热门产品是指销量高、口碑好、市场需求大的产品，在利用引流产品引流后，企业/品牌就可以在流量大的时候推出备选热门产品，根据用户的点击、下单等数据，找出潜在的热门产品，将其作为主推产品大力推广，吸引更多用户购买并促进销售额的增长。

（3）运营成熟期。在运营成熟期，企业/品牌已经拥有一定规模的忠实用户和稳定流量，此时的主要目的转变为保持用户的高活跃度和忠诚度，同时优化盈利结构，实现企业/品牌的长期稳定发展。所以，运营成熟期的排品方案转变为“引流产品引流+热门产品承流创收+利润产品/高利润产品/品牌产品提高利润和打造品牌口碑”。

三、内容优化

在全媒体运营中，内容也是需要注意的部分。内容无亮点、互动性不足等是内容创作中经常出现的问题，因此，内容优化可以围绕这些问题进行。

（1）增加内容亮点。内容无亮点，则可能导致阅读量、点击量下降，其原因主要是缺乏创意。而创意的缺乏可能与未运用创意思维、缺乏新的素材、找不到新的选题角度等有关。如果缺乏新的素材，则需要有意识地建立素材库，素材可包括论证观点、充实内容的资讯、知识、金句等。如果找不到新的选题角度，则可以切换视角，形成新的选题思路，如“类似观点+不同案例”“相反观点+案例佐证”，将经典选题放在不同时代背景下再次讨论等。

（2）提升内容互动性。内容互动性不足具体体现为点赞量、评论量、转发量少，或互动率低。针对这一问题，可以通过增加交互场景，创造互动机会提升内容的互动性，如设置投票、问卷调查、有奖问答、话题讨论等；或者发出行动号召，如呼吁用户点赞、评论等。

四、活动优化

活动始终围绕活动目的展开，运营人员通过分析活动转化率、活动参与率等数据指标，可以评估活动是否达标。当活动不达标、活动效果不佳时，就需要优化活动效果，包括活动设置优化、权益优化等。

（1）活动设置优化。活动设置优化是指通过查找活动本身存在的问题，进行有针对性的优化。在优化时，需要考虑：活动类型是否符合目标用户偏好？活动是否充分预热？活动流程是否符合用户习惯？活动目标是否符合实际？活动中营销的产品或服务是否能够满足用户需求？用户体验是否流畅便捷？如果某一方面存在问题，则需要做出改进。

（2）权益优化。活动开展过程中，经常会设置各种权益，以吸引用户，如果权益的吸引力不足，可能不会引起用户的参与兴趣。对于这一问题，可以根据用户的反馈进行确认，并有针对性地改进。

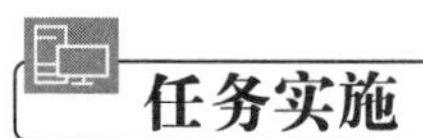

任务实施

任务演练：制订新中式女装品牌数据优化方案

【任务目标】

针对品牌活动数据中存在的问题，提出优化方案，以便进行优化调整，为下一次活动的开展积累经验。

【任务要求】

本次任务的具体要求如表8-6所示。

表8-6 任务要求

任务编号	任务名称	任务指导
（1）	分析问题成因	分析用户互动性和参与度不足的成因
（2）	提出优化方案	根据成因依次提出解决措施，并形成优化方案

【操作过程】

（1）分析问题成因。从数据分析结果来看，造成用户互动性和参与度不足的因素有内容、活动。就内容而言，相对于播放量、阅读量，点赞量、评论量都比较少，究其原因，可能是未针对内容设置交互场景或缺乏行动引导。同时，热门视频数量偏少，可能是因为变装挑战视频的制作有一定的门槛，或激励机制不足。就活动而言，用户对活动有一定兴趣，说明活动类型符合用户喜好；但用户的行动意愿不强，这可能与活动权益不够吸引人、获奖难度大等有关。

（2）提出优化方案。就内容而言，可以通过设置交互场景、增添行动引导、完善激励机制等进行优化。就活动而言，可以从改善活动流程、增加活动权益等方面进行优化。具体优化方案如下。

内容优化方案如下。

① 降低参与门槛。提供简单易用、美观的特效模板，帮助用户轻松制作出高质量的变装挑战视频。

② 完善激励机制。设置高额奖金或奖品，吸引更多用户参与创作。同时对原创热门视频给予流量扶持。

③ 增添行动引导。在微博、抖音评论区呼吁用户参与活动，并引导用户点赞、评论、转发等。

活动优化方案如下。

① 增加活动权益。设置更有吸引力的奖励，确保奖励与用户付出的努力匹配。例如，除奖励主推产品外，还可设置用户需求相关权益，如无门槛满减优惠券、现金奖励等。

② 降低获奖难度。增加中奖人数，增加用户的中奖机会，激励更多用户参与活动，如设置中奖人数为 10 人，每天抽取 1 人或几人。

综合实训

实训一 分析乳品品牌的微信公众号用户增长数据

实训目的：熟悉用户分析的常用关键指标，提升用户分析能力。

实训要求：某乳品品牌出于运营需要，开设了微信公众号。在运营 30 天后，该乳品品牌将针对微信公众号进行分析，首要分析对象是微信公众号的用户增长数据，图 8-1 所示为近一个月的用户人数增长趋势图。根据提供的用户增长数据，分析存在的问题。

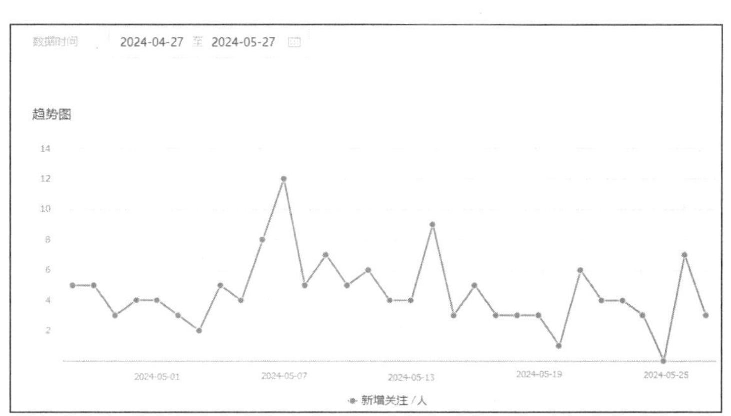

图 8-1 近一个月的用户人数增长趋势图

实训思路：重点关注新增关注（人数）这一关键指标，分析该指标在近一个月内的走势。

实训结果：本次实训完成后的参考效果如图 8-2 所示。

由图可知，在这段时间，该微信公众号的新增关注整体波动不大，基本维持在每日新增关注4～6人，说明该微信公众号的内容的整体质量还不错。5月7日是一个高峰，新增关注12人，相较于日常数据有明显上升，说明该日的内容受用户喜欢或推广效果比较好。5月25日无新增关注，低于日常数据，说明该日的推广可能存在问题，如并无内容发布。

图 8-2 参考效果

实训二　分析和优化乳品品牌的内容数据

实训目的：通过练习分析和优化内容数据的方法，提升数据分析和优化能力。

实训要求：根据用户增长数据，该乳品品牌意识到微信公众号的内容可能存在问题，接着分析内容数据。为找出用户增长与内容之间的关联，该乳品品牌重点分析近一个月内的阅读日趋势数据，图 8-3 所示为阅读日趋势图。根据提供的用户增长数据，分析数据存在的问题，并提出优化建议。

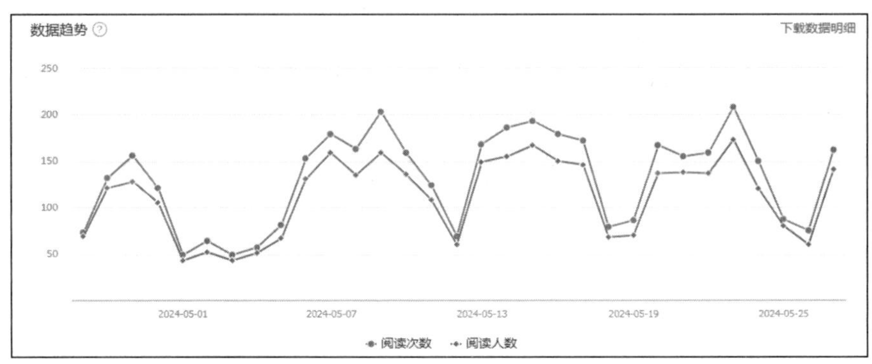

图 8–3　阅读日趋势图

实训思路：先明确可以承接来自抖音直播、百度推广、线下门店公域流量的私域渠道，然后确定各私域渠道具体的流量转化路径。

实训结果：本次实训完成后的参考效果如图 8-4 所示。

（1）分析结果。由图可知，近一个月，内容阅读数据波动较大，其中，5 月 9 日、5 月 15 日和 5 月 23 日的内容阅读次数和阅读人数多，而阅读数据与选题质量相关性强，说明这 3 天的内容质量较高，选题符合目标用户喜好。反之，5 月 1 日、5 月 12 日、5 月 26 日的内容质量可能不高，选题不符合用户喜好。

（2）优化建议。查看 5 月 9 日、5 月 15 日和 5 月 23 日的内容，了解这些内容的选题，围绕这些选题创作内容。查看 5 月 1 日、5 月 12 日、5 月 26 日的内容详情，查看是否是内容本身出现问题，如文字质量差、逻辑不清晰、无亮点等。针对文字质量差，需要提高对标点符号、字、词、句的熟悉程度和运用能力，确保无错别字、用词正确、句子无语病。针对逻辑不清晰，需要调整内容结构，如采用并列式结构、递进式结构等。针对无亮点，需要运用创意思维聚集灵感，如发散思维、聚合思维等。

图 8–4　参考效果

巩固提高

1. 流量分析的关键数据指标有哪些？
2. 用户分析的关键数据指标有哪些？
3. 产品分析的关键数据指标有哪些？
4. 内容分析的关键数据指标有哪些？
5. 活动分析的关键数据指标有哪些？
6. 如何针对流量进行优化？
7. 在运营的不同阶段如何排品？
8. 如何针对内容和活动进行优化？